中国市长文集 ①

全国市长研修学院 编

中国城市出版社
·北 京·

图书在版编目（CIP）数据

中国市长文集：全3册/全国市长研修学院编.--北京：中国城市出版社，2012.9
ISBN 978-7-5074-2693-9

Ⅰ.①中… Ⅱ.①全… Ⅲ.①城市管理—中国—文集 ②城市建设—中国—文集 Ⅳ.①F299.2-53

中国版本图书馆CIP数据核字（2012）第224251号

责任编辑　李　青（500007LQ@sina.com　15810132500）
装帧设计　V·智视觉创意
责任技术编辑　张建军
出版发行　中国城市出版社
地　　址　北京市西城区广安门南街甲30号（邮编 100053）
网　　址　www.citypress.cn
发行部电话　（010）63454857　63289949
发行部传真　（010）63421417　63400635
总编室电话　（010）68171928
总编室信箱　citypress@sina.com
经　　销　新华书店
印　　刷　北京集惠印刷有限责任公司
字　　数　1060千字　印张62
开　　本　710×1000（毫米）　1/16
版　　次　2012年10月第1版
印　　次　2012年10月第1次印刷
定　　价　198.00元（全三册）

序 言

中国市长培训工作始于20世纪80年代初,经历“十年动乱”后的中国城市百废待兴。在时任国务院副总理万里同志的倡导下，为适应改革开放和城市现代化建设的需要，1983年10月由中组部、建设部（住房和城乡建设部前身）和中国科协共同组织开办了首期市长研究班。到目前为止，共举办各类市长研究班近百期，培训市长6300多人次，为指导和推动城市现代化建作出了重要贡献。

党中央、国务院一直高度重视市长培训工作，历任中央领导同志，都曾多次接见过市长研究班学员并作出重要指示。胡锦涛同志在直接主管干部培训工作期间，曾两次对市长培训工作作出重要批示，要求以城市规划、建设、管理为主要内容，以提高管理现代化城市的能力和水平为目标，不断改进教学方法，提高教学质量，注重培训效果，努力把市长培训工作做得更好。温家宝同志、贺国强同志曾亲自接见市长学员并与学员座谈。2008年5月，中共中央政治局委员、中组部部长李源潮同志接见全国特大城市城乡规划专题研究班学员时，高度评价了有史以来的市长培训工作：“市长培训班从1983年开办到现在，25年来长盛不衰的原因是什么？主要有三点：一是重视实用；二是重视实例；三是重视实效。市长培训班的这些经验值得好好地总结，在全国干部培训系统中加以推广。”

市长研究班自创办以来，市长学员们提供了大量宝贵的城乡规划建设管理的经验交流材料及案例资料，并在学习期间，撰写了课题研究报告或国外考察报告。这些资料如实地记载了我国城市发展的历程，以市长的视角，阐述在城乡规划建设管理过程中所积累的理论成果和宝贵经验，展示了市长在指导城市发展和建设中的新思路以及取得的新成就。为贯彻党中央、国务院关于努力做好市长培训工作的一系列指示精神，更好地总结我国快速城镇化进程中的经验教训，探索城市建设与发展的重大理论和热点、难点问题，促进住房与城乡建设事业又好又快发展，全国市长研修学院专门组织力量整理出版了《中国市长文集》系列丛书。我衷心希望《中国市长文集》能够成为城市领导者交流理念和经验的平台，并为指导中国城市科学发展起到重要作用。

王忠平

2012年5月

目录

理论篇

实践篇

华北地区

东北地区

目录

目录

考察篇

案例篇

理论篇

城市违法建设问题及其对策研究

第39期全国市长研究班第一课题组

城市化是现代化的必由之路。推进城市化，是党中央、国务院的重大战略部署，也是推动社会进步、提高人民群众生活质量的必然选择。从20世纪80年代开始，随着工业化的发展和改革开放的扩大，我国城市化步伐明显加快，城市人口大幅度增加，城市规模不断扩张，基础设施水平日益提高，城市数量成倍增长，并涌现出了一批国际化大都市。但是，由于这20多年城市化的过程，也是我国计划经济体制向市场经济体制转轨的过程。城市规划、建设和管理都遇到一系列新的课题和挑战，特别是城市违法建设大量存在，长期屡禁不绝，严重地影响着城市形象和城市规划，极大地困扰着城市领导者、城市管理者和城市居民。当前我国城市违法建设现象相当普遍，不仅沿海地区城市有，而且内陆城市也有；不仅中小城市有，而且如北京、上海、广州这样的大城市也有；不仅城乡结合部有，而且城市建成区内也屡见不鲜。城市违法建设问题已经成为制约城市现代化的主要障碍，成为影响城市经济社会和谐发展的突出问题。本文主要围绕城市违法建设的表现、成因和治理对策等问题进行深入研究，作为第39期全国市长研究班城市违法建设课题研究小组的研究报告。

一、城市违法建设的主要表现及危害

城市违法建设是滋生在城市肌体上的“毒瘤”和“牛皮癣”，其表现形式多种多样，其危害不可低估，其影响不能忽视，应引起我们的深入研究和认真分析。

（一）城市违法建设的定义

谈到违法建设，不同管理部门有不同的理解。例如，建设行政管理部门称其为违法施工、违法建设，规划部门称其为违章建筑、违法建筑，房产管理部门称其为违法搭建，土地管理部门称其为违法用地，而司法部门则称其为违法建设行为。

全国各地出台的相关法律法规对违法建设的解释也不尽相同。有两种解释比较普遍：一种是按照行政职能管辖，将违法建设分为违反土地法律法规、规章的用地行为和违反规划法律法规、规章的建设行为两大类，土地违法行为由国土部门处理，规划违法行为由建设规划部门或城管部门处理。另一种是依据是否取得及遵守建设行政部门的许可，将违法建设分为三大类型：一是无证建设行为，即未取得建设用地许可和建设工程规划许可的行为；二是越证建设行为，即未按规划许可的要求进行建设的行为；三是行政无效行为，即建设行政部门超越或变相超越职权批准以及其他有关部门非法批准建设的行为。这些解释从实用的角度对违法建设行为进行了界定，对遏制违法建设、维护城市发展的健康有序起到了有效的指导作用。

准确定义城市违法建设，是正确认识、严厉打击违法建设的先决条件，也是开展城市违法建设课题研究的基本前提和基础。1990年4月1日施行的《中华人民共和国城市规划法》（以下简称《城市规划法》）对违法建设有这样的表述："凡违反城市规划法律、法规规定的各种城市建设活动，应称为违法建设行为。"可以推而广之，将城市违法建设定义为违反城市规划、建设和管理等法律、法规规定的各种城市建设活动。这样定义城市违法建设有三大优点：首先是摒弃了行政职能管辖差别以及行业法律法规的差异，从而以法律法规的规定将其涵盖和统一；其次是将违法建设表述为一种行为而不是建筑物的状态，符合法律法规的视角，因为法律法规规定的处罚是针对行为做出的；最后是将违法建设与普普通通的违章行为区别开来，以法的规定来评判建设行为是否违法，将违章建筑提到违法建设的高度去认识，有利于在实际工作中加大对违法建设的打击力度，有效避免行政行为违法。

（二）城市违法建设的主要类型和表现

在我国城市发展过程中，出现的违法建设主要有以下八类：

一是在未依法取得建设用地土地使用权的土地上进行非农建设的违法行为；

二是未取得《建设用地规划许可证》进行建设的违法行为；

三是未取得《建设工程规划许可证》进行新建、扩建、改建建筑物、构筑物、道路、管线及其他项目建设的违法行为；

四是未经城市规划行政主管部门批准，擅自改变《建设工程规划许可证》确定的红线位置、建筑高度、层数、面积、立面和使用功能等进行建设的违法行为；

五是未取得《杂项建设工程规划许可证》擅自进行新建改建大门、围墙、画廊、售货亭、广告牌、岗亭、霓虹灯、路灯以及街道两旁装修店面、改变建筑立面、搭建棚盖等杂项工程建设的违法行为；

六是未取得《临时建设工程规划许可证》擅自进行临时性建筑物、构筑物、道路、管线及其他临时工程建设的违法行为；

七是未经城市规划部门或城市管理部门批准，擅自在城市规划区内打井、取土、堆料以及在城市河道内采沙等；

八是经城市规划管理部门批准建设的临时性建筑物，使用期限已满，未办理延期使用审批手续或未经批准延期使用，逾期不拆除的违法行为。

违法建设的表现形式，是由法律法规之规定所决定的。在城市建设和管理活动中，法律法规之规定概括地讲，大致可以分为以下三个方面，即赋予法律地位的城市规划（包括城市总体规划、分区规划、专业规划等），维护城市建设正常秩序的行政管理法律法规，保障工程建设的专业法律法规。据此，可将违法建设概括为以下三种主要表现形式：

一是违反城市规划的建设行为。这主要是指违反了城市规划文本所规定的内容。如占用城市总体规划确定的城市公共设施用地、公共绿化用地搞房地产开发，占用规划的居住用地建设工业小区等。该种行为的主要特征是想方设法绕过和避开城市规划部门的审批与监管，以相关部门的项目审批代替规划选址，并常伴有上级领导的说情干预、基层组织的直接参与支持。

二是违反行政管理规定和审批程序的建设行为。这种行为最为常见，也容易理解和认定。例如，建设单位或个人未取得《建设用地批准书》占地建设，未取得《建设工程规划许可证》施工，未履行开工、竣工验收、备案手续和程序等。该种行为的主要特征是没有按照法定的行政管理审批程序接受审批，没有取得合法的建设批准文件和许可证书。

三是违反专业法律法规之技术规定和要求的工程建设行为。工程建设专业法律法规，依据各自的专业分工，从专业的要求出发，对建筑工程满足使用功能提出了专业指导和约束，是工程建筑各项功能得以实现的保障。如对工程建筑的建筑间距、日照、通风、消防、环保、卫生、绿化指标、建筑质量等方面的技术规定和要求，专业法律法规都作了翔实的规定。若有违反也应视之为违法。

需要特别说明的是，一项具体的违法建设行为，可能同时具备上述三种表现形式，也可能只具有其中一种或两种表现形式。

（三）城市违法建设的主体分析

违法建设主体是违法行为的具体组织实施者，是违法行为结果的承担者。在实践中，城市违法建设主体主要有四种类型，一是城市居民，二是开发商，三是机关事业单位，四是城市基层组织。这四种违法主体在违法建设的方式和手段上也各不相同。

城市居民的违法建设行为主要有四种，一是城中村和城郊农民在宅基地和集体土地上见缝插针建房，或对自有住房私自扩建、改建、加高；二是城市居民购买住宅以后，侵占住宅周围的绿地、通道、天井、庭院开挖地下室，修建车库、储藏室，在屋顶搭建阳光室等；三是沿街住户私自将住宅改造成门面房，以及在房子周围搭建棚子、简易房等；四是为多得拆迁补偿款项而在即将征用的土地上抢建临时建筑物、构筑物。

开发商的违法建设行为主要有两种，一是与集体经济组织搞联合开发，未批先建，不批就建，逃避缴纳土地出让金和各种规费；二是在项目开发过程中少报多建，移位、加层，加大进深，提高建筑密度和容积率，改变使用功能，超出规划许可范围进行建设。

机关事业单位的违法建设行为主要有三种，一是私自改变楼房用途和使用功能；二是在办公楼、职工住宅楼周围擅自搭建裙房、车库等，增加商业用房面积；三是部分行业依据本行业规划进行旅游景点、管线、公共信息标志、市场等行业基础设施建设，不与城市规划管理部门进行衔接，不办理规划许可证。

城市基层组织的违法建设行为，主要是城市近郊乡村集体和城区街道办事处实施的违法建设。基本上有四种，一是以兴办乡镇（街道）企业或以招商引资为名义，不经规划批准大搞集贸市场、工业小区等；二是在集体土地上搞房地产开发；三是在城市道路两侧违章建设沿街商业房；四是非法出售宅基地建别墅。

在此需要进一步商榷的是，行政领导或部门是不是违法建设的主体呢？我们知道，在我国，一些违法建设，特别是规模较大的违法建设，没有行政领导或部门的意见或批准，是根本不可能实施的，但是不能据此认定行政领导或部门是违法建设的主体。在城市建设活动中，行政领导或部门的意见或批条，也许是为违法建设提供了方便、开了绿灯，但是否真正付诸实施，全由组织实施者决定，行政干预不了。另外，行政领导或部门一般不参与建设行为结果的利益分配。因此，行政领导或部门不构成违法建设的主体。然而这并不意味着行政领导或部门不承担违法建设的责任。事实上，根据行政法的规定，行政违法或不当，行政领导或部门应承担行政法律责任，合理补偿因此造成的损失。

（四）城市违法建设的危害

城市违法建设屡禁不止，几乎是国内所有城市的“通病”，也是城市管理的难症、顽症。违法建设的大量存在和泛滥蔓延，不仅严重影响城市形象和投资环境，而且会严重阻碍经济社会的协调发展，扰乱城市建设与管理的正常秩序，损害广大市民群众的根本利益和社会公共利益。其危害突出表现在以下七个方面：

一是破坏城市规划，弱化城市功能。违法建设随意占用土地搞违章建筑，私自改变建设用地用途，私自改变建筑高度、建筑密度、绿地率、容积率等指标，肢解分割了城市控制性详细规划和近期建设规划，严重冲击了城市总体规划，造成经编制审批的城市规划无法顺利实施，使城市规划的法定性和严肃性受到损害。

二是建设工程质量无法控制和管理，留下难以估计和弥补的安全隐患。违法建设逃避行业质量监督，工程质量等级无法认定，难以通过工程竣工验收，建筑经济和质量效益难以实现。多数违法建设档次不高、质量低下，给最终使用者的生产生活埋下了建筑质量、消防、环境安全隐患。

三是增加城市建设成本。城市建设投资需求巨大，资金来之不易。违法建设的肆意蔓延，不仅扰乱城建投资计划，而且还额外增加城市拆迁的总量，增加城市拆迁和城市建设管理的成本，迟滞城市拆迁的进度，延误工期，严重的甚至会损害政府在社会公众中的形象和威信。

四是造成土地资源浪费和规费的流失。城市土地是政府最大的存量资产，不可再生。因此，国家提倡土地的集约利用。违法建设的蔓延，一方面，使大量国有土地被非法侵占，导致可利用的土地减少，土地使用效益降低，大量规费白白流失；另一方面，严重干扰、破坏了城市建设的有序推进和房地产市场的健康发展，给城市经营和房地产开发带来了不良影响。

五是损害城市形象，降低城市品位。违法建设的无序和混乱，直接破坏城市容貌，造成城市环境脏、乱、差，影响城市品位的提升和城市功能的完善，阻碍城市综合竞争力的提高，进而影响到城市经济和社会的健康发展。

六是侵害公众利益，影响社会稳定。如有的违法建设侵占公共绿地、挤占消防通道、占压地下管线、破坏城市道路，直接威胁人民群众的生命财产安全；有的违法建设影响邻里通风采光、占用公共场地、堵塞进出通道、破坏他人的正常生活条件，成为引发邻里矛盾纠纷的焦点；有的搞违法建设出租，成为藏污纳垢的场所，甚至成为极少数犯罪分子的避难所，给周边群众生活和社会稳定埋下隐患。

七是严重危害社会公平和市场经济秩序，败坏社会风气，诱发腐败行为。事实上，大部分违法建设户不是缺房户、无房户，而是为了通过违法建设套取巨额的拆迁补偿费。特别是一些党员领导干部和基层干部，利用手中的权力，带头违法建房，进行“阳光下的腐败”，不仅损害党和政府的形象，也很容易在社会上滋长贪图不正当利益的不良风气，与保持共产党员先进性的要求格格不入。集体经济基层干部对农村集体所有土地擅自招租，不仅侵害集体利益，而且土地招租往往隐藏着不正当竞争和腐败行为；违法建设在无形的市场私下炒作，逃避工程招投标，容易滋生钱权交易等各种违法及腐败行为。

二、城市违法建设的原因分析

城市违法建设是一个历史现象，是城市化初期和中期人们的观念、城市管理的体制机制滞后于城市发展的必然产物。近20多年来，我国城市违法建设大量出现，不仅是受到城市化快速推进的影响，而且还与改革开放以来经济体制转轨的大背景有关。究其产生原因，主要有以下五个方面。

（一）经济上的原因

利益驱动是违法建设最主要最直接的原因。主要表现为多占多用、少批多建或未批先建，增加面积用于出租出售或期望得到较多的拆迁补偿费。

一是一些投资者，特别是房地产开发商为了“以最小的投入获取最大的回报”，千方百计地增加建筑密度，擅自牺牲绿地、广场、停车场等公用配套设施，降低日照间距比，提高开发强度，谋求高额利润。

二是一些个体建筑投资者，为了偷逃规费，故意少批多建或未批先建。

三是一些地处可能拆迁地段的居民盲目攀比，赶在拆迁之前突击搭建，企求增加拆迁补偿面积。

四是在一些住宅小区内，开发商为了吸引购买者，采取默许业主私自占用公共用地或直接将公共用地的使用权出售给业主，以致小区内的违章建筑不断增加。

五是在城乡结合部，由于外来人员大量涌入引起对出租房屋需求的增加，一部分人在没有办理任何手续的情况下，私自搭建房屋，出租给外来务工人员，收取租金。

六是一些农民和占用空地者采取移花接木的手段将农业用地转变为住宅用地，逃避土地出让金，违法建设商品住宅牟取暴利等。

（二）观念上的原因

主要是规划意识淡薄和法治观念不强。突出表现为：

一是一些单位和个人缺乏规划意识，不懂得基本建设程序和有关城市规划法律法规，不知道用地、搞建设还需要履行一系列手续，没有报审报批的意识；少数人认为在自己的土地上搞建设，无须有关部门的批准，办手续是“多此一举”。

二是有的单位和个人心存侥幸，怕麻烦，认为自己干得隐密，不一定会被发现，即使被发现，罚点款就过去了，远比办手续省事得多，于是就先盖了再说。

三是部分市民多占多用的传统思想根深蒂固，对执法查处存在侥幸心理，为图私利而占用原有物业的四周空地进行违法建设。

四是部分违法建设主体从自身的利益出发，主观上不想办报建手续，以达到不交土地出让金、改变土地用途、提高建筑容积率、逃避工程招投标等目的。

五是一些单位和个人虽知道进行建设应办理相应手续，但错误地认为多搭一间、多盖一层，不会给国家和社会带来多大危害，因此放纵违法建设行为。

六是一些基层干部片面认为违法建筑能让老百姓多赚点钱，能解决土地征用后大量失地农民的生活出路，使老百姓得益，是“扶贫”，对违法建设存在旁观等待思想；同时，不少干部认为如果组织力量把违法建设全部拆除，不仅群众会采取过激行为，与当前建设和谐社会“相悖”，而且使外来人员无处落脚，给社会带来不稳定因素，因此普遍存在畏难情绪，在工作落实上也存在“等、靠、要”的思想。

（三）管理体制上的原因

主要是城市规划建设的管理权限一直被严重肢解、分割，城市建设计划政出多门，城市规划变更随意性强，无法从源头上一一控制或者杜绝违法建设。突出表现为：

一是城市规划权力体系的建构与分解不合理。从横向看，在我国现行城市规划建设管理体制是一种分权体制，设区城市的区政府和郊县政府、不设区城市的乡镇政府（街道办事处）以及风景名胜管理区，实际上被赋予相当大的规划建设行政管理权，造成城市规划建设的统一管理被地域性分割，使得图纸上绘于一体的城市规划，在实施过程中就变成了各个行政主体的自主行为，“整体规划”意图被“诸侯割据”而难以实现。这种情形在开发区的规划建设中表现得最为突出。各地开发区的规划建设管理基本上与城市其他地区相分离，从而肢解了城市总体规划，对城市规划实施的整体性造成严重冲击。这种规划建设权力的分化，客观上造成了城市建设的散乱和极大浪费，也深层次地削弱了城市经济发展的质量和环境。从纵向看，城市规划建设的各个环节分属土地、规划、建设、城管、房产等不同的部门管理，相互之间难以协调；文化、旅游、园林等一些非城市规划行政主管部门以部门规划代替城市规划，越权审批建设用地和建设项目；由于上级规划建设行政主管部门对基层规划部门缺乏人权、财权、物权的制约，更缺少工作纪律和制度的约束，造成基层规划管理部门越级审批、违法审批和执法监察不力。

二是长官意志代替规划和法律。一些单位特别是有的领导，以言代法，不尊重规划，不执行规划部门批准的“一书两证”，按上级领导意图建设，以“会议纪要”代替规划审批。有的领导干部在任期内追求政绩心切，对外来投资项目实行“先上车后买票”，不顾规划过度迁就投资者的要求；对一些违法建设采取“特事特办，优先解决”的方法，审批一路绿灯，结果不该建的建了，该罚的免了。

三是城市总体规划随主要领导变动而变更。城市规划不是一张蓝图绘到底，而是政府换届，规划蓝图紧接着改变；主要领导同志更换，执行规划也会发生变化。有人称之为“一届领导一个思路，一个领导一张蓝图”，使具有法律效力的城市规划执行很不严肃。

（四）规划机制上的原因

一是城市规划滞后，城市建设缺乏科学依据。一些城市为了少花钱，委托资质较低的规划设计单位编制城市规划，使规划先天不足，缺乏科学性、权威性、前瞻性；有的地方城市规划一经编制完成，长期不进行修订和完善，使规划难以适应新时期城市的发展要求；有的地方虽然编制了总体规划，但详细规划跟不上，使监管部门无所适从。

二是审批程序复杂，审批周期长。按照正常程序，一项建设工程要经过计划部门立项、国土部门征地、规划部门选址和批建、环保部门环评以及建设、消防、人防、供水、供电、卫生防疫等多个部门批准后才能实施建设，前期工作少则半年，多则一两年，繁杂的审批程序和低下的办事效率与争时间抢效益的开发要求不相适应，使投资者很难有耐心依法照章申报建设。

三是规划管理各环节运行不协调。建设用地管理、规划审批、建设行政管理、房产管理分属不同的部门，“批、建、管、验”不相协调，这种管理机制运行中的漏洞为违法建设提供了生存空间。按规定，建设单位要在依法取得《建设用地规划许可证》、《建设工程规划许可证》、《建设工程施工许可证》和《建设工程放线验审书》后，才能进行施工建设。规模较大的建设尽管大都办理了上述手续，但与实际建设情况并不相符，突出表现在《建设工程规划许可证》规定与《建设工程施工许可证》规定建筑规模不一致，有的相差很大；加之工程竣工验收往往是“单家”进行，缺乏监督，造成建设单位尤其是权力机关和房地产开发商无视有关法律法规，随意改变规划审批内容。一旦发现违法建设，由于在“批、建、管、验”方面存在的不协调，实际执法过程中往往是困难重重，调查难，处罚更难。

四是审批后监管不到位。审批后跟踪管理少，即使建设项目进行了审批，由于有关部门的执法人员少和对违章建筑的敏感性不高，对违法建设的现象发现不及时、发现少。许多违法建设待到规划部门真正发现时即木已成舟，很难查办。

（五）法制上的原因

主要是在现行法律框架内，一些法律法规条文不够完善且实际可操作性不强，违法建设难以依法拆除，违法成本过低。

一是违法建设查处难。法律没有赋予城市规划管理部门强制拆除违法建设的权力，强制拆除的程序复杂、周期过长、执行困难。《城市规划法》规定：城市规划行政主管部门发现违法建设时，发出责令停止违法建设通知书，责令其停止建设、限期拆除。若当事人在规定期间内不申请行政复议，也不向人民法院起诉，又不履行处罚决定的，则由作出处罚决定的机关申请人民法院强制执行。当城市规划管理部门在发现管理相对人违反城市规划、拒不服从规划行政管理强行抢建时，按照现行《中华人民共和国行政处罚法》的处罚程序，从立案、调查取证、作出处罚决定、送达、申请法院执行到法院强制执行，时间常常需要数月乃至一年以上（普通平房几天就能建成，低层建筑竣工快的只需个把月），而且整个执法程序中没有法律强制手段对违法建设行为予以及时制止。这些影响规划的违法建设往往最后难以执行拆除，或者即使拆除，费用成本也很高，真正执行率很低，直接危害法律的权威和执法的严肃性。由于按程序执法周期长，对某项违法建设如按执法程序进行完，违法建设的工程已建成，造成执法被动；若违反执法程序又属于执法违法，所作的处罚决定无效。一些违法建设主体就利用拆除违法建设程序复杂、时间长的特点，拖时间，跑关系，突击抢建，顶住不拆，而法院强制拆除的程序更是繁琐，最后能让法院强制拆除的违法建设，几乎是微乎其微，这更加助长了违法建设的滋生蔓延。

二是执法力度不够。《城市规划法》虽规定了对违法建设活动可采取责令停止建设、限期拆除或没收、责令限期改正、罚款等几种行政处罚措施，但是它规定的行政责任十分有限，而且规定得不够细致，不利于规划管理的具体操作。一方面是违法建设影响城市规划程度难以确认，另一方面是以罚代法现象相当严重。

三是罚款力度不够。即使按照《城市规划法》规定的罚款上限进行处罚，违法建设者仍可从其违法建设活动中获得违法收入，这在一定程度上姑息甚至纵容了违法建设。

四是对法人违法控制不力。根据《城市规划法》的规定，对法人违法一般采取“双罚制”，即对法人行政处罚的同时，对有关主管人员或主要负责人，由其所在单位或上级主管部门给予行政处分。但实际上规划管理部门对违法法人作出的行政处罚，经济损失都由单位或集体承担，无关个人痛痒。另外，违法法人的主要责任人一般都是其所在单位或集体的领导，打着所谓发展经济、特事特办等旗号，违法建设的受益者也是单位或集体，单位当然不愿意处分具体责任人，故而行政处分形同虚设。

五是政策连续性和执法公平性不够。查处违法建设的法律法规执行起来经常走样。对违法建设的查处大多是搞突击性的清查，总是在处理历史遗留问题。而突击性的工作往往考虑工作的时限性，采取手续从简的做法，罚款了事。为避免群众采取过激行为，对一些该免的规费实行减免，罚款也采用下限。这样，旧的违法建设处理了，新的违法建设又冒了出来，因为有些依法建设户认为自己依法建设反倒吃了亏，不如违法建设，等待下一轮清查作为历史遗留问题处理，既免了规费，又不用耗时间报建。

违法建设的成本与收益相比，收益远远高于成本，并且违法的成本也远远低于守法的成本，这是造成违法建设屡禁不止、大量存在的根本原因。

三、解决对策及建议

城市违法建设弊端很多、危害很大。尤其是随着城市化的发展和城市现代化步伐的加快，治理并根除违法建设势在必行。解决违法建设问题，我们认为应从源头上入手，以促进城市健康发展为核心，以理顺管理体制、健全规划机制为重点，以加强法治为保障，疏堵结合，标本兼治。具体对策有十个方面：

一是加强对城市规划建设的组织领导。不让规划成为一纸空文或摆设，关键是主要领导同志和有决策权的领导带头遵守规划，带头执行规划，并注意规划的及时修订和完善。城市党委和政府要按照批准的总体规划，强化规划实施领导体制，建立统一高效的指挥系统，行政一把手应为总指挥长和第一责任人，做到整个城建过程统一领导、统一指挥。各部门、各单位在城市建设中，都要服从指挥，听从安排，加强协调，密切配合，认真履行各自职责，形成实施规划的合力。积极实行领导、部门、专家、群众联合参与的集体审批制，实现城市规划建设决策的科学化、民主化。切实提高城市规划的权威性，将城市规划区范围内的各类建设用地和建设活动全部纳入城市统一规划，集中规划审批权，实行规划一张图、审批一支笔，彻底扭转规划管理中多支笔审批、各自为政的局面。

二是加大宣传力度，提高各级领导和广大市民的城市意识、规划意识、法治意识。坚持“面向领导、面向公众、面向司法部门、面向相关部门”的原则，充分利用各种媒体，运用多种形式，广泛宣传城市规划和管理的有关法律法规和规章，使各级领导带头执行城市规划法律法规，使广大群众人人在生产生活中自觉遵守城市规划管理的各项规定，为形成依法建设创造良好的社会氛围。对于典型的违法建设案例，要公开处理，公开曝光，就案说法，使全体市民都清楚地知道城市规划与自身利益息息相关。

三是改进规划审批服务，提高行政效率。要根据城市化发展的新形势和新要求，制定完善主要街道、公共活动场所、城乡结合部的控制性详细规划和城市规划建设的各项标准，加快申报建设的审批步伐，缩短审批时间，降低收费门槛，鼓励市民对合法建设进行申报，充分做到为民、便民。

四是建立健全城市建设全程管理机制。城市规划一经作出，就应该运用多种形式公布于众，特别是近期规划，更应该让广大市民了解并监督规划的实施。要建立健全监察网络，加大巡查力度，力求第一时间发现、第一时间制止，尽可能将违法建设消除在萌芽状态。要强化投诉机制，对群众的投诉进行仔细的调查，发现情况及时处理。加大违法建设处罚力度，对拒不接受处理或影响恶劣的案件，必须从重处罚，以起到威慑作用。建立和实行责任追究制度。对违法建设的责任人，依法追究建设单位、施工单位、监理单位和执法人员的法律责任。

五是发挥社区作用，加强自管自监。由于不少违法建设问题出现在社区内，而且涉及社区管理以及复杂的社会关系，不适宜在一开始就采取强硬的手段进行治理，可以通过社区资源对违法建设进行监督，并充分发挥街道办事处和社区管理机构的职能来解决这方面的问题。通过调查情况、宣传教育、协调关系等方法尽可能地减少各方的争端，在必要时也可以通过有关部门采取强硬手段解决问题。这样不仅可以达到很好的宣传效果，而且实现了把工作做到基层的目标。

六是配套规划建设一步到位。如在开发建设工业区时，就要考虑区内工厂员工的宿舍等配套设施的建设以及工厂未来扩建所需用地的规划；在审查开发商的楼盘设计时，就要对小区的绿地、阳台等公共用地和自用地进行合理的规划，避免在土地使用问题上出现纠纷而导致小区管理出现混乱。

七是实行土地持有者负责制。为了便于处理违法案件，有关部门可以实行土地持有者负责制。当发生违法建设时，执法部门不但可以对违法者进行处罚，还可以直接对持有土地使用权的单位和个人追究连带责任，避免出现责任不明的情况。这样不仅能加强单位或个人对土地的管理意识，还能充分利用群众力量对违法建设现象进行监督。

八是加大违法成本，使违法建设无利可图。对严重影响城市规划的违法建设，在坚决予以拆除的同时，对违法者处以巨额罚金，并追究直接责任人和有关领导的法律责任；对基本符合城市规划要求的违法建设，在补办手续时按上限收取各种规费，并对违法者处以罚金，从而使违法成本远远高于守法成本，建设单位和个人进行违法建设无利可图。

九是相关部门齐抓共管。国土、规划、城管、园林、建设、公安等相关职能部门要密切配合，及时发现问题，并按照各自的相关职能及时处理。绝不能因为法律法规的交错，形成多部门可以执法，最终大家都不执法的怪圈。对居住区内的插建、规划控制地块的乱搭建问题，由政府明确一家单位牵头，其他单位配合的办法，加大执法力度。各部门之间要建立信息交流网络，加强联合执法，形成执法合力，坚决依法对违法建设进行治理，对严重影响城市总体规划的，要依照法律程序，坚决予以拆除。

十是完善监督体系，提高执法水平。实行内部监督与外部监督相结合，建立健全城市规划建设监督体系。加强内部监督，制定严格的责任追究制度，对于越权审批、违法审批、审批失误的，根据情节轻重分别追究责任单位和责任人的行政责任和法律责任。强化外部监督，就是借助新闻媒体、公众和社会舆论的力量，对审批过程和建设过程实行监督，最大限度地减少违法建设的发生。要对执法人员定期进行培训，不断提高其执法水平，在执法过程中切实做到公正无私、清正廉洁、严格执法、文明执法。

为使上述对策能够付诸实践，在本研究报告的最后，我们提出如下四点政策建议：

一是尽快修改完善《城市规划法》等相关法律，从立法上赋予城市规划管理部门强制拆除违法建设的权力，加重违法建设的经济处罚，对违法建设责任人设定法律处罚条款。并且要简化执法程序，强化执法措施，提高执法效率，增强法律的时效性和可操作性，达到法律效果、经济效果和社会效果的有机统一。

二是城市规划要具有科学性、权威性和前瞻性，必须委托高资质的设计单位来编制或修订城市规划。并且要反复论证，广纳良言，审慎定案，一旦敲定必须严格执行。另外要建立违法建设领导责任追究制度，有效减少和防止各级领导对规划实施的干预，从而提高规划的实施率。

三是适应市场经济发展需要，简化建设审批程序，把现行程序中的一些技术性、事务性环节分离出来，交给中介机构承担，政府主管部门集中力量审批、处理政策性强的核心问题，提高政府管理效能，减轻建设者在行政审批过程中的成本负担，提高合法建设的积极性。

四是打破现有部门界限，在城市规划区内由一个部门或机构相对集中行使城市管理行政处罚权，并由其承担违法建设的查处责任。

总之，违法建设是城市现代化的一大障碍。真正彻底解决违法建设问题，必须从源头控制上入手，理顺城市建设管理体制，健全城市规划管理机制，疏堵结合，标本兼治，将各项建设完全置于执法部门、市民群众和社会的监督之下，消除违法建设于萌芽状态，从而保证城市发展的健康有序，树立城市的文明形象。

课题组组长：

胡苏平　山西省运城市市长

课题组成员：

胡苏平　山西省运城市市长
张　利　内蒙古自治区兴安盟行署副盟长
张贵龙　上海市闵行区副区长
林泽华　江西省赣州市副市长
赵光超　河南省三门峡市副市长
潘那生　广东省湛江市副市长
邓全忠　四川省成都市副市长
扎西成培　西藏自治区昌都地区行署副专员

执笔人：

赵光超　河南省三门峡市副市长

研讨助理：

余池明　全国市长培训中心副研究员

城市管理体制创新的思考

第39期全国市长研究班第二课题组

导 言

城市是人类文明与社会发展的产物，是一个地区或区域的政治中心、经济中心、文化中心、科技教育中心和信息中心，彰显着人类在特定历史时期的经济、社会、文化和环境发展的时代特征。城市管理（Urban Management）是人们对城市发展和人居环境所进行的控制和治理活动的总称，是涉及城市经济、社会、文化、环境、城市安全和城市的规划、建设、经营、服务等多领域、多层次的综合性强的管理体系，是城市永恒的主题，同样带有时代的烙印。随着当代城市的快速发展，城市化率和城市现代化水平的不断提高，城市管理已日显重要，成为各级政府依法行政、依法治市、深化公共服务的重要组成部分。面对着城市经济实力不断增强、城市建设快速发展和城市各种经济利益多元化发展的新形势，探索和创新与之相适应的城市管理体制和运行机制，构建和谐城市是各级政府和社会各界所关注、思考的十分重要而迫切的现实问题，也是时代赋予城市管理者们的历史责任。现代城市管理是一个内涵丰富、涵盖广泛的大系统，是一个从宏观到微观、从整体到局部、从内部到外部、从物质到精神、从静态到动态的非常复杂的系统工程。根据本期研究班有关领导、专家的理论与实践辅导，有关案例分析，以及学习借鉴北京东城区和大兴区、天津大港区、吉林长春市、上海奉贤区、河南开封市、湖北十堰市、湖南张家界市、海南三亚市、江西上饶市、四川达州市等市的城市管理有益的经验及做法，本文所阐述的城市管理问题，侧重于城市政府和人民群众关注和思考的城市基础设施的管理、社会公共服务的管理和城市综合治理的问题，希望对此问题的探讨，有助于城市管理的深化和城市的可持续发展。

一、城市管理体制现状及主要问题

我国的城市管理是伴随着城市发展而发展的，在很大程度上是城市的发展带动管理的深化，而管理在城市发展的进程中又起着十分重要的促进作用。多年来，我国城市管理水平不断提高，城市管理体制改革不断深化，城市生产生活环境日益改善。但是，城市管理体制还存在许多不适应问题，必须引起高度重视，着力搞好改革与创新。

（一）城市管理体制的现状

城市管理体制是指关于城市管理的组织机构设置、地位、职责和内部权责关系及其相关规章制度的总和。城市管理体制是确保城市管理过程得以顺利实施的物质载体和保证，是一个综合性的概念，主要包括：城市的规划、建设、管理的行政领导体制，城市管理系统的机构及其职能的体制，市、区、街道的层级管理体制，城市管理系统中企事业单位的关系等。其核心是各机构间权、责、利的配置问题。

自新中国成立以来，我国的城市管理体制，由于受国际形势的影响和国内经济社会阶段性发展的影响，经历了曲折的发展和不断探索的发展过程。总体上，通过计划经济时期、改革开放和经济体制转型，直至进入21世纪，城市管理体制随着城市的发展，不断进行了相应的改革。许多城市亦从自身的历史、地理、经济基础和人文状况的实际出发，逐步呈现出多元模式并存的体制形式。概括起来基本上有三种管理模式：一是“规划、建设、管理三者合一的大建委”模式，二是“建设与管理合一”的模式，三是“规划、建设、管理各自分离”的模式。层级管理体制上长期以来基本是以“条条管理为主、块块管理为辅”的方式运行，近年来有些城市逐步形成了“两级政府，三级管理”的格局。管理的机制也由政府包揽型开始向公众参与型发展。

新中国成立初至改革开放前的时期，城市管理体制基本上是自我管理、条块分离的管理体制，主要是：街道以卫生、治安联防为主的管理，机关团体以内部建、管、卫生、治安一体的块块管理，工矿企业以企业范围为界实施规划、建设、管理、环境、医疗、卫生、企业文化、公安保卫等一体化的自我封闭式管理。当时城市处于新中国成立以后恢复性建设和三线建设，工作的重点是工农业发展超英赶美和备战备荒为人民，城市管理是以依靠人民群众觉悟的自然管理，并带有“军管”和“革委会”的时代特征。

自改革开放到20世纪90年代初，城市管理强化了政府主导的经济性，形成条条为重点的管理模式。这一时期，国家开始实施改革开放政策，计划经济体制被打破，工作重点以经济建设为中心，城市建设有了较快的发展；街道亦开始冲破束缚，发展集体工业，街道的城市管理权限被削弱，主要的社会资源和权力逐步强化并集中于条条管理，形成条条直管到底的城市管理模式。这时的条块关系不顺、条条职能交叉、管理协调不力的现象开始凸显。

自20世纪90年代深化改革以来，城市管理开始引入市场机制，条条管理开始向条块结合转化。这一时期，随着改革开放的深化和经济关系的调整，建设现代化城市的理念得到了强化。特别是1999年《城市规划法》的颁布、《国务院关于全面推进依法行政的决定》的执行，2000年《国务院办公厅关于继续做好相对集中行政处罚权试点工作的通知》和2002年《国务院关于进一步推进相对集中行政处罚权工作的决定》的贯彻实施，国家依法治国基本方略深入落实，人们的法制观念逐步增强，政府依法行政、依法治市使城市管理步入了法制化轨道，城市规划得到加强，并对城市的建设形成了必要的制约，城市管理得到了创新性发展。这一时期，以大城市为中心的城市群和城市带的发展壮大，城市化进程加快，城市的辐射功能强化，各地政府对计划经济体制下长期形成的城市管理体制，进行了不同程度的改革、探索和创新的实践。机关企事业单位与城市管理职能脱钩，工矿企业的内部社会公共管理职能逐步交给当地政府和走向社会化；同时，随着经济社会的发展和城市的快速扩容，使城市经济与社会生活中的各种矛盾出现了不少新情况、新变化，城市管理逐渐从城区向城郊向农村横向扩展，城市管理领域也不断向环保、城市文化内涵、公共安全等领域纵向延伸。城市管理内容已更广泛，涉及规划、建设、市政设施、城市形象与文化特色、有形市场、生态环境、城市交通、文化娱乐场所、流动人口、社区、社会治安、公共安全等方面。城市管理的条条管理模式已不适应现代城市管理要求，各级政府在开始理性思考现代城市更有效的管理模式，前瞻性地探索适应城市未来发展高要求的城市管理模式。一些城市成立了具有相对集中处罚权的综合行政执法局、城管支队，城管监察、城管警察等新形式的城市管理执法部门。针对城市阶段性的社会热点、难点问题，各级政府还开展不同内容和形式的专项整治，形成市、区、街道三级条块结合的联合执法体，出现了一批先进的城市管理案例，提高了城市管理水平，推动了城市管理体制的创新，并取得了明显的效果。

（二）现行城市管理存在的主要问题

现行城市管理体制是伴随着长期的城市管理的实践而产生和发展来的。应该说，这种体制模式在促进城市建设和城市发展中曾起到过积极的作用，但仍存在许多不适应的方面。

1.城市管理还不适应现代城市发展的需要

一是城市管理有些方面还具有浓厚的计划经济体制的色彩，管理还比较粗放。在计划经济体制下产生的“大建委”模式，统管统揽，管理层次多，环节复杂；部门既权力过分集中，又职能交叉、功过不明；常用突击式管理，重短期效果，造成决策与执行上不同程度的脱节，主管部门的职能和作用弱化，管理效率降低，城市管理处于较低层次状态。二是城市管理还缺乏强有力的统筹协调管理体制，社会资源未得到有效的整合。有的城市管理活动中，沿用行政的、非经济的手段为主导的“建管合一”的城市管理模式，往往导致“重建轻管”，同实行“建管并重、重在管理”的初衷发生冲突。诸如城市管理体制不顺，条块关系不协调，事权、财权过于集中在“条条”，区、街往往责大权小；重审批轻管理，只收费不服务和部门行政执法机构膨胀等问题比较突出。现行的城市管理行政执法局与专业管理部门仍然缺乏统筹与有机配合问题，未形成城市管理“一盘棋”思想和高效的管理合力。三是城市管理还缺乏适应现代城市管理需要的运行机制。城市管理的活力在于市场竞争机制、监督机制、保障机制。长期以来，我国的城市管理，实质上是政府通过权力控制、行政命令的约束来进行的，往往忽视研究城市资源科学配置，无暇顾及城市经济、社会、人文、生态、环境的协调与城市可持续发展问题；管理效果取决于领导者和执法人员的个人素质，人为的随机性较大；公众参与城市管理的氛围不浓，缺乏有效的载体和监督。城市管理系统中的政府事业单位和企业之间的关系定位不清，市场运行的机制和制约机制没有形成，其自身活力不够。

2.城市管理体制还不适应政府依法行政的需要

一是现行的联合执法还缺乏统揽全局的法律依据。我国的城市管理机构在国家是建设部，省里是建设厅，而在地方则分散于城管、规划、公用、园林、市政、房管等各个部门。在工作中涉及城市管理的部门还有公安、工商、卫生、环保等系统的主管部门。由于管理的法律法规一般都由政府的主管部门申请设立，这就造成我国现行的有关城市管理的条文都散见于行业法规中，没有一部独立完备的城市管理法律法规。因而联合执法在法律上缺乏主体合法性和唯一性。二是联合执法的主体赋权不够、责权不清。目前，城管执法权资源的法定配置是在多个行业部门，城市管理仅是这些部门的一部分职责，加之这些责任缺乏利益的补偿机制，实际上是权、责、利不对等，造成管理部门多，多头执法，重复执法，多头收费，以罚代管，不合法行为经处罚变为合法。对难点问题和热点问题又往往是互相推诿，该管的不管，能管的又不主动管，城管部门常常孤军作战，缺乏权威性。积聚的城管问题常常靠开展突击性的专项整治活动推动，整治成果不稳定、易反弹；同时，多个执法主体不利于监督，缺乏统筹与沟通，易造成执法显失公正，严重损害城市多数人的利益和政府形象。三是联合执法的运作程序还不规范。行业管理部门与执法单位在许多方面处于“剪不断，理还乱”的状态。行业管理部门重审批、重发证，弱化监管；联合执法单位是只监管、处罚，造成实际工作中的相互矛盾，甚至导致处罚行为无效。执法单位与区政府和街道的“条块”运作也存在不协调，一方面“条条”对基层缺乏深入了解，另一方面相当部分区、街政府尚未从长期形成的经济利益关系中摆脱出来，不能完全从管理和服务的角度履行职责。这就易于导致“条条”与“块块”之间政令不畅；同时，“块块”在管理中常出现较大的随意性，重眼前利益忽视全局利益，对一些违法行为不仅不纠正，甚至“放水养鱼”。这种执法工作的不协调，使“齐抓共管”成为一种空话，“七八顶大盖帽管不了一个破草帽”就是这种管理不规范的真实写照，严重损害管理权威性。

3.城市管理机制还不适应实现管理科学化、长效化管理的需要

伴随现代城市的发展，城市管理的公共事务由政府所独立包揽的现状已不适应，它需要政府与民间的广泛合作来强化其服务功能，满足城市发展的需要。目前，大多数城市的市政公共服务企事业改革相对滞后，公用事业基本处于政府独家垄断的经营状态，缺乏对经济的、法律的、技术的、教育的等手段的综合运用，社会资本进入公用行业的项目较少，特许经营还处于起步和探索阶段。这种机制既不利于强化城市管理的责任意识、公众的参与和监督意识，也不利于“三个文明”建设和城市综合管理绩效发挥，制约了城市管理步入良性发展的轨道，缺乏应有的活力。

4.城市管理的技术装备还很不适应提升城市管理水平的需要

随着城市化进程加快，城市管理的广度和深度在不断地延伸。城市管理还不能通过现代化科学技术，实现即时性、准确性和全面性的动态管理，部门之间信息传导和信息资源整合度低。城市整治的难点、热点问题，还在很大程度上依赖人员的路段督岗、定时巡查来完成；造成执法成本高与管理效率低，城市管理的整体效能和合力作用得不到充分的发挥，影响管理水平的提升。

（三）现行城市管理体制产生弊端的主要原因

任何事物都是与周围的事物相联系存在的，不是孤立的。城市管理体制的形成，经历了长期的管理实践，因而与观念、发展、体制等有着密切关系。现行城市

管理体制产生弊端的主要因素可以归纳为以下三个方面。

1.观念意识上的因素

一是传统计划经济的思想观念，反映在城市政府是主要依据上级指令性计划来行使城市管理职能，而不是按照城市的发展规律和自然、经济、社会的发展状况与特点进行管理。考核评价城市政府政绩的首要标准是各项经济计划指标的完成情况，这必然会促使城市政府把完成上级下达的计划指令作为第一职责，而较少地考虑城市经济、社会和生态等诸多方面的协调发展，这就难以实现对城市建设和发展进行高效科学的管理。二是传统计划经济的思想观念，还反映在相当一部分领导不能正确对待城市建设和管理的关系上。往往重建设轻管理，把城市建设作为硬任务真抓实干，而把城市管理当做软任务应付检查，对城市管理中存在的问题，不能够认真深入研究和思考。致使在城市管理中经常可以看到重短期整治轻长效管理，重经济效益轻社会效益，重管理表象轻管理内涵等现象，严重地影响了城市管理的成效。现行的城市管理体制必然带有明显的计划经济体制的痕迹。三是传统计划经济的思想观念，还反映在对城市管理的复杂性、艰巨性认识的不足。城市的不断发展对城市管理体制的调整不断提出新的要求，城市管理体制只有适应城市发展的要求，才能促进城市的快速协调和可持续发展。随着我国经济实力的增强，城市化的进程明显加快，形成了城乡不同群体的巨大利益反差。城市经济活跃，带来了大量农业人口向城市的快速积聚，这种积聚占有了一部分城市的资源，分享现有城市居民既得的城市公共福利；城市经济体制的变革，带来了相当一部分国有企业职工的提前退休或下岗失业，增大了各级政府就业再就业的压力；城市中积聚的老弱、孤寡、残疾人员，非常渴望得到政府、社会的高度关心和帮助。这些素质不同、知识程度不同、法律意识不同的社会利益群体，对政府改善城市市容环境面貌、提高城市管理水平的期望在不断提高，也在某种程度上给城市公共事业发展和管理带来了巨大的压力。由于各级各部门对扑面而来的新情况、新问题研究不够，认识不足，致使观念上缺乏对城市管理体制创新的必要性、科学性、紧迫性更深的认识。

2.经济体制上的因素

城市管理体制是建立在经济体制基础上的，必须与经济体制相适应，有什么样的经济体制，就有什么样的城市管理体制。经济体制决定着城市管理体制和职能体系，决定着城市管理模式的形成。在传统计划经济的体制下，与高度集权的计划经济体制相适应，我国逐步形成了高度集权、条块分治、以条为主、建管合一的城市管理体制。在这一体制中，行业职能部门占有主要的地位，而区街政府是为辅的地位。各级政府为了保证国家计划和指令的落实，必然要强化各级政府职能部门特别是经济主管部门的作用，使区街政府管理权限受到一定的制约。在社会主义市场经济体制下，城市政府着重搞好对城市系统外部环境的健全和完善，搞好城市经济、社会生活的公共环境和物质条件的管理，为城市经济社会的发展和居民创造良好的外部环境和物质条件，实现城市发展与经济建设的良性循环；同时，市场经济取代计划经济，宣告了“以条为主”的管理格局必须进行调整，“以块为主”的城市管理格局亟待深化和完善。

3.经济与科技发展上的因素

城市管理水平对城市经济发展与科学技术水平存在较大的依存度。目前，各地在城市管理工作中普遍存在着“技术装备落后，管理队伍素质不高，管理效率低下”等问题，实际上从经济与技术的层面影响着城市管理体制的效能发挥。城市基础设施欠账多，管理硬件、软件投入严重不足，装备落后，信息不对称，监控手段落后，人员素质不高等，必然影响管理的全面性、准确性、及时性、公正性。

二、城市管理体制机制创新的思路

当今世界，城市对经济、社会发展的作用越来越大，城市结构与功能日益复杂，城市管理地位和作用更加突出。可以说，科学高效的城市管理，已经成为城市政府重要的工作内容，是城市政府决策水平、领导艺术、执政能力的综合反映，是提高城市运营效率，推进城市可持续发展的必然要求。城市管理的核心是体制，关键是机制，重点是运作。

（一）城市管理体制创新的重要性与必要性

一是改革现行的城市管理体制是坚持科学发展观，推进现代城市可持续发展的需要。科学发展观集中体现的是“三个代表”重要思想，坚持以人为本，“五个统筹”，促进经济社会全面、协调、可持续发展。科学发展观既是城市可持续发展的根本，也是城市管理的必然要求。城市管理的出发点和落脚点是一切要以实现人的全面发展为目标，维护和发展好最广大人民群众的根本利益，让发展的成果惠及广大人民群众。要用科学发展观指导城市管理体制的创新，就是要用新的发展思路和改革理念来创新，做到统筹兼顾、科学规划、突出重点、强化管理，促进城市物质文明、精神文明和政治文明的协调发展。二是改革现行的城市管理体制是坚持依法执政、依法治市、建设法制社会的需要。依法治国，是党领

导人民治理国家的基本方略。坚持依法执政、建设法制社会是新形势下加强党的执政能力建设的重要内容。依法执政既要求管理主体依照法律法规管理城市的各项公共事务，同时也包括对管理主体的法制约束。各级政府在城市发展中，必须按照依法执政的要求，对现行城市管理体制中与之不适应的环节进行大胆改革，建立与之相适应的城市管理法律体系，把城市管理纳入法制化轨道，使各项管理工作有法可依、有章可循。三是改革现行的城市管理体制是树立以人为本的理念，提升城市管理能力，构建和谐社会的需要。中央政府确立了“建立和谐社会”的总的治国理念。以实行综合执法为突破口，进行城市管理体制的改革，是一种新的发展趋势，也是改革的方向。在进行改革的过程中，必然要涉及现有职能部门的权力和利益的重新组合及调整，要把提高城市现代化管理水平作为我们为人民群众必须解决的历史性课题来研究，把城市的公共资源和私有资源有机结合。人是城市的主人，城市管理的最终目的是创建和谐城市，为城市居民的生产、生活创造良好的城市环境。因此，城市管理必须牢固树立“以人为本”的理念，就要通过体制创新，把“以人为本”贯穿于整个城市管理的全过程，不断增强服务功能和提高管理水平，建立城市管理的长效管理机制，使城市管理的各项工作最大限度地满足城市发展和群众生产和生活的需要，让人民群众生活得更方便、更舒心、更幸福，进而加快构建和谐城市、构建和谐社会的步伐。

（二）城市管理体制创新的指导思想和目标

以邓小平理论和“三个代表”重要思想为指导，坚持全面、协调、可持续发展的科学发展观，遵循城市的发展规律，以人为本，以深化改革为动力，以科学技术为支撑，以解决城市管理体制中存在的突出问题为切入点，科学合理配置社会资源，调动各方积极性，转变职能，建立起充满活力的城市建设管理长效体制；理顺关系，建立起服务于现代城市管理要求的权、责、利相结合的高效管理机构；着眼未来，构建适应城市现代化发展的城市管理体系，努力为经济的持续快速健康发展、社会进步和人的全面发展提供良好的城市环境。

城市管理体制创新的目标是实现体制的现代化、市场化、网络化、法制化。

（三）城市管理体制创新的基本原则

1.统一效能的原则

要适应发展社会主义市场经济的需要，按照精简、统一、效能的要求，进一步转变政府职能，推进建管分离，强化管理权威；理顺条块关系，优化行政流程，减少审批环节，提高办事效率，建立办事高效、运转协调、行为规范的城市管理行政体系。

2.属地管理的原则

解决责任不清，职能交叉，管理缺位问题，克服先行体制中存在的条块分割、责权脱节的弊端，实行管理权限下放，充分调动和发挥城区的积极性。做到责权一致、谁主管谁负责和“费随事转、事随责转、责随权转”，赋予权力的同时落实相关责任，明确城市管理系统内各机构的职能及责权关系。

3.积极稳妥的原则

既要把握有利条件，不失时机地加大公用事业改革力度，又要充分考虑各方面的承受能力和现实可行性，采取积极稳妥的办法，循序渐进地加以推进。

4.技术支撑的原则

以现代科学技术为支撑，不断提高城市管理工作中的技术装备水平，促进城市管理向现代化、智能化、网络化方向发展。

5.依法管治的原则

按照依法治国、依法行政的要求，加快城市管理的立法进程，加大城市管理的执法力度，不断提高城市管理的依法行政水平。环境综合整治要坚持整体推进的原则。

（四）创新城市管理体制基本构架

1.创新观念，为创新城市管理体制奠定坚实的思想基础

城市管理现代化的关键在于创新，创新城市管理体制的前提是解放思想、更新观念。转变观念，必须要领导者率先垂范，同时职能部门和广大市民群众也要牢固树立与现代城市相适应的管理理念。

2.明晰权责，建立“两级政府、三级管理、四级网络”的城市管理新体制

这种管理体制在于整合城市管理资源，发挥城市管理效能，强化城市管理服务功能，形成“管理、监督、服务一体化”的城市管理模式。“两级政府”：形成两级政府管理的新格局。事关全局的城市规划编制、城市资源配置、政策法规规范和标准制定、监督检查的职能，集中在市一级政府，涉及全局的重大基础设施、重点工程项目建设由市一级统一组织实施；坚持管理重心下移的原则，将市里管不了、管也管不好的职能全部下放到区一级政府，充分发挥区一级政府在城市管理中的主体作用，并赋予区一级政府建设涉及城市美化、亮化、绿化和市政精品基础设施工程建设职能，在资金和政策上将相应权、责、利给予区一级政府。“三级管理”：科学确定市、区、街三级管理职责与职权。形成管理重心下移和责、权、利相统一的层级管理框架。形成三级管理体制的格局是：（1）市一级宏观决策、监督与协调。主要职责有：城市总体规划、分区规划和专项规划的编制，拟定城市管理法规、条例；制定市容环卫、园林绿化、建筑工地等管理标准，规划并制定户外广告、门面牌匾和各类占道的总体布局和标准，监督指导各区、街执行城市管理法规情况，协调有关专业部门和区、街道工作。（2）区一级全面实施，履行管理职责。主要职责有：贯彻执行城市管理的法规、条例；开展城市具体管理市政、市容环卫、园林绿化、市政设施、物业管理、建筑工地等的管理、维修养护、清理、检查工作；辖区内建设项目的规划监督检查，协助规划部门做好违法建筑的检查、拆除、清理工作。（3）街道一级操作执行，管理服务。主要职责有：依据法律法规和区政府的授权，对辖区内的市容、环卫、绿化、道路保洁、占道费和卫生费收缴工作负全责；指导协调小区物业管理，将管理延伸到基层。层级管理要强化属地管理意识：即一方面强化区一级政府属地管理的责任意识，解决不愿管、管理缺位的问题；另一方面强化市级部门和单位的属地管理意识，解决不配合、不服管的问题。“四级网络”：将管理拓展到社区。强调社区自我管理、自我服务的自治功能，把社区管理与市场化物业管理有机结合起来，把市、区、街三级管理真正落实到基层，落实到位，形成城市全面管理网络。

3.理顺关系，建立“条块结合、以块为主”的管理体系

一是理顺“条条”之间的关系。首先，要理顺建设、管理之间的关系。城市建设与管理是城市正常运转的两个轮子，二者相互融合、相互渗透不可分割。城市建设是硬件基础，其发展程度一般决定着城市管理的水平；然而城市管理又具有能动性，可以促进城市建设水平的提高。建设与管理的辩证关系要求在城市发展过程中不能偏废任何一方。根据城市发展状况和设区城市成功做法，积极推进监管分离。建立城市综合管理机构，统一指挥、协调和处理城市管理的相关事宜。二是理顺“块块”之间的关系。要进一步理顺市和区管理的关系，明确市级管理部门主要承担行业宏观管理的职责，如制订行业发展规划和计划，拟订产业发展政策等，应将具体行政管理事项和相关的人、财、物进一步下放给区，由区行业管理部门全面负责。从而建立起市政府统一领导，区政府全面负责，街道办事处具体落实的城市综合管理机制。要理顺区与街道的相关管理关系，街道作为区政府的派出机构，行使区域管理职能。三是理顺“条”与“块”的关系。要坚持属地管理的原则，以“块”管理为主，城市的“条条”管理职能部门各负其责、各司其职，积极主动履行部门法定职责，支持、配合“块块”管理，不推不拖，避免条块分割，充分发挥城市各级政府在城市管理中的主导作用。

4.管罚相对分离，建立健全城市管理集中执法与专业执法相结合的行政执法体系

改革城市管理行政执法体制，是规范整顿市场经济秩序、提高城市管理水平、加速城市现代化进程的客观要求。“行政决策性职能和执行职能相分离”，是现代城市政府新的执法形式，符合现代城市管理的客观规律。

根据《国务院关于进一步推进相对集中行政处罚权工作的决定》（国发[2002]17号）精神，应建立健全城市管理集中执法与专业执法相结合的行政执法体系。根据《中华人民共和国行政处罚法》的有关规定和国务院17号文件精神，有条件的市级人民政府都应按照制定政策、审查审批职能与监督检查、实施处罚职能相对分开的原则，设置专门从事城市管理的集中行政执法机构。作为市级人民政府负责城市管理相对集中行政处罚，具有执法主体资格的行政机关，应将城市管理行政执法局纳入政府行政序列，实行“统一领导，分级管理，以区为主，重心下移，强化服务”的管理体制。市行政执法局主要侧重政策研究、监督指导和重大执法活动的指挥调度，区行政执法局承担具体执法任务，同时接受市行政执法局的指导，执法重心下移到区，相应人、财、权、责全部下放到区。行政执法局主要在城市管理领域集中行使原由建委、城管、园林、规划、市容、环保、工商、公安交警等方面行使的执法监察部分行政处罚权，负责对授权领域的违法、违章行为进行监督检查和行政处罚；同时，行政执法局要牢固树立“权为民所用、情为民所系、利为民所谋”的思想，增强法制意识和服务意识，提升管理水平。

我国城市管理的实践表明，在当前和今后的一段时间内，实行相对集中执法必须与加强专业执法相结合。目前在国家无综合行政执法条例，多数城市又未立法的情况下，行政执法局只是受委托行使了部分行政处罚权，还有一部分行政处罚权仍由规划、建设、房地、环保、国土等专业部门行使，这些部门的行政执法工作只能加强不能削弱。特别是一些专业性、技术性较强的行政执法工作，在相当长的一段时间内还不能纳入相对集中执法范围，仍然由专业部门负责。这就要求各级政府在现阶段必须建立健全集中执法与专业执法相结合的行政执法体系。具体操作上：一是可以建立由相关职能局组成的城市管理联席制度，加强集中执法部门与专业部门的协调配合；二是为使集中执法与专业执法更加紧密地结合起来，可以借鉴有关城市的做法，市容环卫管理局与城市管理行政执法局合署办公，一个机构两块牌子。

5.完善机制，建立起强有力的城市管理支撑保障体系

一是建立市场化运作机制。城市管理改变政府包揽，形成“政府引导、市场运作”相结合的市政公用事业多元化的发展格局。（1）积极推进市政、环卫和园林绿化三支队伍的“事转企”改革，实现其用人、用工、分配三项制度改革，解决其医疗保险、养老与失业保险等问题，转变职工身份和所有制性质，彻底完成“事转企”改革。探索多元化体制的改革。（2）进一步向各区下放城建资金、人事和城市管理权限。将环卫和园林绿化事业单位的经费、人事管理权限全部下放到区，强化区一级公共服务的权、责、利统一管理。（3）进一步深化市政、环卫和园林绿化等公用事业的行业运行方式改革。按照“政企分开、政事分开、建管分开、市场运作”的思路，进一步转变“政府包揽、垄断经营”的城市管理模式，打破行业和地区垄断，开放作业市场，走专业化、企业化经营路子，建立起政企分开、投资多元化的公用事业市场化的运转机制，包括城市园林绿化养护、环境卫生保洁、市政设施维护等，建立起符合市场经济运行规律的城市公用事业作业服务体系；同时，积极探索实施特许、委托、发包经营的公共产品的生产经营方式。（4）管理职能本着精简、高效的原则，归入城市管理行政主管部门，作业职能运用市场化方式，组建专业公司，按现代企业制度的要求建立科学的管理体制、运行机制和分配制度，实现自主经营、自负盈亏、自我发展的社会化服务。

城市管理行政主管部门要制定科学的专业企业监管办法、工作标准、经费核算体系，科学测算确定各专业工作的作业标准和劳动定额，做好环卫、园林、市政作业任务的委托管理、招标工作、环卫保洁等市场化工作，要建立完善的城市管理考核检查制度，制定出各专项工作考核检查的具体办法，认真组织考核检查，并根据考核结果实行奖惩。

二是建立起公众广泛参与的监督机制。公众与各种非政府组织是城市管理的基础细胞，只有社会组织与公众广泛而自觉参与，城市管理机制才能从被动外推转化为内生参与，从而实现城市管理的良性循环。（1）实行行政监督制度。实行城市管理要接受各级人大、政协对城市管理的工作监督、法律监督和民主监督，定期或不定期地召开由城市管理部门、人大代表、政协委员、专家学者和市民代表参加的城市管理咨询会议，广泛听取社会各方面对区域重大城市规划建设和管理项目的意见和建议。（2）营造公正、公平、公开的市场环境。推行阳光操作，包括实施城市规划、拆迁管理等重大项目公示制度，开展公共服务设施工程公开招投标制度，实行公用事业收费价格调整听证会制度等，让公众参与到城市管理的决策、执法、监督和公共设施建设等的过程之中，提高城市管理的透明度。（3）实行社区管理、环卫管理市场化、专业化。借鉴江苏常州市物业管理的经验，建立“政府花钱建机制、百姓花钱买服务”的管理机制，改变传统的街道办事处、居委会管理模式，发挥城市物业管理、保洁公司的优势，使城市管理形成市场化、专业化、社会化、规范化的长效管理机制。（4）发挥新闻媒体在城市管理工作中的舆论导向、道德修养和社会监督作用。（5）完善政务公开制度、群众举报制度、特邀监督制度。定期开展民意调查，畅通公众监督与舆论监督渠道，确保城市管理工作公正透明、行为规范、运转协调、廉洁高效。

三是建立起完善有效的保障机制。（1）建立经费保障机制。加大投入，包括宣传投入、装备投入、设施改善投入、监察手段更新投入、城市管理业务经费等，将城市管理部门和执法机构所需经费列入财政预算，予以保障，使城管部门权力与责任直接挂钩、真正做到权力与利益完全脱钩，确保城市管理工作责权一致，公平、公正执法和有效运行。（2）建立司法保障机制。完善管理的法规体系，用立法的形式将管理要素确定下来。发挥城市管理行政执法与公安协同执法机制的作用，在城市管理行政执法部门设立公安机关派驻的城管治安机构，并根据执法需要随时抽调警力实行联合执法，为行政执法提供强有力的司法保障。

四是建立激励与人才培养机制。（1）建立完善全面、科学、公正可操作的绩效评价体系和激励、制衡机制。制定城市管理目标，纳入政府目标考核，形成可测量、可控制、可监督的管理网络，实现城市管理制度化、科学化、长效化。对城市管理工作中业绩突出、贡献较大的实行褒奖，对个别执法犯法、社会影响恶劣、严重损害政府形象和群众利益的典型事例，给予严肃惩处。（2）建立人才培养与竞争机制。加强城市管理人才队伍建设，以提高管理能力为重点，注重人才的选拔、培训和引进，积极导入竞争上岗、优胜劣汰的市场化管理机制，建立一支政治合格、业务精通、纪律严明、作风过硬的高素质管理人才队伍。

6.建立起以现代技术为支撑的科学管理机制

北京市东城区运用现代科学技术，整合城市管理资源的“万米单元网络”数字化城市管理，是现代城市管理的新模式，是建设部提倡在全国开展试点推广的管理模式。这是在城市管理中广泛应用和积极推广现代信息技术、数字城市技术、空间网络技术、地理编码技术等现代先进技术，创建城市管理新的地理空间体系和网络化信息平台，实现城市管理区域的精细划分、准确定位；利用手机定位技术，实现“城管通”和城市管理对象的精确定位；利用航空遥感技术，获得城市遥感图像信息，实现城市管理信息可视化；利用数据库技术，建设城市管理数据库，实现政府、社会、公众信息共享和沟通，实现城市管理的信息化、人性化、法制化和透明化的现代城市管理。这种新型城市管理模式应在各城市因地制宜地积极探索和完善。

三、城市管理体制创新的措施与建议

（一）主要措施

城市管理是城市政府的一项重要职能，要作为执政为民的大事来抓，要定期听取城市管理工作汇报，认真研究和解决城市管理中的体制、机制和改革扶持政策等问题。要做到：一是党政主要负责同志亲自挂帅，始终将城市管理纳入政府重要议事日程，科学决策，规范运作。二是要建立严格的考核制度。各级政府及有关部门城市管理要建立目标责任制，签订责任书，层层分解任务，落实工作责任，纳入年度重点考核内容严格检查，严格考核。三是建立部门联席会议制度。城市市政、环卫管理和相对集中行政处罚权涉及的部门较多，工作中要建立专业部门之间相互协调、配合的联席会议制度，有利于在城市管理中部门之间、上下之间形成整体，统一思想，统一指挥，统筹协调。四是科学规划城市基础设施建设。城市规划要着眼于发展和未来，善于预见城市发展中可能出现的新问题，事先做好准备，未雨绸缪，以前瞻性眼光，做好城市建设规划，完善城市功能和公共设施产业的调整，合理布局，突出重点，加快建设，满足人民群众的物质文化生活追求的提高以及生活方式改变的需要。五是加大投入力度。要把城市市政、园林、环卫、维修管护作为重点，经费要切实纳入财政预算，予以保障。要采取市场化运作方式，多渠道筹集资金确保城市管理工作的需要。六是加强宣传力度。通过广泛的宣传，促进全民的公德意识、责任意识，养成关心市容市貌和城市形象的良好习惯，自觉遵守城市管理法规，自觉参与城市管理。七是加强队伍建设。城市管理者和市民的素质是城市管理的前提条件和重要保证。要加强执法队伍建设、法制建设，改进执法方式，加强城市居民的公德意识、遵法意识、参与监督管理意识，全面做好城市管理工作，树立城管新形象，提升管理水平。

（二）几点建议

1.建立健全完备的法律法规体系

一是要加快城市管理立法进程，尽快出台明确各级政府在城市管理中的职责权限的法律。建议国务院根据《中华人民共和国行政处罚法》，抓紧制定《城市管理相对集中处罚权工作条例》。二是地方各级人大、政府要结合本地实际，制定相应的城市管理地方性规章、实施细则和规范性文件。三是城市政府要制定完善供排水与污水处理、公共客运交通、市政设施、城管监察等方面的规章。

2.建立健全规范高效的城市管理体系

一是切实转变政府对城市规划建设管理的职能，发挥城市综合功能，依法对城市管理的重大事项实行统一规划、统一部署、统一实施、统一考核，明确界定职能部门的管理责任，发挥职能部门管理特长，统筹协调，形成合力。二是要学习新加坡及中国香港地区和大陆各先进城市的先进管理经验，强化街道办事处职能，充分发挥社区管理作用，提高管理效能。动员居民群众和辖区单位参与社会公共事务和城市管理，共同创建洁美小区、文明家园，在提高小区环境质量的同时，着力提高居民的文明素质。三是全面推进城市管理相对集中行政处罚权工作，建立城建、环卫、市政、房管、公安、文化、工商等多个执法主体参加的、行使综合行政执法权的机构，纳入政府部门序列，变多头管理为统一管理。四是按照政企分开、政事分开、打破垄断经营的思路，凡是能交给民营办的就交给民营办，凡是能推向市场的就推向市场。放开市政公用事业投资和经营领域，鼓励和吸引多种经济成分参与建设和经营市政公用设施，实现投资主体多元化、服务运营市场化。建议国家尽快出台加快城市管理公用事业改革与发展的有关规定，指导城市公用事业持续健康发展。

3.建立健全快速灵活的城市危机管理体系

要积极应对正处于多发期和高发期的城市公共危机，进一步完善城市危机管理体系。要制定城市危机应急的法规，为政府从容应对城市危机提供法律保障；建立危机管理和处理体系，提高政府在危机处理中的快速反应能力；建立规范的危机信息披露机制，确保市民在第一时间了解灾情并及时做好心理、物质准备，降低和减弱危机对公众的损害。试行“城管110”，形成城市危机快速反应机制，及时处理城市管理中的各种突发事件。

4.建立健全有效的监督体系

城市管理要实行政务公开、阳光操作，最大限度地实现公众的知情权、参与权和管理权。完善市长公开电话和城管热线投诉制度、行政监督机关跟踪监督制度、人大代表定期视察制度、政协委员民主监督制度、新闻单位舆论监督制度，形成强有力的城市管理监督体系。

5.建立健全科学的绩效考评体系

要以科学发展观为指导，建立城市管理长效机制，摒弃单纯的经济指标绩效考评体系，制定和完善符合构建和谐城市本质要求的，城市经济社会与人口、资源、环境协调发展的综合考评方法及指标体系，从管理机制和考核制度上防止城市管理中的形象工程和短期行为。

结论

城市管理是城市永恒的主题，管理体制是城市管理的关键，管理体制是否科学，关系到城市的管理效率和城市功能的发挥，先进的城市管理体制能促进城市管理水平的提升，实现城市的可持续发展。在我国计划经济体制下形成的管理体制，已经很不适应现代城市发展的需要。城市的发展和社会主义市场经济体制的建立与完善，对城市管理提出了更高的要求，调整、完善和创新城市管理体制是城市发展的必然。建立"两级政府、三级管理、四级网络"的城市管理体制，"条块结合、以块为主"的管理体系，城市管理集中执法与专业执法相结合的行政执法体系，城市管理支撑保障体系，以现代技术为支撑的科学管理机制等城市管理体制创新的思路，是与社会主义市场经济和现代城市发展相适应的新体制的探索，同时建立相应的保障体系、机制和工作措施，以加快实现城市管理体制的现代化、市场化、网络化、法制化，从而建立起充满活力的城市长效管理体制与机制。

课题组组长：

陈天会　湖北省十堰市市长

课题组成员（执笔人）：

陈福兴　天津市大港区副区长
王学战　吉林省长春市副市长
徐剑萍　上海市奉贤区副区长
朱荣辉　江西省上饶市副市长
谢冠超　河南省开封市副市长
杜芳禄　湖南省张家界市副市长
陈天会　湖北省十堰市市长
陈马林　海南省三亚市副市长
高梅生　四川省达州市副市长

统稿人：

高梅生　四川省达州市副市长

研讨助理：

马金凤　全国市长培训中心教务处研究实习员

城镇化进程中人居环境建设探讨

第39期全国市长研究班第三课题组

【内容提要】

人居环境建设是当今国际社会普遍关注的课题。由于特殊的国情，我国的人居环境建设具有与众不同的特性。目前我国人居环境建设远远滞后于经济的发展并且成为制约经济发展和城镇化进程的重要因素，所以随着城镇化进程的逐步加快，加强人居环境建设也显得更为迫切。本文探讨了我国城镇化进程中人居环境建设的课题，并对今后的人居环境建设提出了一些建议。

引　言

中国目前城镇化水平约为40.53%。世界城镇化规律证明，一个国家城镇化水平达到30%以后，将进入加速发展阶段。在未来15年，中国城镇化水平平均每年至少提高一个百分点，据预测2010年我国城镇化水平将达到45%。全国有近半数的人口生活在城市，21世纪是真正“城镇化”的世纪。面对人口向城市集聚（城镇化）与城市日益严重的生态危机的矛盾以及工业化追求的经济效益与提高人居环境质量的矛盾，探求更加理想的城市发展模式和人类聚居形式，建设一个高效、健康、平等的城市社会，创造宜人的人居环境，正成为世界各国政府、国际机构和学术团体越来越重视的课题。

一、几个概念

（一）环境

环境是一个多义的相对概念。从一般意义上讲，环境是相对中心事物而言的，与某一中心事物有关的周围事物，就是这个事物的环境。如以人类为中心事物，那么，环境则是指围绕人类的空间及空间中可以直接、间接影响人类生活和发展的各种自然和人工因素的总体。环境的自然因素或者说自然环境，主要指地球的表层，是经过几十亿年的演变形成的，包括大气、河流、湖泊、海洋、土地、山脉、矿藏、森林、草原、野生动植物……环境的人工因素或人工环境是指经过人类改造过的自然环境，是人类创造的生活、劳动、娱乐的环境，如城市、农村、工矿区、居民区、公园、疗养地、风景名胜等。自然环境改造为人工环境更加适宜于人的生产和生活的需要，人工环境有赖于自然环境的调节涵养。

（二）人居环境

上面是从一般意义上讲的环境，是宏观环境（人类环境）或叫大环境。而以人居为中心事物的环境则是指微观环境或小环境，是经改造过的人工环境。那么，人居环境有多微多小呢？它的范围有多大呢？（仅限城市人居环境）。人居环境也是有层次结构的。如果从高到低来划分的话，城市人居环境可分为紧密联系的三个层次：城市为人居环境的高层次，尺度为20平方千米到上千平方千米；城区为中层次，尺度为5~20平方千米；居住小区为低层次，是最基本的人居环境，尺度为5平方千米以下。这三个层次是相互依存、相互作用，构成城市人居环境的有机整体。城市整体环境的好坏直接影响城区环境和居住小区环境，居住小区和城区环境的质量也对城市整体环境产生影响。明确人居环境的大小和范围是建设人居环境的前提。

（三）生态人居环境

所谓生态人居环境，就是应用生态学原理和系统工程的优化方法，来规划和组织城市、城区和居住小区的建设和管理，以达到为人们提供一个清洁、美丽、舒适的人居空间的目的。生态人居环境包括非生物环境（如水环境、大气环境、土壤环境、声环境、光环境、热环境以及地形、纬度、海拔等）和生物环境（如植物、动物、微生物等）两类。通过人工方法对这两类环境的加工、改造和建设，使之达到一定的要求，以满足人们的需要。生态人居环境是城市化进程中人居环境建设追求的目标。

二、我国城镇化进程中人居环境存在的问题及原因分析

（一）我国城镇化进程中人居环境存在的问题

人居环境既是与人类生存活动密切相关的地表空间，也是人类借以生存和发展的物质基础、生产资料和劳动对象。其中的各项因子都直接受到人类社会活动的影

响，是人类生存行为中利用与改造自然的主要场所。当今世界，工业化、城镇化给人类带来了繁荣和进步，同时也向人类提出了严峻的挑战和思考：一是空气、水、土壤等环境污染严重；二是生态资源、土地资源、矿产资源开发使用不当，资源浪费严重，造成与资源相关环境的极大破坏；三是公共服务设施和卫生保健及教育设施不足，交通拥挤，生活不便；四是城市基础设施缺乏，垃圾处理及供水和污水处理设施不足，污水和垃圾处理率不高；五是就业机会的减少，贫穷加剧和贫富悬殊扩大，不安全感增加和犯罪率上升；六是城市建设盲目模仿国外建筑，城市风貌个性丧失，“千城一面”；七是体现传统文化特征的古建筑和历史街区大批消失，不可再生的历史资源受到严重破坏；八是城市中钢筋水泥大楼林立，缺少绿地，生态平衡被破坏，城市发展不协调；九是城市建筑能耗高，浪费严重；十是人口集中于城市，遭受灾害的易损性增加，公共安全隐患凸显。所有这些迫切地需要加强在城镇化进程中人居环境建设的研究，改善人类的居住环境和质量。

（二）我国人居环境问题的原因分析

人居环境问题在我国城镇化进程中如此严重，究其原因应该说是多方面的，既有自然地理因素，亦有经济、人文社会等因素，而且我国的具体国情又使其具有特殊性。

1.经济因素

目前，我国正处于城镇化进程快速发展的时期，同时也是我国经济高速增长的时期，从发达国家经济发展的历史来看，这个阶段正是生态环境问题最严重的时期。

第一，经济发展引起的环境问题恶化。城镇化进程伴随着经济的高速发展，但与此同时，对资源开发利用规模和各行业污染物排放量也会随之高速增加。然而，由于国民经济尚处在粗放型向集约型转变的转型时期，人们只关注经济增长的数字，却往往忽略了其背后所付出的沉重代价，即对资源的掠夺式开发造成环境的极大破坏。

第二，经济利益与人居环境建设的冲突。市场经济发展所追求的是高额利润，是相对少数人的利益，而人居环境建设则是多数人的利益，二者是对立状态，是显性冲突的社会关系。但是，我国经济是以公有制为主体，经济利益的主体和环境利益的主体具有统一性。在一定意义上，政府既是冲突调解者，又常成为冲突的一方（地方利益），造成违法阵营庞大，法律执行的难度极大。

2.人文社会因素

人居环境建设，归根结底是正确处理人与环境的关系。人类是这个关系主要的、起决定性作用的方面，对人居环境建设的影响更为巨大。

第一，我国人口众多，环境的资源压力大，人居环境问题与人口有着密切的互为因果的联系。在一定社会发展阶段，一定地理环境和生产力水平的条件下，城市人口增长应有一个适当比例，否则将会引发人口与环境的冲突。人口与环境问题是中国城镇化进程面临的重大挑战。人口问题导致了我国资源的绝对短缺，因而往往出现了对资源无节制开发，同时伴随着惊人的浪费，给我们经济可持续发展战略的实施造成了极大的压力。

第二，公众人居环境建设意识普遍较差。所谓人居环境建设意识，是指人们在认知环境状况和了解人居环境规则的基础上，根据自己的基本价值观念而发生的参与人居环境建设的自觉性，它最终体现在有利于环境保护的行为上。国家环境保护总局和教育部联合进行的对全国公众环境意识的调查报告得出的结论是，我国公众环境意识和知识水平还都处于较低的水平，环境道德较弱；我国公众环境意识中具有很强的依赖政府的特征，政府对于强化公众环境意识具有决定性的作用。

第三，人居环境问题与贫困等其他的社会问题交织在一起，又有形成恶性循环的趋势。人居环境问题在当今世界各国有着不同的表现形式，富国的人居环境问题主要是与污染物相关的环境污染，而穷国的人居环境问题主要是与自然资源相关的环境破坏，前者比较容易得到防治和恢复，而后者的防治和恢复则要困难得多。我国的环境问题也有类似情况，在沿海及大城市等经济发达地区，人居环境问题主要以环境污染为主，如今经过不断的治理已有所缓解；而西部相对贫困地区，人居环境破坏引起的生态环境恶化十分严重，且日益呈现出环境问题与贫困同步深化，形成恶性循环的趋势。

三、城镇化进程中实施人居环境建设的对策

（一）城镇化进程中人居环境建设的目标

城镇化进程中人居环境建设的目标是建设生态城市，生态城市的含义就是指生态上健康的城市。它是技术和自然的充分融合，创造力和生产力得到最大限度的发挥，居民的身心健康和环境质量得到最大限度的保护。这里的“生态”包含了两层含义：一是人与自然环境的相互协调，二是人与社会环境的相互协调。其标准有以下几项：

1.和谐性

生态城市的和谐性，不仅反映在人与自然的关系上，自然与人共生，人回归自然、贴近自然，自然融于城市，更重要的是在人与人的关系上。现代社会人被过分夸大为世界主宰，滥用技术，企图征服自然，破坏了其赖以生存的环境，到头来不仅危及自身的生存，又打破了社会稳定结构（即社会异化），更失去了自我。人类活动促进了经济增长，却没能实现自身的同步发展，主体反倒成为客体背后的陪衬。生态城市营造满足人类自身进化需求的环境，充满人情味，文化气息浓郁，拥有强有力的互帮互助的群体，富有生机与活力，不是一个用自然绿色点缀而僵死的人居环境。这种和谐性是生态城市的核心内容。

2.高效性

生态城市一改现代城市“高能耗”、“非循环”的运行机制，提高一切资源的利用效率，物尽其用，人尽其才，各施其能，各得其所，物质、能量得到多层次分级利用，废弃物循环再生，各行业、各部门之间的共生关系协调。

3.持续性

生态城市是以可持续发展思想为指导，合理配置资源，公平地满足今世后代在发展和环境方面的需要，不因眼前的利益而用“掠夺”的方式促进城市暂时的“繁荣”，保证其发展的健康、持续、协调。

4.整体性

生态城市不是仅仅追求环境优美或自身的繁荣，而是兼顾社会、经济和环境三者的整体效益；不仅重视经济发展与生态环境协调，更注重对人类生活质量的提高，是在整体协调的新秩序下寻求发展。

5.全球性

生态城市是以人与人、人与自然和谐为价值取向的。就广义而言，要实现这一目标，就需要全球全人类的共同合作，“地球村”的概念就道出了当今世界不再是孤立、分离的关系。因为我们只有一个地球，是地球村的主人，为保护人类生活的环境及其自身的生存发展，全球必须加强合作，共享技术与资源。全球性映衬出生态城市是具有全人类意义的共同财富。

（二）城镇化进程中人居环境建设的五大战略原则

1.生态优先战略

人居环境的优劣有多元衡量指标，如生态性、舒适性、安全性、美观性、经济性等，而首先要考虑的是生态性。城市、村庄和住宅小区是人类与其周围环境（人居环境）相互作用，特别是人类适应和改造自然所形成的人工生态系。要充分运用生态学的原理，如互惠共生、生态位、物种多样性、物种竞争、化学互感作用等，来营造和恢复环境的自然性。

2.可持续发展战略

所谓可持续发展，就是人居环境因素，或称环境资源，尤其是稀缺资源，可以长期地持续地利用。主要指合理利用和节约使用资源，如节能、节水、节地等。节能，就是要有效采取建筑物的保温、隔热、通风技术措施，并尽量利用太阳能、风能等无污染清洁能源。节水，要大力推行中水系统、雨水收集系统，少建或不建大草坪等耗水景观。节地，不搞大广场、不搞占地面积过大的别墅等。在广场尺度的处理上，广场的长度与周边主要建筑物的高度比例协调。

3.文脉传承战略

即保护好文化遗产，传承好文化脉络。一个城市的文化底蕴，不能只是到历史典籍中去寻找，而要体现在现存的名胜古迹、古建筑、风土人情、自然遗产（包括原始的地形地貌）等方面。应将城市中已经存在的内容尽量融入城市整体之中，使之成为城市的有机内涵之一；同时，要尽量把外来的居住文化和本土文化融合在一起。既不要排斥、吸收外来居住文化，又要尽量挖掘我国原居住文化的精华，加以提炼和继承，增强建筑的文脉传承，但不是提倡复古主义，而是赋予传统文化新的意义。

4.经济适用战略

一方面要考虑建造成本的经济性，另一方面要考虑建成使用后维护成本的经济性。不搞奇花异草、名贵建材等华而不实的事；不搞超越“宜人适度”、大而无当的事；不搞大广场、大草坪等浪费资源的事。特别是居住区景观要把握好尺度，满足生态要求即可，不搞节外生枝、画蛇添足的事，在“有用性”的前提下，兼顾“审美性”，不要搞“小区景观公园化、住宅装修宾馆化”的事。

5.以人为本战略

营造好的居住环境，是为了“人”能健康地生存繁衍、舒适安全地生活和工作。以人为本战略的实施，涉及人居环境的许多方面。当前突出的问题是如何迎接老龄化社会的到来，在人居环境建设中要采取“适老”的措施，如老年住宅、亲情住宅、亲情社区等。并要特别注意关心残疾人和城市农民工等弱势群体。

（三）人居环境建设的政策性措施

1.发展人居环境理论，促进城市生态环境建设

预计2006~2010年的第十一个五年规划期间，我国城镇化率每年提高约一个百分点，5年计新增约8000万城镇人口，其中近一半是农村居民的迁徙转化。对城市领导者和各专业城市工作者，这是一个十分艰巨，带有很大挑战性的工作。如何在迅速发展中保持城镇的良好生态环境，这不仅对我国，对全世界的城镇化和经济全球化也将有重大的影响。实践产生理论，实践也需要理论，中国城镇化的实践，迫切需要理论的指导。吴良镛先生研究出版了《人居环境科学导论》一书，系统地提出人居环境科学理论框架。认为任何一个级别的城镇都包含着自然系统、人类系统、社会系统、居住系统和支撑系统五大系统，这五大系统相互联系、相互依存，共同构成城镇环境。解决城镇环境问题，本质上要以系统的观点、综合连贯的思想与方法来协调好这五大系统的关系，其中的任何一个系统出了问题，都将造成城镇环境的破坏。在历史与现实的实际中，城镇的兴衰演变也无不与这五大系统的状况密切相关。

2.促进将环境消耗纳入国民经济核算体系

现行的国民经济核算体系以国民生产总值（GNP）或国内生产总值（GDP）作为主要指标，它只重视经济产值及其增长速度的核算，而忽视对了国民经济赖以发展的生态资源基础和环境条件的核算。现行的国民经济核算体系只体现生态系统为人类提供直接产品的价值，而未能体现其作为生命保障系统的间接价值。研究表明，生态系统的直接价值远远低于其间接价值。因此，现行的国民经济核算体系必然会对经济社会发展产生错误的导向作用。其结果：一是使现行国民经济产值的增长带有一定的虚假性，夸大了经济效益；二是忽视了作为未来生产潜力的自然资本的耗损贬值和环境退化所造成的损失（负效益）；三是损毁了经济社会赖以发展的资源基础和生态环境条件，使经济社会的持续健康发展难以为继。为了纠正这种偏差，国际社会已研究多年，联合国专家组也制定了建议性的综合环境与经济核算体（SEEA）框架（联合国秘书处，1991）。（联合国环境规划署（UNEP）在其1972～1992年环境状况报告《拯救我们的地球》中明确要求，到2000年“所有各国采用环境和自然资源核算，并将之作为其国民核算体系的一部分”。）1992年联合国环境与发展大会（UNCED）通过的《21世纪议程》更具体地规定了实施环境核算及其纳入国民经济核算体系的任务。我国随后制定的《中国21世纪议程》和《中国环境保护21世纪议程》，都将研究和实施环境核算并将其纳入国民经济核算体系的任务列为优先项目。

3.加强环境法制建设，保证人居环境建设

根据城镇化进程中人居环境建设的需要，全国人大和国务院应制定和建立适应的法律法规综合体系。例如，制定《人居环境保护法》或者《人居环境保护条例》等，使人居环境建设置于法律法规的刚性保护下，这样城镇化进程中人居环境建设才能得到法律保障。加强环境法制建设是城镇化进程中人居环境建设战略、政策和措施顺利实施的有效途径。对不符合城镇化进程中人居环境建设的行为就可采取必要的行政、经济甚至法律手段予以制裁，保证人居环境建设的顺利实施。

4.鼓励市民参与人居环境建设

1994年3月，我国政府发布《中国21世纪议程》白皮书指出“可持续发展以人为本位”，《中国社会发展报告》也提出“以人为核心的社会发展”。1994年9月在埃及首都开罗召开的世界人口与发展大会，也明确提出“可持续发展问题的中心是人”。实现可持续发展、提高市民人居环境建设意识，既要肯定人类生存发展的权利，也要肯定自然界生存发展的权利，重在人的“素质教育”。鼓励市民参与人居环境建设、善待环境、管好自己、规范自己的行为，有利于市民对人居环境建设的远景达成共识并在实施中得到公众的支持。加强对公众可持续发展思想和人居环境建设意识的灌输。可持续发展要求市民树立新的道德观、保护环境的责任感、树立不以后代资源为代价来满足当代需要的使命感。建议在小学《自然》课程、中学《地理》等课程中纳入人口、资源、生态、环境和可持续发展的内容。高等学校开设《发展与环境》课程，将人居环境建设的思想贯穿于初等到高等整个教育过程中。

5.多渠道筹集建设资金

建设生态人居环境，需要大量的建设资金投入，各级政府应是建设资金投入的主体。在现行的财政体制下，实施积极的财政政策（例如，发行人居环境建设国债、增设环境建设税种、增加房地产税率、加大环境保护中央转移支付等），中央财政和地方财政必须安排专项财政资金用于生态人居环境建设；同时积极制定政策、采取措施鼓励企业、私人等民间资金参与人居环境建设。

6.搞好环境监测，认真治理环境污染

我国人居环境污染十分严重。目前我国660多座城市中，大气质量达到一级标准的极少。世界大气污染最严重的十大城市中，中国占了5个。此外，城市污水、垃圾、噪声污染也很严重。由于乡镇企业布局分散、技术落后、量大面广，更使我国污染由点到线、由线到面，城乡同时受到污染。治理污染，第一是必须从实际出发，调查研究，搞好环境监测，了解环境污染的历史、现状、发展趋势和污染环境的主要因素，从而制定正确的对策。第二是治理污水，要求治理的程度逐步提高，比例不断增大，最终达到100%。经过治理的污水，要用于洗车、冲洗道路、绿化灌溉、水景系统补水、公建马桶冲洗等。第三是无害化处理垃圾，对垃圾进行分类收集，然后用回收、填埋和焚烧等方法进行处理。垃圾处理应以“无害化、减量化、资源化”为原则。重视焚烧余热、填埋物产生的气体和回收物品如废纸、塑料、玻璃等的利用。第四是对于废气则应采用综合的方法进行治理：一要尽量减少废气的排放，这就要调整能源结构，使用清洁煤燃烧技术和氢燃料汽车、电动汽车等；二要多种绿色植物，特别是阔叶林，用来吸收二氧化碳和二氧化硫，以净化人居环境的空气；三要运用高新技术来治理废气，如采用能吸收二氧化氮（NO_2）的混凝土来铺路，用以吸收汽车的尾气。治污是目前建设生态人居环境的基本途径和手段。第五是在城镇化进程中大力发展循环经济，是搞好环境污染治理、节约资源的根本措施。

7.努力节约资源，实施可持续发展

我国是一个人均资源十分贫乏的国家，人居环境建设就是要在城镇化进程中重视节约资源，这既是实施可持续发展的需要，又是减少污染、保护生态环境的基本途径。环境与资源从本质上讲是同一含义，只是在对人们的生活、生产及其他经济活动具有不同功能时，才分别称为环境和资源。当它作为主体的客观对象时叫环境，当它直接参与人的生产过程时叫资源。资源与环境具有同一性，因而节约资源其实就是保护环境。中共中央政治局2005年6月27日进行第二十三次集体学习，中共中央总书记胡锦涛指出，我们要从推动我国经济社会持续发展和人民生活水平不断提高的全局出发，促进形成可持续的生产方式和消费模式，建立资源节约型国民经济体系和资源节约型社会。胡锦涛强调，节约能源资源，走科技含量高、经济效益好、资源消耗低、环境污染少、人力资源优势得到充分发挥的路子，是坚持和落实科学发展观的必然要求，也是关系我国经济社会可持续发展全局的重大问题。城镇化进程中节约土地是节约资源的重要组成部分，城市的无序扩张和滥占土地已成为制约城镇化发展的瓶颈，有效地保护基本农田、保护自然山体美景和关键节点、保护开敞空间，以及混合使用城市土地是人居环境建设的重要内容。我国淡水资源严重短缺，已是不争的事实。北方城市的资源型缺水和南方一些城市的水质性缺水同样严重。因此，应把直接提供饮用水、雨水收集与再利用、地下水保护与开发、污水处理与回用等结合起来，进行系统优化设计与建设，使有限的淡水资源得到充分合理的利用。

8 .认真做好历史文化遗产的保护

在城镇化进程中，对历史文化遗产的破坏也是相当普遍的，甚至是空前的。尤其在旧城改造中，历史文化遗产的保护犹如狂风中的残烛，岌岌可危。所以有的学者说现在的形势是“空前重视，空前破坏”。温家宝总理说：“当今世界上，许多著名城市在现代化建设中，都采取严格措施保护历史文化遗产，从而使城市现代化建设与历史文化遗产保护浑然一体、交相辉映，既显示了现代文明的崭新风貌，又保留了历史文化的奇光异彩，保护好自然遗产和文化遗产，使之流传后世，永续利用，是城市领导者义不容辞的历史责任。”

保护历史文化遗产既是人类社会进步、文明发展的必然要求，也是人居环境建设的重要内容。按我国现行的法律、政策，可以把历史文化遗产的保护分为三个层次，即保护文物古迹、保护历史文化街区、保护历史文化名城。第一个层次是保护文物古迹。对文物保护的方针是“保护为主，抢救第一，合理利用，加强管理”。保护的目的是真实全面地保护并延续其“历史信息”和全部价值。所有的保护措施都应该遵守不改变文物原状的原则；同时再划定一个“建设控制地带”，通过城市规划对这个地带的建设加以控制，包括控制新建筑的功能、建筑高度、体量、形式、色彩等。保护文物古迹的历史环境不只是为突出文物建筑的观赏价值，它还可以完整体现文物建筑历史上的功能作用，可以让人们认识文物建筑原来的设计匠心和艺术效果，还可以让人们全面准确地理解当时的历史事件。第二个层次是保护历史街区。“城市中保留遗存较为丰富，能够比较完整真实地反映一定历史时期传统风貌或民族地方特色，存有较多文物古迹、近现代史迹和历史建筑，并具有一定规模的地区”。历史街区的保护原则：第一是保护真实历史遗存，这和文物古迹类似；第二是保护外观整体风貌，这与文物古迹有差别，它意味着内部可以改造更新，也意味着保护的重点不只是建筑物，还包括影响环境风貌多重内容，如道路、院墙、水井、牌坊、古树等；第三是维护并发挥原有的使用功能，这里的居民要继续生产和生活，这点是最重要的，也是有困难的，我们保护的不只是物质躯壳，还应包含它们承载的社会、文化活动，保持活力，延续生活。第三个层次是保护历史文化名城。“保护文物十分丰富，具有重大历史价值和革命意义的城市”，历史文化名城的保护原则，既要使城市的文化遗产得以保护，又要促进城市经济社会的发展，不断改善居民的工作生活环境。历史文化名城保护的内容：第一是保护文物古迹和历史地段；第二是保护和延续古城的格局和风貌特色；第三是继承和发展优秀历史文化传统。在实际工作中，仔细地认定保护对象在历史文化遗产保护三个层次中的地位是十分重要的。属于文物保护单位的，不可轻易拆掉或仅保留外观，可称“原物保护”；

属于历史文化街区的，要保护外观整体的风貌，不必强求所有建筑的“原汁原味”，可称“原貌保护”；历史文化名城中非文物古迹、非历史地段的大片地方，只求延续风貌特色，不必再提过高要求，可称“风貌保护”。如此有重点有区别地做好工作，历史文化遗产保护和城市发展建设相得益彰。

9. 大力提高人居环境建设的科技含量

科学技术是第一生产力，而且是先进生产力的集中体现和主要标志。在建设生态人居环境中，环境监测、污染治理、资源节约、绿化建设都要尽可能应用高新技术，这是建成生态人居环境的技术保证。建设部颁布的“十五”期间九项重点推广的实施技术：信息技术、建筑节能技术、住宅产业化技术、建筑用钢技术、化学建材技术、新型建筑结构与施工技术、水工业技术、垃圾处理技术、地基基础与地下空间技术等，不仅对加快科技成果向现实生产力的转化，促进行业技术的升级，提高建设事业整体发展能力和水平有重大作用；而且对建设现代化、生态化的人居环境有重大意义。我们必须真正重视在人居环境建设中运用一切高新技术和先进实用技术，这是提高人居环境建设科技含量的基本措施。

10. 大力提倡“绿色消费”

“绿色消费”是指以绿色、自然、和谐、健康为主题的，有益于人类健康、环境和资源保护的一种现代消费模式。它倡导在追求科学、文明、健康、舒适的生活同时，注重节约资源、保护环境、治理污染，从而实现“可持续消费”。

（四）人居环境建设中的具体工作对策

地方政府具体负责区域规划、城市建设和管理，在城镇化进程中实施人居环境建设责任重大。

1. 认真做好城市规划

努力通过土地利用总体规划、城市总体规划和控制性详细规划使城市人口、经济、社会、资源、环境协调发展。温家宝总理指出，城乡规划是一项全局性、综合性、战略性很强的工作，涉及政治、经济、文化和社会生活等广泛领域。城乡规划的基本任务，是根据一定时期经济社会发展的目标和要求，统筹安排各类用地及空间资源，综合部署各项建设，以实现经济和社会的可持续发展。城乡规划是政府指导、调控城乡建设和发展的基本手段。编制和实施城乡规划是实现政府战略目标，弥补市场不足，有效配置公共资源，保护资源环境，协调利益关系，维护社会公平，保持社会稳定的重要手段。

（1）规划内容不局限于城市本身的发展，而是将与之关联的人口、经济、社会、资源、环境等诸多因素纳入规划过程，在保证上述因素相互协调和相互促进的前提下，寻求城市适宜的发展规模、发展速度与发展方式；特别是在规划的开始，就把城市的环境分析和城市的资源分析和城市发展的需求分析一并考虑，由此得出平衡城市发展的总体规划初步方案。

（2）整个规划的出发点不仅是以往的城市社会经济发展与城市土地及空间资源的关系，而且特别强调了城市环境承载力和资源供给力以及自然敏感地区、物种富集地区的控制。这是可持续发展观念对城市规划提出的新要求。

（3）资源环境体系的基本承载力是决策城市规划方案的一个十分重要的控制点，即规划方案中建议的城市规划不能突破城市的环境承载力和资源供给力。

随着我国社会经济的快速发展，城市的地位和作用将日益突出和重要。在城市规划中引入可持续发展的观点，基于资源和环境体系对城市发展的支撑和承载能力，以实现城市经济、社会、人口、资源、环境的协调发展，是建立具有中国特色的城市规划理论方法体系的关键环节，同时也是避免重复发达国家城镇化进程中出现的各种负面效应的重要途径。

2.建设生态社区

生态社区由绿色空间系统、水资源系统、废弃物处理系统、清洁能源系统、道路交通系统、文化活动系统和环境管理系统所构成，是满足居民方便、舒适、卫生、安全和景观环境优美要求的生态文明社区。建设生态社区应按照生态学原理，应用生态设计方法，将自然因素融入社区环境中，在经济性的基础上构建人、社会与自然完整和谐的系统。创造包括住区环境中的物种多样性、功能多样性和居民活动空间多样性的居住空间环境。城市新建的社区要按照生态社区设计建设，同时也要注重对现有的社区按生态社区进行改造，使其获得再生。例如，对现有的社区进行维护、配套、绿化，使其达到生态社区要求，以减少城市的扩张占地，维护社区居民关系，充分利用城市资源。建设生态社区已日益受到世界各国的重视，德国、澳大利亚等国做出了许多值得学习借鉴的典型范例，我国一些地方政府也将社区的生态化建设列为自己首当其冲的任职目标。

3.发展绿色空间

扩大绿色空间不但有益于居民的身心健康，使居民心理上产生舒适愉悦感，提高居民的生活质量，还能改善市容市貌，提升城市的整体形象和区位竞争力、发展力。到2010年，将提升全国城市规划建成区绿化率，达到35%，绿化覆盖率达到40%，人均公共绿地达到10平方米和城市中心区人均公共绿地达到6平方米以上。绿色空间包括居住区公共绿地、组团绿地、宅旁绿地、垂直绿化、屋顶绿化、公建庭园、住区外围防护隔离绿地、道路绿化等，它所起的作用不仅是利用其观赏特性进行美化装扮和创造丰富的文化、感情氛围，最为重要的是它对人居环境的生态服务功能。发展绿色空间应着重考虑绿化面积及绿化物种。在确定绿地面积时，应从碳平衡和氧平衡的绿色空间生态服务功能角度进行总量设计和规划布局。在规划和开发绿色空间的过程中，应摆脱传统园林绿化观念的局限，强调在生态学原理指导下对绿色空间的功能进行全面强化，为此需遵守如下原则：（1）营造舒适环境的原则；（2）保护和改善环境的原则；（3）选用适生物种的原则；（4）合理的群落组配原则；（5）适当提高生物多样性原则。

4.人居环境设计采用生态技术

人居环境生态设计的目的是使生态学的竞争、共生、再生和自生原理得到充分体现，资源得以高效利用，人与自然高度和谐。生态设计是建筑设计、风景园林、环境工程、能源工程等工程设计与生态学结合的综合性环境设计，以满足居民的个体需求和生态保育的要求。在建设生态人居环境中，环境监测、污染治理、资源节约、绿化建设均应尽可能应用先进适宜的生态技术，重点推广信息技术、建筑节能技术、住宅产业化技术、建筑用钢技术、化学建材技术、新型建筑结构与施工技术、水工业技术、垃圾处理技术、地基基础与地下空间技术等。

5.发展绿色建筑

绿色建筑，是按照生态平衡原理，使人工建筑环境及其所在的自然生态环境和社会经济环境之间的相互作用、相互协调，从而产生一个相对稳定的互为依存与循环的新型建筑。绿色建筑通过精心设计实现节能、节材、节地，减少温室气体的排放。绿色建筑注重提高自然资源的利用率，保护自然植被、原生土壤等，不仅创造了舒适的小环境，也创造了一个与自然和谐的大环境。目前，德国已建成400多座绿色建筑，均选用清一色的天然建筑材料，并经过反复检验处理，以确保无毒无害。

6.构筑生态化交通系统

加大交通系统建设和管理的力度，发展城市智能交通系统。城镇化进程促进了道路交通系统的不断建设发展，为居民出行提供便捷；同时道路交通系统的扩展及汽车的普及又不可避免地导致空气污染，并进而影响居民的健康、舒适。这一矛盾将在相当长时间内困扰着城市的人居环境建设。智能交通系统是在较完善的道路设施基础上，将先进的电子技术、信息技术、传感技术和系统工程技术集成运用于地面交通管理所建立的一种实时、准确、高效、大范围、全方位发挥作用的交通运输管理系统。它是充分发挥现有运输效率，保障交通安全，缓解交通拥挤的有力措施；同时大力发展无污染的地铁、轻轨以及其他类型的舒适、便捷、有尊严的公共交通，支持自行车和步行，构建生态化的交通系统。

7.水资源系统生态化

水资源系统包括生活用水的供给、污水、雨水、景观用水等。水资源生态化的目标是保证水资源的持续、合理和有效的使用。它要求在水资源的开发、利用、治理、配置、节约、保护过程中，坚持开源与节流并重、节流优先、治污为本、科学开源、综合利用的原则。我国城市污水再生工作大多尚处于起步阶段，城市污水再生利用率和工程建设规模与我国水资源短缺的严峻形势很不相称。

8.城市垃圾处理生态化

城市经济的快速发展和城市人口的迅速增加将带来城市垃圾产生量的持续增长，给城市文明和人居环境质量带来巨大的威胁和压力。必须制定有关政策法规，加强对垃圾回收、处理、利用的管理；必须统筹规划，引进、开发和推广垃圾减量化、无害化和资源化的先进处理技术；同时运用市场机制，实行垃圾排放收费制度，培育垃圾处理产业。

结论

城市作为人类社会特有的地域组织形式，是人类创造的一种人工生态系统，在一定的生产力发展水平和自然地理条件下，一个城市对人类活动的容纳能力是有一定容量的。也就是说，一个城市的容纳能力具有一定临界限度，如果人类经济社会活动超过这一临界限度，将会给城市发展带来巨大的破坏、将会受到自然界的惩罚。因此，人类对于城市资源的开发利用，均应约束在城市生态环境容量的临界阈值之内。城市生态环境的容量主要表现在为城市人口提供生产、生活和娱乐的生态服务能力上；表现在为城市人口生产、生活安全保障提供的环境缓冲能力、环境自净能力和环境抗逆能力上。总之，在城镇化进程中人居环境建设最终追求的目标是“人口、资源、环境、发展”四位一体的高度协调和统一。

[参考文献]

1. 吴良镛.人居环境科学导论.北京：中国建筑工业出版社，2001.

2. 邬永平、刘晓瑜、郝恬.迎接城市化挑战，实现人居可持续发展，四川农业与农村可持续发展研究.成都：四川科技出版社，1997（4）：371～378.
3．刘平、王如松.城市人居环境的生态设计方法探讨.生态学报，2001（6）.
4．李丽萍.城市人居环境.北京：中国轻工业出版社，2001.
5．吴人坚.生态经济区建设原理初探.生态经济，2001（1）：1～3.
6．曹伟.生态社区新理念及其人居环境的探索.建筑学报，2002（9）：60.
7．赖明.人居环境与可持续发展.城市开发，2002（6）：33.
8．刘冶彦.我国可持续发展面临的挑战与对策.人民论坛，2003（1）.
9．陈易.生态危机的对策.建筑学报，2001（5）：45~46.

课题组组长：

霍荣荫　广东省珠海市副市长

课题组成员：

李继合　北京市平谷区副区长
李新生　内蒙古自治区阿拉善盟行署副盟长
郑金平　浙江省衢州市副市长
张建平　湖北省咸宁市副市长
霍荣荫　广东省珠海市副市长
王建华　重庆市永川市副市长
袁险峰　四川省广安市副市长
高建军　新疆维吾尔自治区喀什地区行署副专员

执笔人：

袁险峰　四川省广安市副市长

研讨助理：

江　竞　全国市长培训中心助理研究员

城镇化过程中的失地农民问题

第39期全国市长研究班第四课题组

城镇化、工业化是经济社会发展的必由之路。在推进城镇化和工业化的过程中，特别是在各种经济技术开发区和重要公益性基础设施的建设中，大量的农业用地转化为非农用地，农民失地成为必然。如何妥善解决失地农民问题，切实做好失地农民的就业和社会保障工作，已成为我国经济社会发展中的一项重大课题和突出任务。本研究报告的主要目的是通过对我国失地农民问题及其表现形式的分析，对目前解决失地农民问题做法的概括，提出了解决处理好失地农民问题的基本思路和措施建议，为各地解决失地农民问题提供参考。

一、我国的失地农民问题及成因

（一）对失地农民数量的现状估计

国家统计局2003年在全国开展了失地农民的调查。调查以人均耕地面积0.3亩以下的农户为主要对象，共2942户，家庭人口12170人，其中劳动力7187人。平均每户4.14人，劳动力2.44人。原有耕地13740.15亩，平均每户4.67亩，平均每人1.13亩。从2000年至今，这些农户的耕地共被占用9400.15亩，平均每户被占用3.2亩。现在尚余耕地4340亩，平均每户1.47亩，每人0.36亩。其中，人均耕地在0.3亩以上的有442户，约占调查总户数的15%；人均耕地不足0.3亩的有1237户，约占调查总户数的42%；完全丧失耕地的有1263户，约占调查总户数的43%。

目前，我国非农建设占用耕地每年250万~300万亩，如果按人均1亩地推算，那就意味着每年有250万~300万农民失去土地，变成失地农民。1987~2001年，全国非农建设占用耕地共3395万亩，多数研究者估计，至少3400万农民因此完全失去或失去部分土地。

这里讲的非农建设使用土地数量，是指依法使用的耕地，不包括违法占用耕地。据卫星遥感资料显示，违规用地数量一般占用地总量的20%~30%以上。许多专家估计，如果考虑违规占用耕地，目前失地或部分失地农民的数量可能高达4000万~5000万人。

失地农民主要集中在大中城市的郊区，在一些经济发达地区失地农民人数较多。近20年以来，上海市共征用、使用土地约144万亩，其中以征用土地为主，征地、租地之比大约为7：3。目前上海市失地农民的总数已超过百万人。自1993年以来，北京市失地农民累计达33万人 。江苏无锡市在2000~2002年的3年中共有20.83万亩农田被征用、使用，造成11.39万户农户的36.76万农民失地，其中完全失去土地的有8.99万户，人均土地不足0.2亩的有2.37万户。浙江省绍兴县被征地农民累计达17.2万人，占农村人口的28.2%。

（二）对失地农民发展趋势的分析

（1）从推进城镇化速度的角度分析，如果城镇化率每年增加1%，那么到2020年将达到60%。世界上每一万城镇人口就需要1平方公里土地，城镇化率每提高1%将增加1270万人。我国城镇化水平每提高1%，则需要占用耕地190万亩，需要安置农民266万人左右。到2020年将新增加4260万失地农民。

（2）从土地利用总体规划的角度分析，2001~2010年，非农建设占用耕地1850万亩，90%为农村集体用地。目前，每征1亩耕地，就会产生失地农民1.4人。到2010年，失地农民将新增2600万人，每年增加260万人。

从近年来失地农民的变化情况看，以北京为例，主要表现出三种趋势：一是农民失地的区域从近郊向远郊扩展。由于四环以内地区的土地已大部分被征占，农民失地的区域已开始向远郊扩展。据统计，农民失地涉及近郊348个村，远郊581个村。截至2001年年底，被征占的农村集体土地共计43万亩，有57.5%在近郊，42.5%在远郊。仅通州区卫星城及周边的永顺、梨园、潞城三镇，从1999年到2001年3年间就减少了32%的农用土地。二是农民反映与土地权益相关的问题越来越多。从近年来农民上访情况看，土地权益问题成了上访的主流。从2001年到2003年上半年，农民上访中占地补偿、拆迁政策、转工转非等与土地权益相关的共531批、9095人次，约占农民上访批次的51.8%和人次的62.7%。一份来自国家信访局的资料显示，国家信访局2002年受理土地征用的4116件信访，大部分聚焦在失地失业问题上。又有国土资源部的一份资料显示，2002年上半年群众反映征地纠纷、违法占地问题，占信访接待部门受理总量的73%；其中40%的上访人诉说的是征地纠纷问题，其中又有87%

反映的是征地补偿安置问题。三是失地农民的数量不断增加。北京市近年来各类建设项目征占地总量逐年增大。2000年以前，每年用地在1000～1500公顷；2000年以后，增加到每年5000公顷左右。按照这个预计规模和近五六年来征占地中耕地面积的比重计算，2004~2008年，还要征占农地1万公顷以上；若以农民人均耕地1.05亩计算，还将有12万多农民失去土地。

（三）失地农民问题的主要表现

失地农民问题正日益引起各级政府和社会的广泛关注。综合各地的情况反映，相当数量的失地农民已经成为城镇化过程中的“四类群体”，即城镇中的高失业群体、生活困难的弱势群体、社会保障的空白群体和影响稳定的热点群体。形成这种现象的原因，可主要归咎于以下三大问题：

1．征地补偿费用低

农民的征地补偿费主要包括土地补偿费、安置补助费、青苗补偿费等。根据《中华人民共和国土地管理法》（以下简称《土地管理法》）第47条，其中征用耕地的土地补偿费为该耕地被征用前3年平均年产值的6～10倍，另外每人的安置补助费标准为该耕地被征用前3年平均年产值的4～6倍。但从各地实际执行的情况看，补偿标准多数在每亩耕地2万元左右，不仅与征地后的高出让费反差很大，而且远低于按规定应补偿的标准。以下是几个具有代表性的例子：

“昆明市经济技术开发区官渡园”规划征地后，按照规划，“官渡园区中的房地产开发地块每亩出让价不低于50万元，商贸开发地块暂定价格每亩35万元，工业企业用地价格暂定每亩20万元”。然而官渡区小板桥镇7个村的村民，每人只得了一张2万元存折的补偿。但按照规定和标准测算，1亩地总共至少补偿费为10.4万元。按当地人均占有农田0.44亩来算，每人应得征地补偿费为4.726万元。作为花卉之乡、果蔬之乡，小板桥镇的农业人口占了全镇人口的75%。村民认为，2万元就是“死钱”，无论多省吃俭用，2万元最多也只能维持四五年。

安徽某市的二环路建成后市区迅速扩大，地价也由每亩几万元增加到市场上二三十万元甚至更高，土地增值巨大。但失地农民的补偿并未随之相应提高，按照已定政策，他们每亩仅获得1万多元的安置费和1000元左右的青苗补偿费。这对于自谋职业的农民无疑是杯水车薪。

城市扩张过程中土地升值后，不仅没有带动更多的农民进城，反而连近郊农民也因失去土地而难以生存。例如，2001年，浙江省金华市新狮乡道院塘村仅有的500亩土地，因为城北工业园区全部被征用了。上级确定的土地补偿款是每亩2.6万元。

经过村集体留存后，农户最后拿到的土地补偿款是每亩1.5万元左右。但是，由于农民失去土地后，建房子的费用很高，可能马上面临居无定所的处境，更谈不上什么创业了。

2004年前，北京市大兴区农转非人员安置依据的标准还是1993年制定的《北京市建设征地农转工人员安置办法》（市政府第16号令）。农民得到的安置补助费每人只有2万元。这在当时对农转非人员有一定的吸引力，但是10年过去了，还按2万元的安置补助费标准，已远远不能保障被征占土地农民的长远生计。有“世纪第一拍”之称的大兴新城北区1号地，拍得9.05亿元，每亩195万元，而从农民手中是以每亩16万元征得的。这种“低征高卖”引发了失地农民的不满。

武汉市因建设外环线而占用东西湖、黄陂等区的土地，征地补偿费为4000元/亩，即使乡村一分钱不留，恐怕失地农民的生计问题也无法解决；黑龙江省同江市金川乡1000多公顷土地和尚未开发的草地、湿地被征用后，农民得到的补偿是500~1000元/公顷；河北省馆陶县西苏村自1994年以来先后被县交通局征用1100多亩土地，至今未得到任何补偿。

2．社会保障缺位或水平低

国发[2004]28号文件规定要“使被征地农民的长远生计有保障”；“使被征地农民生活水平不因征地而降低”。目前，失地农民社会保障问题十分突出。如安置单位未与失地转工人员签订长期合同，这些农民一旦离开单位就不享受基本养老保险；自谋出路的农民参加社会保险少，领取的一次性补偿金利用效能低，一旦用完了生活受到影响时，又要回头向政府要保障；在城镇建设中失地的农民，有的已经“转非”，有的没有“转非”，但大都没有“转工”，因此从根本上讲，没有被纳入城镇社保体系。

从总体上看，失地农民社会保障覆盖面窄，保障水平低。在北京市自谋职业的失地农民中，自己缴费参加养老保险的尚不到1/3，而医疗保险和失业保险的参保率更低。无锡市失地农民参加各种养老保险的仅5.53万人，占失地农民总数的15%；失地农民中已领取各种养老金的有4.31万人，占已达到领取养老金年龄标准失地农民总数的47%。

从各地情况看，失地农民仍无法享受与城市居民同样的社会保障。失地农民中只有极少数能享受与城镇居民同等的社会保障待遇。他们失去土地后，既有别于农民，又不同于城市居民，成为一个边缘群体。他们既不享有土地的保障，也不享有同城市居民一样的社会保障，这部分人处于社会保障的真空地带。

从家庭养老方式来看，计划生育政策的推行使独生子女增多，农村核心小家庭迅速增加，家庭规模的缩小，进一步弱化了家庭养老功能；同时，自20世纪80年代以来，中国人口老龄化速度加快。人口学家预测，到2020年我国农村65岁以上老人的比例是14.0%~17.7%。中国农村正在进入一个老龄化的社会。据江西的调查，每100个失地农户中就有7位60岁以上的老人，老龄化的趋势十分明显。

土地既是农民的基本生产资料，也是农民最可靠的生活保障。在当前整个社会就业压力增大、社会保障制度还不健全的情况下，土地一旦被征占，就意味着农民失去了基本生存保障。部分失地农民"种田无地、就业无岗、社保无份"，生活在城市的边缘，在就业、子女就学、社会保障等方面又享受不到有关政策，导致失地农民大量转化为城市贫民，已影响到城乡社会稳定。

3．就业容量跟不上

农民失去了土地就失去了最根本的就业岗位。失地农民向非农就业转移过程中，除少数人能利用城区发展带来的商机经商办企业外，由于多数失地农民文化素质和劳动技能偏低，在土地以外的其他工作岗位竞争中处于劣势，难以找到新的就业机会，特别是40岁以上的劳动力，就业难问题就更为突出。许多农民因征地从农业转产后，主要从事一些技术要求不高的体力劳动。随着经济发展，劳动力市场逐步由单纯的体力型向专业型、技能型转变，素质低的失地农民就业难度大，部分农民还存在着"高不成低不就"的就业观念障碍。以北京为例，到2001年，近郊城乡结合部地区因土地被征占共有"农转非"人员20.5万人，其中共有11.4万劳动力，获得就业安置的人数为5.3万人，仅占46%，其余的都是自谋出路。不少人即便被安置，由于多种原因，往往成为优先下岗的对象。近年来，这些地区的乡镇企业经过重组改制或者被拆迁，吸纳当地农村劳动力的能力明显减弱。据市统计局对百户失地农民的调查，有20.8%的农民成为"三无人员"，有近60%的农民收入下降。再如，截至2003年7月底，杭州市江干区42233名失地农民中，劳动年龄段内（男：16~60岁，女：16~50岁）的有24477人，其中目前暂无业和处于失业状态的有8309人，失业率高达34%，就业状况总体不容乐观。

4．各地还有需要认真关注和研究的诸多问题

（1）新老政策衔接问题。主要是养老保障制度本身的衔接问题，失地农民安置政策的衔接问题。

（2）失地农民养老保障制度的可持续问题。这实质上是养老保险基本金的支付能力问题。

（3）保障失地农民利益与优化投资环境的关系问题。新的失地农民养老保障制度将会增加企业用地成本，对企业投资产生不利影响，相对降低区域经济的竞争力。如何既能保障农民切身利益，又能优化投资环境，是地方政府亟待解决的问题。

（4）部分征地补偿费留在村委会作为消费基金或集体生产资料问题。尽管本意是好的，但多数地方失地农民不希望把这笔钱放在村委会，原因是管理和投资过程中出问题的多，本该得到的增值利益无法保证，农民不放心。如何保护农民的资金不外流损失需要研究考虑。

（5）失地农民生活水平下降问题。土地被征用后收入减少的农户，大多是传统农业地区的纯农业户。湖北省的调查户中，约有56%的农户收入水平比征地前下降。河南省开封县，接受调查的农户中有83%的收入比征地前下降。福建调查的农户生活消费支出水平，耕地被征用前为2711元，被占用后下降为2232元，下降幅度约为17%。陕西调查的结果是农户生活消费支出水平大约下降了16%。广西下降了5%。江苏调查了320户，下降的有106户，约占33%。

二、解决失地农民问题的主要探索和实践

我国失地农民问题有其自身的特殊性。一是农民自身群体基数大、传统意识强、接受和适应能力差等实际民情，使失地农民问题解决的无形难度加大。二是人均自然资源量小、后备资源短缺的特殊国情，使失地农民问题解决的有形难度加大。三是多种经济社会发展阶段并存、区域间的严重不平衡性和形态形式的复杂性，导致总的公共保障和就业承载能力太低。四是一贯的“亲民”宗旨决定了政府必须首先要维护好广大农民以土地为基本生计的切身利益，但由于土地产权制度等缺陷，在政府、开发商与农民之间形成的征地及补偿博弈中，处于弱势地位的农民时常容易被“侵犯”。

近年来，各地为有效化解失地农民问题，进行了积极的探索和实践，不少地方在没有先行经验可鉴的情况下，创新了好的政策、机制和做法。

（一）货币安置或补偿安置

货币安置或补偿安置即征地时一次性地支付补偿金，让被征地农民自谋职业。这种安置方式被称为货币补偿。从全国来看，在近几年各地审批的建设用地项目中，采用货币补偿办法的占90%以上。河南省鹤壁市在新区开发建设中实行了新的征地补偿办法，即在足额给付农民个人应得的安置补助费、地面附着物补偿费、青苗补偿费的

基础上，把土地补偿费的80%给付农民个人，20%留给村集体用作农民医疗、失业保险的支付。农民可以一次性领取这些补偿费，也可以领取存折，逐年分期领取。这一办法减少了留给集体的资金份额，遏制了腐败现象的滋生，增加了农民的自主性，便于农民自主择业，农民非常欢迎。山西省晋中市在新区开发中，完善了公益性征地的补偿标准，明确了公益性用地的界限，严格控制公益性征地并按规定给予足额补偿。征地补偿标准综合考虑农民在承包经营权、土地的使用价值和被征地农民重新安置、创业方面的需要，以及土地的潜在增值功能等因素，全面提高补偿标准，以减少社会矛盾。

（二）就业发展安置

这是解决失地农民的根本性途径。杭州市促进失地农民就业的主要措施有两条：一是把失地农民纳入城镇就业体系，与城镇居民享有同等待遇。规定凡劳动年龄段内的失地农民，均可进入城镇劳动力市场，享受就业培训、择业指导、职业介绍等多种就业服务；申领《就业援助证》的，在接受职业培训、就业援助、自主创业等方面享受与市区城镇失业人员、就业困难人员同等待遇。二是重点加强失地农民的就业技能培训，提高他们的就业竞争力。另外，福建厦门集美区推出失地农民培训就业、政府掏钱的新举措。为帮助农民解决就业的问题，集美区还研究出台了《集美区农村富余劳动力转移考核奖惩办法》和《鼓励企业招用农村富余劳动力奖励办法》。苏州采取就业安置和房产置换等措施安置失地农民，利用当地经济发达的特点，靠出租房屋挣钱。昆山有2.5万农民失去土地。按照当地农户失地1平方米就补1平方米的补偿标准，失地农民每人都能分到2~3套住房。“出租房屋”已经成为这些失地农民收入的最大来源，从而形成有昆山特点的“房东经济”。

（三）保险保障安置

浙江省是在全国率先建立失地农民社会保障的地区。失地农民社会保障制度的基本做法可归纳为三类：一是生活保障型。把解决失地农民社会保障的着眼点放在建立基本生活保障上，保障水平定位在最低生活保障与基本养老保险之间。实际操作中分档确定缴费标准和待遇标准，保障资金由个人、所在村和政府共同出资。二是社会保险型。把征地后需要安置的人员统一纳入城镇职工基本养老保险。三是社会保险与生活保障结合型。退休年龄段实行基本生活保障；劳动年龄段参加城镇职工基本养老保险；未到劳动年龄段一次性发给征地安置补助费。另外还有青岛的低标准“仿城”农村社会养老保险；北京的个人账户与储备调节金相结合的做法，以保证其养老水平高于农村最低生活保障水平；上海“完善城保、推进镇保、淡出社保”的小城镇社会保险制度。

三、解决失地农民的政策性目标取向及实现手段

我国现行解决失地农民问题的办法基本上是以纯粹的经济补偿为主。但应认识到，现行的经济补偿机制是低水平、不全面的，难以长效解决问题，更不足以预防失地农民的贫困，必须加以调整和完善。预防和缓解失地农民贫困的最好办法是应重新审视征地安置的政策目标和手段，应把实现失地农民的“可持续生计”作为未来征地安置政策的基本目标。

“可持续生计”概念最早见于20世纪80年代末世界环境和发展委员会的报告。1992年，联合国环境和发展大会（UNCED）将此概念引入行动议程，主张把稳定的生计作为消除贫困的主要目标。1995年，哥本哈根社会发展世界峰会（WSSD）和北京第四届世界妇女大会（FWCW），进一步强调了可持续生计对于减贫政策和发展计划的重要意义。所谓“可持续生计”，是指个人或家庭为改善长远的生活状况所拥有和获得的谋生能力、资产和有收入的活动。在此框架内，资产的定义是广泛的，它不仅包括金融财产（如存款、土地经营权、生意或住房等），还包括个人的知识、技能、社交圈、社会关系和影响其生活相关的决策能力。

从可持续生计的概念和内涵理解，其应完全适用于指导我们去设计解决失地农民的政策和措施。从我国现行各地的做法及发展要求看，在实现解决失地农民的政策目标取向和手段上至少应考虑以下几个方面：

（一）设计合理的补偿机制

征地补偿金作为农民失地后原有资产置换的费用，在解决失地农民生活燃眉之急和重建新的生计系统方面起着关键的作用。因此，制定一个科学合理的补偿机制，是落实可持续生计政策的一个重要步骤。合理的补偿机制应以提高或恢复失地农民的收入和生活水平为目标。这可从两个方面加以理解。第一，征地补偿费即便不能做到对失地损失的“全额赔偿”，至少应保证及时足额支付置换农民原有资产的费用。基于现行法律规定的征地补偿费严重偏低的实际，未来的征地补偿标准应在现有的基础上着重考虑以下三个方面的因素，即土地的潜在收益和利用价值，土地对农民承担的生产资料和社会保障的双重功能，土地市场的供需状况。第二，置换资产最多只能使失地农户保持和以前一样的发展速度。要想真正实现加速发展，就必须在此之外，还应向失地农民提供以发展为目的的投资。

（二）引导和帮助失地农户积累资产

资产的社会福利效用是显而易见的，有了资产人们可以从长计议，追求长期目标。更重要的是，积累资产本身对穷人的心理促进、意识提升以及行为方式的改变等具有巨大的潜在作用。事实也表明，土地、房屋、集体经济等资产收益，在预防失地农民贫困和减少家庭不安全感方面发挥着积极的作用。进而言之，引导和帮助失地农民积累资产，既是改善他们生计的一种速效、实惠、一举多得的好办法，也是帮助其规避各种生活风险的重要安全网之一。积累资产的可选择之策包括抓好失地农民的住宅规划与建设，在考虑确保他们乐有所居的同时，也要方便他们能从房屋资产中形成长效受益机制；壮大村级集体经济，在规划区内征用土地中留出一定数量的土地，由村集体经济组织开发和经营。对于那些土地征用量大、土地征用补偿费较多的地方，还可倡导各种形式的股份合作制改革，促进集体资产保值增值。

（三）促进失地农民生产性就业

这是实现“可持续生计”目标的重要手段。一是提高就业能力，如政府向他们提供就业服务、就业培训，制定一些有利于保持工作的补贴。二是广开就业渠道，如可以把就地安置、招工安置、投资入股安置、住房安置、划地安置和失地农民自谋职业等安置形式有机结合起来实施。三是消除就业障碍，即要清除各种不利于统筹城乡就业的制度和文化因素，把失地农民纳入城镇就业体系，与城镇居民享有同等待遇等。

（四）建立普惠的社会保障机制

一要将解决失地农民的社会保障问题作为征地的前置条件；二要为失地农民设立各项社会保障制度，且应与现行城镇的类似制度衔接并因地制宜；三要为失地农民社会保障制度建立专项基金，且政府的必要投入至关重要。

四、落实政策目标和实现手段的主要措施

（一）改革征地和补偿制度

一是修改《土地管理法》，使集体所有的土地在法律上取得与国有土地相平等的产权地位。从法律上讲，公有产权与私有产权、集体产权与国有产权应该是平等的，不能用公权侵犯私权，也不能用国有产权侵犯集体产权。就现行的法律而言，农村集体土地所有权是不完全的。由集体土地变为国家土地的过程，不应是一个简单的行政过程，而应是一个平等的财产权利交易过程。必须完善有关法律，确保农

村集体土地所有权的完整性和与国有土地产权的平等性。

二是保证国家为了公共利益的需要才动用征地权。政府不能利用国家或政府的强制力专门为一般营利企业去取得土地。政府只有为“公共目的”才动用强制性的征地权。为了防止滥用公共目的征地，对政府强制性取得土地要有严格限制，对征地目的和范围都有严格的界定。

三是对农民给予公平的补偿。征地补偿必须以土地的市场价值为依据，不能以侵害农民利益为代价降低建设成本。应以农用地分等定级和农用地评估价格为基础，以经营性目的的农地转用市场价格为参照，确定土地财产补偿标准；参照资产评估办法，确定其他各类财产的补偿标准；参照城乡劳动力工资水平和养老、医疗、失业等社会保障，确定就业安置补偿标准。另外，在单纯的征地补偿费用之外，还应增加一定数量的投资资金，专门用于失地农民创业和发展。

四是完善征地程序，保证在征用农民土地过程中土地权利人有充分的知情权和参与权。政府在提出用地申请时，先要进行公告，让土地权利人对其合理性和合法性提出质疑；在批准用地后，要再次公告，并就赔偿等问题与土地权利人进行协商，若有争议可以申诉和申请仲裁。为此，要建立专门的土地法庭或土地法院，公正仲裁征地纠纷。征地必须规范透明，让被征地农民参与征地过程，解决信息不对称问题，以保证他们对土地的使用权、处置权等得到充分尊重，利益得到有效保障。

（二）强化资产建设

实行留地安置政策。国家征用土地时，应在规划区内留出一定数量土地返回给村集体，用于安置失地农民。

搞好住宅小区规划。住宅最好规划在具有一定商业价值的地段，而且应使住宅小区化。住宅小区化不仅能方便居民日常生活，居住区内商业用房也可作为资产获取收益。可推行多层公寓住宅，这样可把节约下来的宝贵土地用于发展新的经济，或有一定面积的房屋用于出租。

探索集体资产保值增值机制。积极倡导社区股份制改革，把资产量化到个人，并明确权利与责任。

（三）加大就业促进

一是千方百计增加就业。如与征地单位签订提供一定数量或一定比例就业岗位的协议，吸纳被征地单位的劳动力。开发社区就业岗位，将失地农民纳入小额担保贷款的政策范围，提高他们自主创业、自谋职业的积极性和成功率。实行公共就业工程计划，帮助大龄失地农民再就业。另外，要加大组织劳务输出的工作力度。

二是重点加强失地农民的就业技能培训。加大面向失地农民培训的阳光财政支持力度，并形成长效财政支持机制。更重要的是要侧重理念更新和技能授予的针对性培训。

三是用经济和政策手段降低劳动力成本。如对招用失地农民的企业，政府给予一定的收费减免、社保补贴、岗位补贴等优惠政策；对自主创业的失地农民，与下岗失业人员一样同等享受在就业方面的优惠政策，如免缴相关税费等。

（四）完善社会保障制度

将解决失地农民的社会保障问题作为征地的前置条件，把不妥善解决社会保障问题就不允许征地作为改革征地制度和完善征地程序的重要内容。

为失地农民设立的各项社会保险制度，如至少应遵循“低进低出”的原则，即设计一种“少缴费、少得益”的新制度。还要设置参保者得益之“少”的下限，以保障其“基本生活需求”。

在明确将失地农民纳入当地社会保障体系的同时，对一时安排不了工作的，要为失地农民办理失业保险，如对享受两年失业保险待遇后依然缺乏就业能力、生活困难的，要让他们享受当地的最低生活保障待遇。

设立失地农民社会保障制度建设专项基金。如政府一定比例的财政拨款；从政府土地出让金净收益中提取；从土地储备增值收益中提取；从全国社会保障基金投资收益、社会各界捐献、国有资产变现收入等渠道筹集资金。

总之，解决好失地农民问题是一项艰巨而复杂的系统工程，事关经济发展和社会稳定的大局。必须以“三个代表”重要思想为指导，从加快构建和谐社会的高度，充分认识解决失地农民问题的重要性和紧迫性，切实把解决失地农民就业和社会保障工作摆到更加突出的位置。从我国的国情和国体考虑，在推进解决失地农民问题的过程中，必须加强领导，形成政府统一组织，全社会共同参与，法律规章完备的权责明确、协调有力、保障到位、公平合理、运转高效的长效机制，真正让失地农民分享到城镇化、现代化经济社会发展过程中的文明成果。

后记

本报告是第39期市长培训班第四小组全体同志集体参与和研究贡献的结果，并受益于全班同志和培训中心各位教师的指导；同时，参阅了农业部、中国社科院、国务院发展研究中心农村部等有关专家的调查研究成果。特别是第四小组各位市长所在地区解决失地农民问题的经验、做法和建议，极大地充实和丰富了本报告的形成。

课题组组长：

张晓林　北京市大兴区副区长

课题组成员：

张晓林　北京市大兴区副区长
李年善　山西省晋中市副市长
隋鹏飞　吉林省四平市副市长
刘庆强　安徽省阜阳市市长
郭作富　山东省德州市副市长
陈凤喜　河南省鹤壁市副市长
祝金水　湖北省随州市市长
师合林　陕西省延安市副市长

执笔人：

隋鹏飞　吉林省四平市副市长

研讨助理：

王明珠　全国市长培训中心研究实习员

城市公用事业改革探索与思考

第39期全国市长研究班第五课题组

城市公用事业是城市经济和社会发展的载体，它直接关系到社会公共利益，关系到人民群众生活质量，关系到城市经济和社会的可持续发展。随着市场经济的发展和社会的全面进步，人们对公共产品提出了新的要求。因此，加快城市基础领域特别是城市公用事业改革，已成为政府保证公共产品供给的有效途径。

一、我国城市公用事业的范围和特征

（一）范围

公用事业一般是指为公众或不特定的多数人提供产品或服务，或由他们使用的业务或行业。在我国现行的法规、规章中，对“公用事业”及其范围有着不同的界定。国家工商行政管理局1993年颁布的《关于禁止公用企业限制竞争行为的若干规定》中所称的公用事业，包括供水、供电、供热、供气、邮政、电信、交通运输等行业。建设部2002年颁布的《关于加快市政公用行业市场化进程的意见》中，将“市政公用事业”界定为“供水、供气、供热、公共交通、污水处理、垃圾处理等经营性市政公用设施”以及“园林绿化、环境卫生等非经营性设施”。总体而言，我国的公用事业包括供水、供热、供气、城市公交、排水、污水及垃圾处理、园林绿化、环境卫生等市政公用事业；以及道路与桥梁等基础设施、电信、供电、邮政、铁路、公路、水路和民航运输等行业。

（二）特征

城市公用事业是为生产、生活提供基础设施及共同条件的产业，在经济社会发展中扮演着不可或缺的角色。从经济学的角度讲，城市公用事业具有以下几个方面的特点。

1. 生产经营的地域性

城市公用事业赖以生存的网络，大多受到人口集中程度的限制，只会在人口高度密集的城市建设，不可能建设一个全国性的网络系统，因而只能是以独个城市为基础形成的区域性网络。其所提供的产品和服务只能局限在一定的覆盖范围之内流动。政府为保证当地社会群体的公共利益，往往对这些行业进行一定程度的补贴，这种补贴的直接受益者无法延伸到其他地区。

2. 产品和服务的公益性

作为现代化城市的重要基础设施，城市公用事业的公益性主要体现在其产品的特殊性上。城市公用事业的产品和服务是针对所有城市居民的，并不像普通产品的销售都有特定的消费群体。城市公用事业所提供的产品（或服务），是一种介于公共物品和私人物品之间的准公共物品。作为最终消费品，它与城市居民的收入水平、消费水平、生活质量直接相关；作为要素投入，不仅关系到其他生产者成本状况，还关系到能否正常、稳定地组织生产活动。也就是说，城市公用事业与生产生活的费用和生产生活的连续性、便捷性直接紧密地联系在一起。城市公用事业的公益性，要求企业以合理的价格、优良的质量、优质的服务和较为充足的数量，向社会稳定安全地提供产品，为经济社会发展提供共同条件，从而促进社会总体经济效益的提高及社会福利的增加。

3. 自然垄断性

城市公用事业的生产经营过程必须依赖网络（水、气、热管网、公交、电力、电信线路）才能得以完成。这种对网络的依赖性决定了其自然垄断的特点。一方面，网络建设是公用事业领域固定成本的主要部分，具有显著的规模经济性，即平均成本和边际成本在很大范围内是递减的；另一方面，公用事业生产的主要环节高度垂直相关（如自来水的制水、供水、排水、污水处理），主要产品结合紧密，又具有明显的范围经济性。这两个方面又决定了公用事业生产经营的成本弱增性，即单位产品或者服务的平均成本随着产量的提高而下降，从而要求该行业从最小有效规模出发，只是由一个企业进行生产。也就是说，由一家企业生产全部产品（或多种产品）比由两家或两家以上企业生产的成本更低。

4. 投资大、回收期长

城市公用事业所需投资十分巨大，动辄上亿元，甚至几十亿元、上百亿元（如建设一公里地铁就需6亿~7亿元），其回收期也比较长，不可能像常规投资一样，在三五年内得以回收。

5．价格机制不灵活

城市公用事业产品、服务具有长期性和普遍性，其价格的形成和调整涉及大多数居民的利益，不可能随行就市、完全按照供求规律行事。

6．政府和社会舆论干预

由于涉及大多数城市居民的利益，以及消费群体的利益诉求不同，决定了政府和社会舆论常常会对城市公用事业进行“道义上的说服”或行政上的干预。

二、城市公用事业改革的必要性和可行性

（一）必要性

1．城市化的趋势

根据党的“十六大”提出的全面建设小康社会目标的要求，到2020年我国的城市化水平将达到60%～70%。按照2020年我国人口十五亿左右的预测，就是要有9亿～10亿人口生活在城市里，或者说他们的整个生活将达到城市居民的水平。小康社会的目标要求，不仅要提高城市化的人口水平，更要取决于城市基础设施、公用设施的水平，取决于提高城市的生活质量、环境质量。这就需要城市的道路、桥梁、供水、供气、供电、供热、公交、污水和垃圾处理、园林、绿化等基础设施，必须足够而且配套完善，必须运转好、效率高。

2．市场化的要求

目前，我国社会主义市场经济体制已初步建立，并正在不断地发展和完善。改革开放30多年来，我国经济和社会发展取得了巨大成就，一个最主要的原因，就是实行了经济体制改革，走中国特色社会主义市场经济发展道路。但是从总体来讲，城市公用事业的改革仍然落后于国家整体的改革步伐；同时，加入WTO后，我国政府在已经承诺的各项条款中，对市政公用行业并没有特别承诺或对外商有特别限制，也就是说我国市政公用行业并没有要求得到特别的保护。我国城市公用事业要和全国的市场经济体系相适应，与国际接轨，遵循国际规律，公平地接受竞争和挑战，就必须深化改革，大力推进市场化。公用事业市场化、产业化的改革，不仅能够节省政府开支，也能够使得政府腾出更多精力、更多资金扩大公用事业的规模、提供更多的服务、改进公共服务的质量，使百姓获得更多的服务。

3．构建和谐社会的需要

追求富裕和生活质量的提高是社会成员的正当需求，也是现代社会公民的基本权利。和谐社会要求社会公平，而社会公平的内容绝不只是合理的财富分配，还应

该包括公民的政治权利、文化教育、司法公正、社会救助、公共服务和社会福利。随着市场经济的发展，政府的管理职能逐渐弱化，服务职能日益增加。新的形势要求政府在扩大公共服务范围，提高公共服务质量，协调经济与社会发展关系，加强和改善公共产品与服务供给，特别是在环境保护、生态平衡、义务教育、基础交通、公共卫生和安全、社会保障、社会福利等方面有所作为，发挥主导作用，提供更多的社会服务，增进公共利益。根据构建和谐社会的目标，我国目前污水处理、垃圾处理水平较低，部分大城市交通不畅、拥堵严重，地下设施失修老化，人居环境质量不高，地区间不平衡、历史欠账多等不符合不适应的状况，每年需要政府公共财政相当大的投资逐步予以解决。

（二）可行性

1. 城市发展的基础

改革开放以来，经济和社会发展对城市市政公用设施的需求增长很快，城市建设投资一直是以高于国民经济增长的速度增加，但目前发展水平还有待继续提高。按照社会发展的规律，城市化到30%以后是一个加速发展的时期；到70%以后是一个比较稳定的发展时期；人均GDP达到800~1000美元以前，人的需求主要是解决衣和食的问题，之后则是解决住和行的问题、环境问题和不断增长的物质文化需要问题。按人口计算，2003年我国城市化水平是40%，恰恰处于30%~70%这样一个城市化快速发展时期，而且2003年人均GDP已经达到1000美元。这就决定了城市基础设施建设和公用事业必须有一个较快的发展速度与之相适应、相配套。这也是我国现阶段城市公用事业改革与发展的必然选择。

2. 国家政策的推动

2002年4月1日起施行的《外商投资产业指导目录》将原禁止外商投资的电信和燃气、热力、供排水等城市管网首次列为对外开放领域。2002年12月27日建设部发布《关于加快市政公用行业市场化进程的意见》，明确提出了“鼓励社会资金、外国资本采取独资、合资、合作等多种形式，参与市政公用设施的建设，形成多元化的投资结构”。党的十六届三中全会作出《关于完善社会主义市场经济体制若干问题的决定》，第一次把打破垄断、开放市场、推进市政公用行业市场化写进了党的决定，明确提出：“放宽市场准入，允许非公有资本进入法律法规未禁入的基础设施、公用事业及其他行业和领域。”“加快推进铁道、邮政和城市公用事业等改革，实行政企分开、政资分开、政事分开。”温家宝总理在2004年、2005年的《政府工作报告》中，强调“要加快市政公用事业改革，放宽市场准入，引入竞争机制”。这些都为我们推进城市公用事业改革指明了方向。

3．市场经济发展的必然

世界银行根据公众的消费特点、收费的权利、设施服务公平性、市场的竞争能力以及环境外部性这五项指标，对所有的城市公用设施进行分级，市场化程度最高的定为3，最低的定为1。市场化程度在1.8以上的领域，都可以采用市场化的方式运作。城市的垃圾收集市场化程度最高为2.8，污水分散处理为2.4，污水集中处理为2.0，公共汽车是2.2，除了城市道路是1.2外，绝大多数公用设施都在1.8以上，都可以用市场化来推进改革。而且，市政公用事业虽然投资大、回收期长、沉淀成本大，但同时也具有规模效益明显、市场需求广阔、投资回报稳定和政府关心、社会关注的特点，其利润稳定，风险较小，对私人投资者具有吸引力。随着经济社会的发展和城市居民收入的提高，人们对优质服务的需求也在增大，公众希望拥有更多的公共服务选择，拥有确认和满足共同需求的权利。

4．国内外经验的启示

面对公众日益增长的需求，西方发达国家为了提高公共产品和服务的供给效率，改善服务质量，减轻财政支出负担，满足公众需求，纷纷对过去由国家垄断垂直经营的公用事业部门进行市场化、私有化改革，将这一部分公共产品和服务的供给交给私人资本去完成。法国政府将所属的公用事业，通过合同约定的方式交给企业去实行特许经营制度，在全世界范围内得到推广应用。英国政府通过颁布法规和适当的补助金制度以促进公共交通事业的发展。美国政府制定法规，给予公共交通运行联邦补贴；同时，州、地方政府也给予不同比例的补贴，以保证公交企业的正常营运。此外，德国实行了直接管理、委托经营，智利、东南亚国家及地区以BOT等方式吸引社会资本，加快城市公用事业建设。20世纪90年代中后期以来，我国公用事业领域开始调整和改革进程。尽管改革仅仅是初步的，但还是取得了一些实质性的进展。目前绝大多数省、自治区和直辖市的城市公用事业改革已普遍展开，并取得了初步成效，既较好地解决了地方政府建设资金来源问题，同时又创新了市政公用行业管理体制和经营机制，实现了经济效益和社会效益的统一。发达国家和发展中国家的城市公用事业发展情况，以及国内先期进行公用事业改革的城市所取得的成功经验，表明推进市场化是大势所趋。

三、我国城市公用事业发展存在的主要矛盾与问题

城市公用事业的特殊性和重要性，决定了其生产和经营需要承载双重目标：一

是社会目标，包括提供普遍服务、安全、稳定、连续地提供质量优良、价格合理、数量充足的产品（或服务）；二是企业利润目标，即合理的投资回报，保障企业维持生产和扩大再生产能力。

与西方国家不同，我国公用事业领域国家垄断经营源自高度集中的计划经济。新中国成立后，为了减少产业内国有产业（企业）之间的过度竞争，避免重复投资及确保必需性产品或服务的有效供给和公平利用，政府根据各个公用事业的自然垄断性强弱及其各自的产业特点，以有关法律法规及政令、规章、条例为依据，采取批准、认可、许可、命令等手段，对公用事业进行了一系列的行政规制。这一管理方式，一方面有利于城市的快速发展，另一方面则因为政府资金的匮乏，阻碍了城市公用事业的发展。为改变我国基础设施领域的落后面貌，近年来，我国开始对公用企业进行引入竞争机制的改革，但目前我国的公用事业大体上仍然是政府占据着主导地位。当前，我国城市公用事业的发展主要面临着以下矛盾和问题。

（一）城市化高速发展与基础设施短缺的矛盾

一个国家在城市化过程中都曾出现基础设施短缺的现象，即使是西方发达国家也不例外。世界银行建议，发展中国家在城市化进程中，城市基础设施投资应该占GDP的3%~5%，占全社会固定资产的9%~15%（按市政公用设施投资为城市基础设施的70%左右计算，应分别为2.1%~4.5%和6.3%~10.5%）。长期以来，我国市政公用设施建设投资一直偏低，建设投资占同期国内生产总值的比例很小。20世纪80年代末，城市市政公用设施建设和维护投资占GDP的比例只有0.4%，“八五”期间为0.8%，“九五”期间为1.7%，1999年首次达到2%，2001年达到2.6%，所占全社会固定资产投资比重都在3%以下。2004年统计分别达到3.48%和6.78%。即使像上海这样发展如此之快、基础设施较为完备的城市，城市基础设施建设投资占GDP的比重也只达到5%。可以说，与世界银行的标准相比，投资规模都不是很大，致使城市基础设施短缺，公共服务功能不完善。

（二）城市公共产品和服务价格上扬与公用设施运行效益下降的矛盾

长期以来，我国城市公用事业一直采取国有国营、地方政府运作的发展模式，还没有完全摆脱旧的计划经济体制的影响，政府的管理体制、企业的经营机制还不能适应社会主义市场经济发展的要求，政企不分、政事不分的现象依然存在；同时，由于公用事业的产品和服务未能充分体现商品特性，公用企业的产品和服务的价格改革滞后，缺乏科学合理的价格制定和调整机制以及财政补贴机制，有些企业把政策性亏损和经营性亏损混在一起，既不利于企业加强经营管理，又加重了政府的财政负担。受城市公用事业指令性价格形成机制、宏观经济调控和城市居民较低收入水平的约束，加之原料费、燃料、劳务成本上升过快和经营管理不善的影响，传统的公用企业普遍存在亏损运行的现象。自来水、煤气和公交等公用产品因本身具有一定的福利性和公益性，国家和地方财政不得不背起补贴亏损的沉重包袱。虽然所提供的公共产品和服务价格不断上扬，但运行效益却在下滑，造成企业普遍亏损经营。而且由于公用事业所有制实现形式单一，企业的经营机制不够灵活，内部缺乏激励和约束机制，外部缺乏竞争压力，一些企业工作效率低、运营成本高、服务质量差，甚至凭借垄断优势，限制竞争，严重损害了消费者的利益。全国36个大中城市供水平均价格调查显示，从1988年的每吨0.14元上涨到2002年年末的1.32元，但成本也同步上升，全国自来水企业全员劳动生产率高低相差数十倍；公交系统人车比平均为11：1，高低相差4倍，单位公里成本高低相差7倍；道路和绿化养护实行竞争招标的城市，节约资金均在30%左右。可见，通过改革提高资金使用效率的潜力很大。

（三）投资需求缺口大与投资渠道窄的矛盾

近些年来，我国实行积极的财政政策、扩大内需，通过发行国债等方式，每年用于基础设施的投资将近4000亿元，但是城市维护费、外资和国家财政资金三项合计还不到总投资的20%，其余80%的资金要靠社会资金和银行信贷来解决。随着今年国债发行规模的减少，国家转移支付的资金在城建基金总额中所占的比例将会下降。建设部统计快报数据显示，2004年市政公用设施建设完成投资4754亿元，比上年仅增长6.5%。据国家统计局统计，2005年1~2月，以“公共设施管理业”为代表的市政公用设施建设投资完成283.9亿元，同比增长27.1%，虽高于全社会城镇固定资产投资增幅2.6个百分点，但较去年同期有明显下降。同期35个大中城市市政公用设施建设投资同比增长22.7%，而增幅较去年有统计的1~2月下降34.8个百分点。城市公用事业正面临着投入需求越来越大与投资渠道越来越窄的问题。

另外，城市公用事业改革和发展中，不可避免地受到一些人为因素的影响，甚至是阻力。主要表现：一是思想观念的束缚。长期以来所形成的公用产品福利制，在人们的思想中已根深蒂固。在一般人印象中，城市供水、供气、供热、污水处理、垃圾处理及公共交通等公用事业带有浓厚的政府色彩和相当的福利成分。加之公用事业市场化改革是一项新事物，上级主管部门出言谨慎，地方政府求稳怕乱，致使改革推进缓慢。二是部门利益至上。公用事业市场化改革是政府对占有的公共资源的重新分配和利益调整。由于行政管理体制改革滞后和过去行政审批过多过滥，导致政府权力部门化、部门权力个人化的现象较为普遍。正因为行业主管部门对所属公用事业单位享有人事任免权、财产支配权，实施市场化后，则意味着这些权力的丧失，部门的经济利益受到影响，故表面上积极，而实际工作中却比较消极。三是官本位的思想。这方面主要来自于公用企业经营管理层，怕失去位置、怕丧失权力，对改革有抵触情绪。特别是原先独家经营、没有竞争的机制，使得一些企业的领导养成了一种不思进取的心理，将其推向市场难以适应。

四、加快城市公用事业改革的对策与思考

城市公用事业涉及面广、种类多、经营效益差异大。要用市场经济的眼光和手段，在城市公用事业建设管理中引入竞争机制，实行市场化经营。事实上，伴随着我国经济体制改革的不断深入，推进城市公用事业改革被摆上重要议事日程。国务院及国家有关部委陆续制定出台了一系列政策法规和措施，各地都结合实际进行了积极的探索和实践，并积累了许多有益的经验。从总体上看，特大型和大型城市的城市公用事业改革比中小城市起步要早，力度更大，范围更广，效果也更为明显。相比较而言，沿海发达地区城市公用事业改革比中西部地区城市进展要快。

（一）公用事业市场化改革的总体思路

1．改变单一的政府投资模式，逐步建立起多元化的城市公用事业投融资体制。鼓励社会资金、外国资本采取独资、合资、合作等多种形式，参与市政公用设施的建设，允许社会资金投资入股建设城市市政公用项目，鼓励社会经济组织和个人参与改组改造市政公用存量资产，以经营城市的手段开发市政公用潜在资源，形成多元化的投资结构，逐步建立健全由政府投入、公用设施有偿使用、吸引社会资金和引进外资等多渠道、多元化的融资形式。除关系国家安全和必须由政府垄断的领域外，对其他所有可以经营的城市市政设施和公用事业，都可以将经营权和使用权推向市场，利用社会、民间和外来资本推进城市公用事业的建设、管理和发展。

2．加快体制创新，建立富有生机和活力的公用企业生产经营机制。目前，我国的城市公用事业正在进行一场深刻的变革，主要包括公用事业企业公司制改革、政府规制体制改革、国有资产管理体制改革三个方面。三者相互影响、相互制约。其中，公用事业企业的公司制改革是改革的突破口和切入点，其改革的路径、进程直接关系到改革的绩效。公用事业企业公司制改革的核心问题，则是如何适应现阶段城市公用事业改革与发展的实际，建立和完善协调运转、有效制衡的公司治理结

构，使公用事业企业成为法人主体和市场竞争主体，在完善政府监管体制的同时，实现公用事业由政府运作向企业运作的过渡和转变。

3．加强宏观调控与分类指导，建立科学规范的政府监管机制。进一步转变职能，坚持依法行政，改进管理方式，从直接管理转变为宏观管理，从管行业转变为管市场，从对企业负责转变为对公众负责、对社会负责，通过公正严明的执法和管理，理顺和规范公用行业的管理和经营行为；同时，根据国家有关法律法规，对市政公用企业的市场进入、价格制定、产品质量和服务标准施加直接的行政干预，制定公用行业发展政策、规划和建设计划；制定市政公用行业的市场规则，创造公开、公平的市场竞争环境；加强市场监管，规范市场行为；对进入市政公用行业的企业资格和市场行为、产品和服务质量、企业履行合同的情况进行监督；对市场行为不规范、产品和服务质量不达标的企业进行处罚，以保证企业生产运营的可持续性，实现资源高效配置，提供高质量服务。

（二）公用事业市场化改革的主要目标

一是通过投融资体制改革，实现垄断经营向开放竞争的市场格局转变。有一定经济回报的经营性项目，要在加快推进价格改革的基础上，按照特许经营方式，向社会公开招标，鼓励国内外各类经济组织采用BOT 等方式进行投资建设和经营，实行项目业主负责制，由投资者承担投融资风险。无经济回报的公益性项目建设应由政府出资，但也要按市场规则运作。成立政府投资工程集中采购机构，代表政府组织项目的建设实施。

二是通过对原国有企事业单位实行政企分开的改革，实现单一产权向多元化的产权结构转变。按照“政企分开、权责分离、建管分开、责任明确”的原则，把公用事业中的行政管理职能与具体业务相剥离，对适宜推向市场的具体业务，如市政设施管理维护、环卫保洁、园林绿化等实行经营权招投标改革。加快推进公用事业单位的企业化、专业化、社会化改革。国有存量资产、国有股权和经营权、专营权、作业权的出让、转让，以及特许经营单位的确定，都要实行公开招标或拍卖。

三是通过价格形成机制和财政补贴机制的改革，实现由计划机制向以市场机制为主的资源配置转变。经营性的市政公用事业定价关系到投资者的积极性、消费者的承受能力和社会的整体利益。必须建立科学合理的价格形成机制和财政补贴机制，使其既能刺激企业愿意投资，主动降低成本，提高效率，又能满足公共利益的需要。对基于公共政策和公众承受能力等原因，价格或服务收费一时不能到位，必须由政府出资建设或补贴的，可以采用政府资金与社会资金联合投资建设与经营的方式，以保证市政公用事业的可持续发展。

四是通过政府管理方式的改革，实现政府由直接经营管理者向市场管制者角色的转变。市场经济条件下，城市市政公用事业仍然是公共财政体制下的财政支出范围，政府仍然是市政公用事业的主要投资者，但投资者却不一定是经营者。政府的职能应结合机构改革，进行重新定位和归位，尽快改变政府直接办市政公用事业的局面。政府不要成为参与市场竞争的主体，以确保市场竞争的效率和公平。

（三）公用事业市场化改革的主要实现形式

1．对经营性公用设施的建设运营，实行特许经营制度。特许经营制度，就是政府的事（公用事业），通过合同约定，交给企业去办（经营）。实行特许经营制度，主要是因为国家在经济社会发展过程中，会遇到一方面要求增加公用基础设施的供应，而另一方面国家财政有限的问题。特许经营制度则可以充分地利用民间资金和私人投资。建设部在推进市政公用行业市场化改革的《意见》中，已经明确地提出要建立市政公用行业特许经营制度。但是，如何操作，需要更加明确、更加细化。为此，建设部曾组织了专门班子，经过一年多的深入调研、反复论证和修改，分别征求各级市政公用事业主管部门和市政公用企业、民营企业和外商投资企业的意见，并邀请有关方面的专家、教授进行了充分论证，建设部以第126号令颁布了《市政公用事业特许经营管理办法》。城市供水、供气、供热、公共客运、污水处理、垃圾处理等具有自然垄断性的行业，应当实行特许经营，鼓励有资质的企业通过公开竞标获取特许经营权。企业要获得特许经营权，就必须与政府签订协议，保证消费者的合法权益不因这些企业的垄断经营受到损害，政府则按照特许条件对这些企业实行严格的监督。经营权承租方，由其通过对用户征收租金等手段以及其他有利条件，对所承租的公用事业进行开发管理，自负盈亏，并承担各种风险。特许经营的期限，应视不同情况而定。如引进的是战略性投资者，且有实力、有能力、讲诚信，其特许经营期应长些，但最长不应超过建设部规定的30年；如是原来占有资源的经营者（北方住宅小区供热面积几万平方米不等的供热公司），其特许经营的期限不应过长，一般以5年左右为宜。

2．对非经营性市政设施的建设维护，实行代建制和竞争招标制度。非经营性项目属公益性质，其投资主体是政府。政府应调整财政投资方向，集中力量加大对城市道路、公共绿地、休憩场所、园林绿化、雨水排放、城市防洪和消防等纯粹公益性市政设施的直接投入。非经营性项目由于自身特点，不能通过经营手段回收成本，政府可在测算总体支付能力的基础上，对此类项目实行代建制，提供必要的财

政补贴。“代建制”的管理模式，可由城市建设管理部门负责组织实施，对非经营性政府投资项目实行代建制进行监督和协调。代建单位的选择，应根据国家有关规定，通过招投标方式选择具有相应资质、信誉良好，且具备法人资格的项目管理单位为代建单位；同时，全面放开城市市政公用工程和设施的设计、施工、材料设备供应以及市政设施维护、城市绿化养护，道路清扫、垃圾清运、公厕保洁等作业市场，允许社会组建作业公司，通过公开竞争承接作业任务。

（四）公用事业市场化改革的政策措施

1. 建立健全市场准入和经营许可制度，开放资本市场、经营市场和作业市场。加强公用企业、市政设计、施工、维修养护等企业的资质管理，加快制定市政公用行业特许经营管理的地方性法规，规范供水、供气、供热、公共客运、垃圾污水处理等行业的特许经营权管理，严格市场准入制度。采取独资、合资、合作、股份制、BOT（建设—运营—转让）等多种形式，鼓励外资和国内各类社会资本投资城市市政公用事业，实现投资主体多元化，加快城市市政公用基础设施的建设步伐；运用TOT（转让—运营—转让）等手段，将现有公用行业企业的国有存量资产，进行整体或部分转让，提高存量资产的运行效率；通过有偿竞买的办法，出让出租汽车经营权、公交线路专营权以及道路、广场、路灯、桥梁、停车场等市政公用设施的冠名权、广告权、收费权。打破行业垄断和地区封锁，逐步、有序推进非经营性公用设施推行股份制、合资合作、出让等多种管理方式。如城市市政设施、园林绿化、环境卫生等设施的日常养护作业单位或承包单位应当通过招标方式确定；城市道路铺设的通信网络、给水、排水、供电、供气等管线和设施，一律进入地下共同沟，共同沟实行有偿使用，谁投资建设，谁经营管理。

2. 加快公用事业单位企业化改制、公用事业企业产权制度改革和企业内部管理机制改革。公用事业改革是政府行政管理体制改革的重要内容。按照政企分开、政事分开和建管分离、管养分离的改革思路，在公用事业和市政设施建设管理上引入市场竞争机制，增强行业发展活力，提高公用设施经营管理水平。对城市生产性、经营性和作业性事业单位进行企业化改制，使其成为独立的市场主体，将其承担的市场管理和监督等行政职能全部划归政府管理部门。采取整体改制、引资改制、切块改制、国有股出让等多种形式，引入社会资本，减持国有股权，优化大中型市政公用企业的资本结构。按照集约化、规模化发展的方向，充分发挥大中型市政公用企业的规模优势，鼓励其开展跨地区、跨行业经营，组建城市市政公用企业集团。中小型的供水、供气、供热、公交等企业可以采取租赁、委托经营、股份合作或出让经营权等多种形式，放开搞活；同时，按照建立现代企业制度要求，完善企业法人治理结构；加快企业内部人事、用工和收入分配三项制度改革步伐，增强企业活力；切实规范企业经营行为，提高企业服务水平，使其逐步走上“自主经营、自负盈亏、自我约束、自我发展”的道路。

3．强化规划编制实施和市场监管。根据城市经济社会发展规划和计划，科学制订城市市政公用事业中长期发展规划。在城市总体规划的指导下，制订市政公用各行业专业规划。按照适应发展、适度超前的原则，编制市政公用基础设施建设计划，做好项目储备工作。以增强城市功能、营造优良人居环境为重点，合理安排建设时序，确保规划实施进度。市政公用行业的特点是具有自然垄断性，消费者基本上没有选择权，政府必须代表社会公众的利益对其进行有效的监管，规范行业管理，推进依法行政，建立公开、公平、公正的市场环境。加强对公共资产的监管服务质量和市政公用行业价格的监控，完善供水、供气、公共客运、垃圾和污水处理等行业的服务质量评价考核标准，建立考核机制，强化服务质量监督。政府监管的重点主要在四个方面：一是安全，至关重要，这是政府的底线；二是价格，按照《价格法》规定的程序执行；三是质量，包括水质、燃气质量、供热质量等；四是服务标准。关于市场监管问题，鉴于特许经营所涉及的领域较多，既有建设方面的，还有国资、物价、环保乃至社会的各个层面的，单靠行业部门监管难以保证，应确立由地方政府主管领导牵头，行业主管部门担负主要职责，有关部门参与管理的综合监管体系为宜。

4．建立合理的价费机制，维护投资者的收益和用户的长远利益。按照“企业成本+税费+合理利润”的原则，确定供水、供气、供热、公共客运、垃圾和污水处理等行业的产品、服务价格，形成在政府监管之下，能随物价指数、供求关系适时调整的价格机制。建立合理的政府补偿机制，供水、供气、公共客运等企业因政府定价行为和承担法律法规及政府规定的指令性义务形成的政策性亏损，以及垃圾污水处理等行业因收费政策不到位引起的运转经费短缺，可由地方财政予以适当补偿；同时，政府为达到吸引投资的目的和能够为市民提供长期的、优质的公共服务，应该对市政公用行业的产品和服务制定有吸引力的价格，公开价格调整程序，实行价格听证会制度，在既保证投资者通过提高生产效率和降低成本获得合理收益的同时，也要使用户在一段不太长的时期内享受到竞争和科技进步带来的实惠，最终维护用户的长远利益。

5．明确相关税费优惠政策，保障政府投入。城市公用事业属公益性事业，其社

会属性不能因为市场化以后而消失，国家应在相当长一段时间内给予扶持，包括资金、政策、税费等方面的支持。政府应根据经济发展、财政收入增长情况，逐步增加对市政公用事业发展的投入。城市土地使用权出让收益、市政公用事业国有资产出让收益、经营权出让转让收益等，应主要用于市政公用事业发展。市政、城市绿化、环卫等公共设施养护维护的费用，要列入政府的财政预算。要从税费制度上扶持公用事业发展，对城市供水、供热、供气和公交企业实现的所得税可采取先征后返的办法，扶持其发展；公用企业为实施人员分流、安置下岗人员再就业而兴办的多种经营项目，凡符合国家规定的劳动服务企业条件的，可按规定享受所得税减免和营业税先征后返的优惠政策。由公用事业单位改制组建的企业，对名称变化而主体未发生变化的非产权性交易的土地、房产、工商、税务等权属变更，以及改制土地、房产等权属证件需要按规定补办相关手续的，只收取工本费。供水、供热、供气公交等改制单位可从改制年度起，其原有财政补贴数额可维持一定年限不变，用于规定补亏、安置分流人员和行业发展，具体办法可由各市结合实际制定。

6. 关注城市的热点难点问题，扶持公用事业发展。特别是针对北方城市最为棘手的供热问题，国家应给予高度关注，在煤炭供应方面优先于民用；在用电上享受民用价格；对城市中享受最低生活保障的弱势群体给予补贴等。以充分地体现以人为本，为创建和谐社会奠定基础。

总之，公用事业关系国计民生。推进城市公用事业市场化改革，是努力的方向，更是大势所趋。公用事业改革不仅对配套政策提出要求，在观念上和利益上的冲突将会更加激烈，任重道远，但这已经成为不可逆转的趋势。在实际工作中，我们既要坚定不移，又要积极稳妥；既不能脱离实际，也不能急于求成，应根据不同城市的实际，循序渐进、分类指导、稳步推进，直至达到比较理想的预期目标。

参考资料：

1. 秦虹.中国市政公用设施投融资现状与改革方向.
2. 建设部.关于加快市政公用行业市场化进程的意见.
3. 李东序.适应加入WTO后的新形势，加快市政公用行业市场化的进程.
4. 李东序.把握城市化、市场化契机，深化市政公用事业改革.
5. 仇保兴.解放思想、明确政策、加快进程.
6. 谢地、高光勇.城市公用事业运作方式转变与公司治理结构.

课题组组长：

高登榜　安徽省宣城市市长

课题组成员：

由明胜　天津市红桥区副区长
田国梁　黑龙江省齐齐哈尔市副市长
徐焕明　浙江省绍兴市副市长
高登榜　安徽省宣城市市长
罗德才　湖南省娄底市副市长
韦力平　广西壮族自治区玉林市副市长
姚国华　云南省思茅市市委常委、副市长
张连根　甘肃省金昌市市委常委、常务副市长

执笔人：

罗德才　湖南省娄底市副市长
田国梁　黑龙江省齐齐哈尔市副市长

研讨助理：

张海荣　全国市长培训中心助理研究员

实践篇

华北地区

建设生态涵养与经济社会协调发展的新延庆

北京市延庆县县委常委、副县长 胡耀刚

（2009年10月）

一、延庆县基本情况

延庆县位于北京西北，距中心城区约74公里，是北京唯一的关外区县。县域总面积约2000平方公里，总体地貌为东、南、北三面环山，西临官厅水库，妫水河从城市中间穿流而过。延庆县现状人口约28.6万人，其中城镇人口约9.7万人。延庆县山区面积约占66%，林木绿化率高达72%，拥有世界历史文化遗产——八达岭长城和龙庆峡、松山、硅化木国家地质公园等30个景区景点，古崖居等市县级文物保护单位100多处。

2008年，延庆县实现地区生产总值56亿元，比2005年增长34%，年均增长10.2%。第一、二、三产业的比重由16.2%：26.0%：57.8%调整到13.6%：22.3%：64.1%，产业结构不断优化，第三产业已经成为社会经济的主要发展方向。地方财政收入达到6亿元，比2005年增长113%，年均增长28.6%；地方总财力达到35亿元，比2005年增长83.5%，年均增长22.4%；县域经济实现了健康较快发展，基本实现了速度与结构、质量、效益相统一。

延庆县是首都生态涵养发展区，是北京城市整体生态安全格局的重要组成部分，是重要的生态产业和都市现代农业示范区；延庆位于北京市备用水源地，在生态保护和水资源保护方面承担着重要职能；延庆是首都国际交往事业的重要组成和旅游服务基地，是主要服务于北京市的休闲度假基地；延庆也是北京西北的门户，具有区域物流和区域会展的职能。延庆县作为首都郊区大县，承担着为首都提供优质农副产品和优美旅游、休闲度假基地的任务。

生态水源涵养、森林管护、文物保护、地质灾害等因素从一定程度上约束了区域经济的常规性发展，但是优美的生态环境和旅游资源为延庆县发挥特有优势，错位发展，走可持续发展的生态宜居城市奠定了坚实的物质基础。延庆曾荣获“国家绿化模范县”、“国家园林县城”、“中国优秀旅游名县”等荣誉称号。并成为ISO14000环境管理体系运行国家示范区、全国控制农村面源污染示范区、北京市可再生能源示范区和北京市循环经济示范县。

2008年5月，延庆县被国家环保部授予国家生态县，2009年6月又被确定为全国生态文明建设试点县。“生态、环保、休闲、旅游”已经成为延庆县的重要品牌形象。

二、在生态涵养发展区建设方面的工作介绍

2005年《北京城市总体规划2005~2020》确定了延庆县作为首都生态涵养发展区的功能定位。延庆县又在《延庆新城规划2005~2020》中进一步细化了该定位的内涵，确立了延庆县作为“首都生态涵养重地、国际旅游休闲名区、现代生态宜居新城”的发展目标，也明确了延庆县今后城乡建设工作的基本思路，即：

——坚持以保护生态环境、涵养首都水源为首要任务，又利用自然生态优势和历史文化资源，重点推进旅游、休闲、度假、商务会展、文化创意等产业及相关配套服务业的发展；

——产业发展与城乡建设并举，通过加大加强城乡基础设施和公共服务设施投资和建设，为产业发展搭建良好的服务平台，促进旅游休闲产业高端化、国际化和可持续发展；

——通过生态环境治理和保护、适宜的产业发展引导和基础设施、公共服务设施建设，最终将延庆新城建设成山水园林城市，成为首都的后花园。

2006年，延庆县确定了生态文明发展战略，将生态建设作为立县之本。为此延庆县通过合理规划、统筹安排，精心组织实施了一大批城乡建设项目，以保障生态涵养、休闲宜居和区域经济社会协调发展目标的实现。

（一）加强环境整治和生态建设力度，建设县域生态安全格局。坚持不懈开展植树造林，通过实施妫河生态走廊、龙庆峡荒滩治理、官厅水库库滨带等四大生态走廊和京津风沙源治理等一大批绿化美化工程，高质量完成绿化美化任务，全县林木绿化率已经达到72%。完成小流域综合治理45平方公里，新建村级污水处理站7座，并实施西湖水质改善工程，提高了水环境的保护水平。依法关停非法煤矿山、黏土砖厂，严格落实禁伐、禁牧、禁猎等政策，完成水土流失治理面积170平方公里。完成1299户山区生态搬迁工作后，又开展新一轮2064户、4978人的山区搬迁工作，在保障村民居住安全的同时，进一步减少人为对生态脆弱地区的破坏。

（二）结合生态建设构建城市生态景观结构。在妫河源头启动了龙湾河两岸约5000亩环境治理工程和龙庆峡荒滩约2万亩治理工程，改善妫河上游生态环境；沿妫河西段约36公里长范围，在妫河两岸滨河南、北路之间进行绿化和环境整治，总面积约1.3万亩，并结合环境整治建设了城西公园、城市休闲体育公园等一批城市公园，打造出精品城市生态走廊；在妫河下游进行官厅水库库滨带环境整治建设，总规模1万亩，对水线下降造成的裸露河道、库区种植适宜的植物，在改善水库环境、保护水体质量的同时，开发新的生态环境景观；同时对野鸭湖景区约2万亩范围进行综合生态整治。

（三）加强对自然保护区和风景名胜区的保护力度。通过编制县域内各自然保护区规划，划定保护范围和建设控制地带，合理确定建设区的开发强度，有序组织保护区内各项生态涵养和旅游服务设施建设。

（四）加快各景区的整治和升级改造，提高景区旅游服务品质。以迎奥运为契机，对八达岭长城、水关长城、龙庆峡、康西草原等主要景区实施了历年来规模最大的升级改造，如八达岭西部交通枢纽工程和龙庆峡停车场的建设，改善了景区周边交通环境，将游客实行内外分流，将旅游开发和景区保护有效结合，全县旅游景区整体面貌焕然一新。

（五）加强道路基础设施建设，全面升级县域交通大环境。首先是改善新城对外交通环境。城郊铁路S2线建成通车，特别是新110国道延庆段进京方向的全线通车实现了白天与八达岭高速的客货分流，极大地缓解了对外交通拥堵状况，也进一步加强了延庆与市区的交通联系。其次是县域和新城的路网系统正在全面升级。2005~2008年实现县域公路建设近300公里，市政道路建设100公里，围绕旅游休闲产业和乡村生态旅游产业的县域旅游交通体系基本形成。

（六）推进可再生能源的利用，建设生态环保示范区。延庆县有丰富的太阳能、风能、生物质能和地热能。在延庆康庄地区已经建成风能发电机组投入使用。中科院建设的国内首个兆瓦级太阳能热发电实验电站也落户八达岭地区。另外，我县还正在引进30兆瓦光伏发电等一大批新能源利用项目。在广大农村地区全面推广太阳能路灯、太阳能热水器、秸秆汽化和压块、沼气利用等能源技术。实施了5.5万平方米的城区建筑和205户农村住宅节能改造工程。完成蓄水能力6.6万立方米的农村雨洪利用工程，推广节水灌溉7070亩。在延庆新城西部地区将连片开发地热能集中供热，替换传统的燃煤供热方式。按照规划，到2020年，延庆县能源结构中，可再生能源比例将达到20%。

（七）培育旅游休闲和科技产业向高端化、国际化发展。旅游休闲产业是延庆县的支柱产业和发展方向。但是自然生态和历史文化资源的稀缺性和脆弱性要求我们在引进产业项目上要慎重研究。在不断做足生态优势、环保优势、升级软硬件设施的同时，延庆县在产业引进上采取了高端化和国际化的策略。如引进了以长城为演出背景的探戈坞音乐营地项目，正在进行马铃薯高科技研发中心建设，筹备张山营葡萄酒产业带和国际建筑文化创意产业园，以及一大批高档酒店、度假村等，充分发挥延庆地方资源禀赋特点，带动区域经济发展的同时，又促进生态环境的保护。

三、在协调生态保护与区域发展关系方面的思考

（一）坚持科学发展观，用辩证思维方式来看待生态保护和地方发展诉求的对立和统一。生态保护的要求从一方面会制约地方经济的发展，但是另一方面反过来也是地方发展的重要契机。随着城市化进程的加快，良好的生态资源尤其在大城市周边将更加稀缺。所谓的“逆城市化”过程体现了人们追求自然生态和美好环境的诉求，也为生态涵养地区的发展提供了巨大的潜在市场。在此背景下，通过适宜的产业定位和合理适度的开发建设，可以带动生态涵养地区的经济发展；同时，地方经济实力的增强，也可以进一步促进在生态建设方面的投入，将更有利于对生态环境进行有效的涵养和保护。

（二）扩大生态优势，实现跨越式发展。生态涵养区是大城市区域生态的重要环节，城市区和涵养区的资源禀赋、功能定位各不相同。生态涵养地区的城市应充分认识自身的特点，不断扩大生态优势，在此基础上发挥比较优势，有其所无，优其所有，在保护生态环境的前提下，抓住机遇实施错位发展，探索跨越式发展模式。

（三）坚持城乡统筹发展，引导广大农村地区自觉、合理和加快发展。生态涵养地区的一大特点是农村人口多、城市实力弱。因此在区域内要进行城乡合理分工，城市地区以提升配套服务水平，提高宜居品质为主。广大农村地区既是生态保护的第一线，也是生态经济建设的第一线，要通过区域内的城乡互动，引导农村地区发展都市农业、宜农产业、庭院经济，从而增加农民收入，以更好地保护涵养生态环境。

（四）合理规划，统筹协调，有序组织产业项目的实施。生态资源既稀缺又脆弱，盲目地、过度地开发无异于杀鸡取卵。因此要从长远考虑，从宏观考虑，即使

适宜的产业项目也要对项目选址、实施时机、项目权属、建设内容进行慎重研究，确保生态环境、农民、政府、投资者各方共赢。

（五）争取合理有效的基础设施建设政策、产业扶持政策和转移支付政策。生态涵养地区是大城市区域的生态涵养地区，为大城市区域的生态建设作出了突出贡献。生态涵养区的母体是城市中心区，从各方面服务并支持城市发展。因此大城市政府应对生态涵养地区的城市和农村从各方面进行有效扶持。生态涵养地区的城市和农村也要从自身需要出发，向大城市政府提出合理的人、财、物、地方面的要求，为涵养区的发展提供基础保障。

以人为本　科学发展
建设节能环保生态宜居的现代化中等城市

河北省高碑店市市长 杨义宝

（2009年10月）

高碑店市地处京、津、保三角腹地，总面积672平方公里，辖14个乡镇、办事处，总人口58万人，北距北京70公里，东距天津130公里，南距保定60公里，是京南保北地区重要的交通枢纽、环渤海和京津冀都市圈的重要县（市）。近年来，高碑店市以科学发展观为指导，大力实施城市化战略，着力打造节能环保、生态宜居的现代化中等城市，城市品位不断提升，经济社会协调发展。被列为河北省“十一五”期间重点培育的12个新兴中等城市之一、河北省京津卫星城市带重点县（市），连续四年被中科院城市发展环境研究中心评为“全国最具投资潜力的中小城市百强”。

一、坚持规划先行，打造特色魅力之城

特色是城市的灵魂，也是城市的名片。而建设特色城市，规划必须先行。我们把城市规划作为完善城市功能、提升城市品位、塑造城市特色的基础性和先导性工作来抓，高起点、高标准编制城市总体规划并严格实施，努力建设功能完善、生态良好、文明和谐的现代宜居城市。一是明确定位。坚持以人为本，立足区位、产业、基础等方面的优势，并着眼于未来社会的发展方向，在广泛征求意见和多方论证的基础上，我们将城市的发展目标定位为：打造“京南交通枢纽、保北工贸名城，建设节能环保、生态宜居的现代化中等城市”。二是科学规划。根据城市定位，适应城市化提速发展需要，对城市总体规划进行了修编并经省政府批复，规划到2020年，城区人口35万人，城市建设用地36.8平方公里，建成区域性中等城市。

新修编的城市规划注重生态环境的保护、土地资源的集约利用和空间布局的优化，为建设具有较高品位、生态环保的宜居城市提供了依据；同时，我们加强了区域控制性详细规划和各专业规划的编制，切实发挥规划对城市建设的指导作用。三是合理布局。以“一水、两区、三带、四片”建设为总揽，全方位、多层次推进城市建设。“一水”，就是结合中水回用，把市内斗门河改造成一个以“水”为主题穿城而过的生态景观河。“两区”，就是坚持工贸并举，在市区建设现代化的工业新区和核心商业区。“三带”，就是结合新世纪大街、迎宾路、五四路东延西展工程，打造三条贯通市区东西的经济发展长廊和生态景观带。“四片”，就是结合高客铁路客运站建设和闫家务、张八屯、闫各庄城中村改造，在市区东部规划建设环保产业、商业居住、商务会展、仓储物流四大片区，打造各具发展特色的产业聚集区。

二、坚持生态优先，打造绿色宜居之城

高碑店一无青山，二无绿水，城市建设没有特别的先天条件。我们学习借鉴先进地区的经验，以建设生态型、园林式、现代化城市为目标，打绿色牌，建精品城，着力塑造一批个性鲜明、彰显特色、独具魅力的城市亮点，形成既有现代气质，又独具特色的城市风貌。一是起高层。“火柴盒”式的建筑不是现代城市的标志，也不符合城市集约发展的需要。在2006年我们就提出，在主要干道、街角等主要部位起高层、树形象、提品位，精心打造一批彰显高碑店特色的建筑。几年来，共建成高档住宅小区15处，高层建筑30多栋，城市的天际线越来越高、越来越美。目前，一栋32层、两栋28层的建筑已开工建设，建成后将成为高碑店的新地标。二是构路网。城市道路建设是带动其他基础设施建设和相关产业发展的龙头。我们牢固树立交通引领城市发展的理念，着力构建贯穿东西南北、纵横四通八达的交通网，以交通大发展带动城市大发展。几年来，我们新改扩建城市道路8条，总长70公里，主干道路形成了五横七纵一环的路网格局；新改扩建县乡道路15条，总长210公里，市域内形成了以国省干线为主动脉、县级道路为补充、“四横七纵”的公路铁路交通网；同时，随着京石高铁客运站、京广铁路火车站及城市主干道路东延西展等交通工程的实施，中等城市框架将逐步形成，交通枢纽地位将更加突出。三是添绿色。绿色代表着生命力，也是现代城市活力和魅力的体现。为营造绿色的生态环境，我们坚持“点、面、线”相结合，大力实施城市绿化工程，建成了占地100亩的城市广场和占地450亩的河北省第一个县级植物公园，建成园林式单位68个。市区内一路一树，一街一景，各具特色，形成亮丽的城市风景线。四是造水系。城市没径

流，就缺乏灵性和活力，而在北方城市用地下水补充地表水也不现实。我们因地制宜，充分利用有限的水资源，把污水处理厂处理过的水作为地表水源，通过引流注入废弃的排污河——斗门河，并对斗门河及周边环境进行景观综合改造，建设城市地表水系和生态公园，把高碑店打造成一个绿水穿城的亲水型城市。

三、坚持科学发展，打造节能环保之城

建设节能环保宜居城市是科学发展观的内在要求，也是实现城市可持续发展的必由之路。作为城市政府，就是要把环保理念融入城市规划建设管理之中，大力发展节能环保产业，建设天蓝、地绿、水清的洁净城市，促进城市科学发展、和谐发展。一是开发节能环保产品。坚持以产品升级促进产业升级，引导企业开发新型节能、绿色环保产品，推动我市传统炉具产业加快发展。光磊炉业公司开发的“煤炭气化燃烧技术”处于国内领先水平，在农村和中小城市很受欢迎。鑫华新锅炉公司研制的“都市之星”数控锅炉，使城市商用燃煤锅炉实现新跨越。顺达墨瑟门窗有限公司是国内唯一一家与德国合作的节能门窗企业，产品性能居国际领先水平，节能、保暖、防噪、防潮的效果尤为突出。目前，我市已成为全省最大、全国最主要的节能炉具生产基地，其产量占到全国的一半以上，产品基本上实现了智能化和数控化，节能率达到50%。二是实施节能环保项目。在抓好老企业技术改造、淘汰落后产能的同时，严把新上项目关，坚持绿色招商，凡是“两高一资”项目一律不批，以牺牲资源环境为代价的企业，一律不引进。总投资33亿元、一期投资11.56亿元、占地500亩的奥润顺达节能门窗工业园暨中国国际门窗城项目开工建设，建成后将成为国内最大的现代新型节能门窗生产基地。总投资42亿元的年产600兆瓦多晶硅太阳能电池项目建成投产，预计年销售收入75亿元，上缴税金3亿元。已经签约的总投资120亿元、一期投资30亿元的大唐热电联产项目，建成后可满足周边3个县市的集中供热和工业蒸汽需求，取消3000多个小锅炉。总投资97亿元、一期投资46亿元、占地4450亩的国际环保产业城项目，近期将正式签约，建成后将成为集现代服务、商务会展、物流制造、孵化培训、创研中试、总部办公为一体的现代化综合环保产业园区。三是建设节能环保设施。把重点放在污水、生活垃圾的处理上，加大投入，一次到位，采用世界上最先进的技术、最优良的设备，坚持高标准建设，绝不给子孙后代留遗憾。总投资8625万元、日处理能力4万吨的污水处理厂，采用德国技术和工艺建设，技术水平领先国内20年，出水水质达到国家一级A标准。总投资430万欧元、年处理垃圾4万吨的减排甲烷气垃圾处理项目，由德国联邦环境部资助320万欧

元建设，对城市垃圾进行无害化、减量化、资源化的综合处理，项目建成后，高碑店市将成为世界固废垃圾处理及气候保护协议示范区；同时，再生水项目、垃圾卫生填埋场等一批环保基础设施项目已开工建设。这些项目明年建成后，高碑店城市污水处理率、生活垃圾无害化处理率均达到80%以上。为推进城市节能工作，我们提出建设“太阳能之城”目标，在市区主要路口、路段、公园、机关和部分住宅小区安装了太阳能路灯。目前，正在进行“太阳能村”试点工作，逐步在全市所有行政村推广。此外，我们投资3000万元，正在实施12条主街、33条辅路的照明灯的节能亮化改造工程，降低照明成本，提高亮化水平，真正使高碑店成为一座“不夜城”。

四、坚持以人为本，打造文明和谐之城

我们在改善城市大环境的同时，注重加强居民小区的环境和人文建设，努力建设安全舒适、文明和谐的新型社区。一是强化人文理念，建设高品位住宅小区。在城市规划中明确规定，城市居民区建设规模在2万平方米以上的，必须配建并无偿提供一定面积的公用房屋，供社区、物业、业主委员会及小区居民文化活动需要；住宅建筑在满足使用功能需要的同时，建筑造型、外立面设计及外装饰色彩要丰富美观，有文化品位，每个小区都要做到“三有”：有绿地、有娱乐休闲设施、有文体健身设施，否则不予审批。如今，许多小区风景优美、舒适宜人，在美化市民生活的同时，也扮靓了城市。二是以科技为手段，建设安全社区。投资1100多万元在市区安装了社会治安视频监控系统，覆盖市区22.5平方公里。在18个小区安装了闭路监控系统，实现了市区主要街道、重点部位和社区的无缝隙监控；同时，在各社区建立了以社区民警为核心，以社区保安、联防队员为主体，专职人员和社区志愿者相结合的安全防控机制，使市民生活更安心，居住更安全。三是以文化为载体，建设文明祥和社区。坚持把完善文化服务作为建设宜居城市的重要内容来抓。在每个社区都建立了市民学校、文体活动工作站和社区图书馆。目前，全市各社区仅经常性的群众文体活动队伍就有137支、3000多人。我市被河北省命名为全省“建设和谐社区示范市”。

几年来，我们在建设中等城市的进程中，注重加强环境保护，城市品位不断提升，吸纳和承载能力不断增强。“娃哈哈、北一、京东方、白象、康师傅、德国墨瑟”等一批国内外知名大企业相继落户，北京和周边县市的许多居民纷纷定居。高碑店市已成为北京周边地区最具发展潜力、最具吸引力的宜居城市之一。

忻州市城市规划建设管理中的经验

山西省忻州市副市长 武 德

（2010年3月）

一、城市概况

忻州市位于山西省北中部，北以恒山山脉、内长城与内蒙古自治区、朔州市、大同市为界，南至石岭关与太原市、阳泉市、吕梁地区毗邻，东以太行山与河北省接壤，西隔黄河与陕西省、内蒙古自治区相望，南北长170公里，东西宽约245公里，总面积为2.52万平方公里。现辖14个县、市、区，59个镇，126个乡5个街道办事处5049个村。

从1983年忻县改市以来，城市规划建设已成为城市建设的一件大事，1984年7月成立忻州市规划领导组及规划办公室，着手编制忻州市总体规划，并于1984年12月编制完成了忻州市城市总体规划，规划期限为1984年~2000年，其性质为：忻州市是忻州地区政治、经济文化中心，是以轻工业为主的城市；城市人口规模：1990年为10万人左右，近期2000年为17万人左右。城市用地规模：1990年为11 km²，近期2000年为17 km²。人均建设用地为近期的6 m²/人，远期为8–10 m²/人。

2000年6月经国务院批准，忻州市由原来的县级市改为地级市，2001年着手编制地级市的总体规划。2003年由山西省建设厅组织评审，报省政府批准。规划期限为2001年~2020年，其性质为：忻州市是山西中北部中心城市之一，是具有旅游文化特色的综合性城市。城市人口规模：近期（2005年）为20万人，中期（2010年）为25万人左右，远期（2020年）为35万人。规划2020年城市建设用地规模为34.9 km²，人均建设用地为99.6 m²。

忻州历届市委、市政府都十分重视城市建设工作，随着国民经济的增长和撤地设市的变迁，城市规模迅速扩展，围绕建设现代化中心城市和具有旅游文化特色的综合性城市的目标，市委、市政府始终坚持以邓小平理论和“三个代表”重要思想为指导，始终坚持以科学发展为主题，始终坚持以国内外先进城市为坐标，学习借鉴先进经验，坚持“高起点规划、高标准建设、高效能管理、高水平经营”的指导方针，城市规划建设管理的多项工作都取得了显著成效。

二、城市定位

按照总体规划，忻州市城市定位是“山西中北部中心城市之一，是具有旅游文化特色的综合性城市”，区域功能定位：“山西省是重要的轻工、食品加工基地和新兴的煤、电、铝综合性工业基地，以宗教古建文化、黄河文化和自然生态为特色的旅游经济区，黄河中游重要的水土保持与生态防护林建设基地。”忻州市紧紧围绕城市定位，整合区域旅游资源，以建设生态城市和旅游集散基地为目标，注重城市功能的配套完善，加快城市交通网络建设，多方筹集资金，拓展城市道路，建设“一环、五纵、五横”的道路框架。把忻州建设成富裕文明、开放和谐、充满活力的新型工业旅游城市。

三、城市建设

为构建具有旅游文化特色的综合性城市，忻州市确定了城市建设的“七项原则”，即“基础带动、规划先导、生态标准、突出特色、经营城市、综合平衡、科学管理”。它是近几年忻州城市建设历程与建设实践的理论性总结。可以说，忻州近几年城市建设、规划与管理、城市发展之所以能够取得突出成就，就贯穿着“城建哲学”七项原则的丰富内涵。而一个富有特色的、富有发展后劲的综合性城市，经济之所以不断发展，城市结构要素之所以不断优化，城市环境和面貌之所以日新月异，人民群众之所以对城市建设与管理的满意度不断提高，就是缘于以这种崭新城建哲学概念为基础的大胆实践。因此，城建哲学“七项原则”的提出，是新时期城市建设理论的一种升华，为怎样建设一座城市、建设一座什么样的城市，提供了战略思维平台，为在新世纪、新阶段构建特色鲜明的旅游城市，成为北京的“后花园”、太原的“卫星城”，逐步在太原大都市圈内提升地位奠定了理论基础，提供了实践空间。

（一）坚持基础带动原则

忻州市撤地设市以后，市政府提出了“推进城镇化进程”的战略目标和地级市城市发展的需要，适时启动了编制《忻州市城市总体规划》（以下简称《总规》）

工作，根据《总规》要求，下大力气加大基础设施建设，在拉大城市框架，拓展城市空间上谋求城市的发展，先后拓通了七一路、五台山路、云中路、元遗山路，为城市“北进”创造了条件；九原街的拓宽，公园街的新建，长征街、光明街的贯通，为城市“西拓”打开了瓶颈；同时，利用北通蒲铁路提速的机遇，及时修通了穿越铁路的七座立交桥，为城市未来向东发展留下了空间。市政府一手抓道路建设，一手抓基础配套，经过十年的努力，建成了水厂、热电厂、变电站、垃圾场、天然气门站，并配套建设了供水、供气、供热等地下管网，取缔了主要干道的地上管线和市区锅炉房，美化了街道，“蓝天工程”取得了阶段性成果。通过基础设施的建设和带动，公共建筑和房地产市场得到了长足的发展。

（二）坚持规划先导原则

规划先导是城市未来发展的纲领。规划先导的原则，就是按照“过程论”的哲学观点，遵循现代城市规划理念和城市发展的内在规律，立足现实，预见未来，强化城市规划的科学性和前瞻性，使规划思想、规划实施符合城市的发展规律和发展过程的辩证统一。近年来，忻州市按照“可能性与现实性辩证统一”的要求，遵循现代城市规划理念和城市发展的内在规律，认真坚持“每一寸土地都要有规划的用途，没有规划的土地一寸也不能开发”的原则要求，不断强化规划的“龙头”地位。在城市总体规划的指导下，初步建立了“总体规划、分区规划、控制性详细规划、法定图则、修建性详细规划”五位一体的规划体系。成立了城市规划委员会，建立了公众参与、专家评审、政府决策三位一体的规划审批机制，强化了城市规划的科学性和前瞻性。随着忻州市经济社会的快速发展，人均GDP突破1000美元，忻州已进入城镇化快速发展阶段。近年来城市出现了所谓的“教育移民”、“消费移民”现象，忻州一中、师院附中等学校外地生源逐年增多，陪读家长及家属已在城市购房并长期居住。随着城市第三产业的发展，来城市务工或经商的暂住和流动人口增多。据不完全统计，现有城市人口已达30万左右，超出原规划预测增长的速度和规模，人口规模的扩大刺激了城市公共服务设施和基础设施的消费需求，相应地对城市建设用地的需求也增大了。由于2004年以来房地产市场向好的预期，引起北部新区建设用地的大幅度扩张，大大超出了规划确定的年度用地计划。按照现行城市总体规划确定的2020年34平方公里的建设用地规模，原规划确定的建设规模已不能满足城市的发展，今后忻州市的城市建设将面临无地可用的被动局面。2009年，市政府对《总规》实施情况进行了分析评价，及时作出了修编《总规》的决定，现已申报省政府，批准后，组织修编，使规划充分发挥其龙头作用。

（三）坚持生态标准原则

结合城市特点，将城市南北两侧的牧马河和云中河滨河绿带作为生态绿化用地，并与沿原太高速公路及北同蒲铁路两侧的防护绿带共同构筑城市的生态绿环，加强城市组团式布局的空间形态，用绿化分隔各城市组团。体现生态环境融入城市的观念。主城区和几个城市功能组团空间上相对独立，以城市生态绿地相分，使各组团之间均拥有良好的外围生态环境，从空间和时序发展较好地体现了城市生态和可持续发展的思想。顿村旅游度假区和云中新区是城市功能的重要体现区和空间的重要组成，依托现有设施进行建设和发展，逐步进行旅游服务设施的配套建设，改善周围环境品质。坚持以城市环境综合整治为手段，不断加强城市环境保护和绿化、美化、亮化力度，全面提升生态环境水平，逐步达到了自然、社会和人的和谐统一。坚持城市绿化率每年增长一个点不能少，坚持新修道路标准不能降，坚持旧城每年都有新变化，城市绿化，人人有责，是实现旅游城市的重要指标，也是市委、市政府常抓的一项重要任务。

（四）坚持突出特色原则

突出特色是城市发展的持久竞争力。突出特色原则，运用矛盾的普遍性和特殊性的原理，正确处理城市建设和发展中共性与个性之间的关系，在国内外一些城市出现“千城一面”、“特色危机”的情况下，特别注重自然景观与人文景观的维护延续，历史文脉与时代气息的有机融合。近年来，忻州市按照“共性与个性辩证统一”的要求，在国内外城市竞相发展“特色竞争力”的情况下，坚持“以人为本”的理念，对城市人居环境进行了再认识、再改造，努力营造环境的亲切感、和谐美，使城市特色更加突出。先后建设了以忻顿路、和平街为代表的城市交通景观大道；将云中河规划建成滨河绿色观光走廊，将人民公园、九龙岗公园、和平广场、体育场、城门楼广场、红旗广场建成集娱乐休闲、健身观景为一体的生态公园和绿化广场。顿村度假村依托五台山佛教圣地，利用便利的交通条件，承担起了全市旅游集散和枢纽的重任，大力发展旅游产品，先后编制旅游发展规划，建成旅游特产超市，傅山旧居，凸显了旅游城市的功能。

（五）坚持经营城市原则

经营城市对城市的发展具有决定性作用。经营城市的原则，把经营城市看做是生产方式的一种新的表现形式，运用生产关系一定要适应生产力发展的哲学原理，把城市作为资源，将市场机制和企业经营方式，引入城市规划建设管理。从地级市建市以来，忻州市按照“生产力与生产关系辩证统一”的要求，大胆进行城市经营的探索和实践。先后利用部门资金和项目带动拓通了七一路、和平街；争取国家资金建设了水厂、垃圾场和供水管网改造；发动企业资金建设了热电厂、天然气门站和供气、供暖管网建设；利用社会资金，开发城市土地资源建设了五台山路、云中路；今年政府决定，以经营城市的理念，大力推进市政公用行业市场化进程，以招商引资为突破口，以建立与市场经济相适应的有效竞争机制、企业运营机制和政府监管机制为着力点，采取多资金渠道投入，多种形式并存，开发建设云中新区，以高水平的规划，高标准的建设进行云中新区的基础设施建设。总投资35亿元，重点建设“三横、两纵、一河、一环”的道路框架，为城市建设新起点创造条件。通过十年的建设实践，初步形成了投资多元化、运营市场化、发展产业化、多种经济成分参与、统一监管、共同发展的新格局。

（六）坚持综合平衡原则

综合平衡事关城市发展的全局。综合平衡原则，正是从辩证唯物主义的“系统观”出发，立足城市发展的战略全局，驾驭城市建设的各种矛盾，注重城市发展各要素间的动态平衡。近年来，忻州市按照“突出重点和统筹兼顾辩证统一”要求，在城市建设中，正确处理经济发展与城市发展的关系、规划建设和管理的关系、旧城改造与新区开发的关系、物质文明建设和精神文明建设的关系、提高城市化水平与提高居民生活质量的关系，在突出重点、抓好事关忻州全局重大项目的同时，特别注重城市发展中各要素间的动态平衡。如采取了旧城区、城中村和危旧房改造，建成区小街小巷的整修建设，逐步将城市基础设施建设的重心向南部倾斜，努力缩小南北差距；同时建设了人民公园、和平广场，改建了红旗广场、古城广场、体育场，增强区域的吸引力，提高了土地和商业价值，实现了南北的相对平衡。另外，不失时机地实施城市经济重心战略西移，将高速铁路忻州站选址在城市的西边，形成忻州发展最具潜力的片区，将其打造成集旅游、商务、金融、娱乐、城市标志性建筑为一体的区域。

（七）坚持科学管理原则

科学管理决定城市发展的方向。俗话说“三分建，七分管”，说明了城市管理的重要性。能否科学管理，对发展中的城市具有决定作用。近年来，忻州市按照“经济基础与上层建筑辩证统一”的要求，为使城市建设管理服务于经济发展，进一步深化了城市建设管理体制改革，加强城市规划管理，于2009年正式成立了“忻州市规划勘测局”，加强了城市规划的队伍建设，逐步完善规划管理制度，科学编制各项规划，有效地指导城市建设。按照建设“富裕文明、开放和谐、充满活力的

新型工业旅游城市”的目标，通过2009年机构改革，城市管理体制逐步达到管理体制系统化、管理手段法制化、管理机制市场化、管理目标长效化；考核奖惩新机制、经营城市新机制，城市管理步入科学管理的轨道。

鄂尔多斯市城市建设情况

内蒙古自治区鄂尔多斯市副市长 王 峰

（2009年3月）

鄂尔多斯市原名伊克昭盟，位于内蒙古自治区西南部，2001年撤盟设市。鄂尔多斯地域独特、山川壮美，黄河三面环绕，总面积8.7万平方公里，总人口160万人，其中蒙古族16.9万人。“十一五”以来，全市地区生产总值和财政收入保持高速增长。2008年，全市GDP达到1560亿元，财政收入达到265亿元，固定资产投资1070亿元，城镇居民人均可支配收入19435元，城镇化率达到65%。城市竞争力进一步提升，进入创建全国文明城市先进工作市行列，入围中国城市综合创新力50强，获得“中国十佳休闲宜居生态城市”、“中华宝钢环境优秀奖”和“中国最安全城市”荣誉称号。特别是“鄂尔多斯发展模式”得到中央和自治区的充分肯定和高度重视，并在全国宣传推广，成为改革开放30多年全国18个典型地区之一。

在全市经济社会快速发展的同时，我市围绕建设能源重化工基地、实现跨越式发展的总体目标，坚持“拉大、补欠、崛起”的城镇发展思路，科学规划、超前构筑，着力打造“一市两区、三个组团”的大城市框架，不断优化城镇体系，进一步加快了城镇化进程。全市建成区面积由68.8平方公里扩大到2008年年底的186平方公里，中心城区人口由不足20万人发展到60多万人。可以说设市八年，是我市城市建设投入增长最快，城市空间扩展最快，城市产业支撑、要素集聚和辐射带动能力提高最快，城市化水平提高最快，完善城市功能、塑造城市特色最有成效的八年。

一、加快中心城市建设步伐，构建大城市发展框架

我市2001年撤盟设市后，中心城区仅限于东胜老城区，面积不过20平方公里，人口不到20万人，与自治区“金三角”的呼和浩特市、包头相比，规模小、档次

低、服务功能差、承载能力弱，很难适应工业经济快速发展和大企业、大项目建设的需求，城镇化严重滞后于工业化进程，“小城镇，大工业”的矛盾日益突出。为此，市委、市政府抓住撤盟设市的契机专题召开了推进城镇化工作会议，制定了《关于推进城镇化的决定》，编制了《城镇化发展规划》，将城镇化作为新形势下加快鄂尔多斯跨越式发展最大的基础建设予以全力推进，坚持工业化带动城镇化、城镇化促进工业化的互动战略。经过充分论证和科学规划，确立了以东胜、康巴什、阿镇为中心组团，以210和109国道为发展主轴，以旗府镇、工矿集镇为产业聚集区，以旅游景点为特色区的城镇发展体系，提出重点开发建设康巴什新区，构筑东胜、康巴什、阿镇“一市两区、三个组团”中心城区的大城市发展设想，先后开发东胜新区20平方公里，康巴什新区32平方公里，阿镇新区11平方公里，将建成区面积由原来的25平方公里扩大到现在的100平方公里，总体整合建设“一市两区、三个组团”的立体交通、绿化、供水、供气、垃圾处理体系，并开始大规模的基础设施建设。目前，中心城市基础设施水平显著改善，辐射带动作用日益显现。

二、统筹城乡发展，推进特色城市化进程

在突出建设中心城市的同时，市委、市政府先后提出“收缩转移、集中发展”战略和“由城乡二元分割向统筹城乡发展转变”的思路。一是，在城镇体系上坚持减少数量、扩大规模、经济区划与行政区划结合，适度收缩，向沿河积聚，重点加强有产业支撑和发展条件的城镇建设，将原有的108个乡镇撤并到50个，优化了城镇体系结构；同时规划了棋盘井、蒙西、树林召、大路、乌兰木伦、纳林河、上海庙、乌审召“八大工业”基地（园区），培育以煤、天然气为原料的“四大”化工产业链和产业集群，将基地（园区）建设与城镇建设整体规划、互相配套，吸引项目向工业基地（园区）集聚，人口向工业重镇集聚，呈现了“建一个园区、兴一批产业、拓一个城镇、活一方经济”的局面，一批新型工业重镇开始迅速崛起。薛家湾地区在准煤开发之初为一个不足千人的山村，现城市人口已近10万人；乌兰木伦镇在神华集团开发之初为3700多人，现已近5万人；棋盘井镇2000年为1.5万人，现已达7万人。二是，将转移农牧民作为“三化互动”的主要任务，先后制定了《关于改革小城镇户籍管理制度的意见》、《关于进一步做好农村牧区人口转移工作的意见》、《关于开展农牧民培训工作的意见》等文件，引导农牧民向中心城区和工业重镇转移，向第二、三产业转移，保证农牧民能够移得出、留得住、富起来。2001年以来，通过生态移民、扶贫移民、劳务移民、征地移民、教育培训移民等多种方

式，累计转移农牧区人口40多万人，全市实际从事农牧业人口已不足50万人，收缩转移战略取得了初步成效。

三、树立全新发展理念，提高规划、建设、管理水平

在规划工作中，我们一是牢固树立规划上的投资是最大节约的理念，加大了规划经费投入，完成了市域总体规划、各旗总体规划的调整修编，完成了都市区空间战略规划、开发区、工业基地及建制镇规划等200多项规划的编制。详细规划覆盖面达到90%以上，中心城市达到了100%。二是坚持开放搞规划，中心城区、工业基地、各个旗的新区规划通过公开招标形式选定规划设计单位，所有规划设计都由甲级单位编制完成，康巴什新区中心区4平方公里修建性详细规划暨城市设计采用了国际招标。高起点、大范围优选规划设计单位，促进了规划上水平、上档次。三是体现“以人为本”的规划理念，在规划建设中突出了舒展、生态、宜居的思想，体现草原宽阔的风格和人与自然的和谐。伊旗霍洛苏木便是地域特点和民族特色相得益彰的典范。

在城镇建设中，我们坚持“补欠与拉大齐抓、新建与改造同步、扩容与提质并举”的思路以及“先规划、后建设，先地下、后地上”的原则，围绕提高基础设施配套程度、改善人居环境，坚持不懈地抓城市市政设施建设。“十五”以来，累计投入280多亿元，占全社会固定资产投入的10.3%，基础设施和社会公用设施服务功能有了很大改善，城市的承载能力显著提高。与此同时，我们从特定的地域、民族和文化特点出发，按照突出唯一性、民族性和现代化的原则，加强城市设计包装和文化景观建设，增加城市个性魅力。做好水体、绿地等城市生态系统和城市标志性建筑、重要地段的规划建设。城市核心区、主要街道和重要地段，都进行了城市设计和街景设计。高标准的规划建设为塑造城镇特色、提升城市品位夯实了基础。

在城市管理上，坚持“抓市容、促繁荣、抓规范、促发展”的理念，制定出台了《城市建设管理规定》，以体制、机制、制度创新为动力，加快城市综合执法改革，强化市容市貌专项整治，城市管理基本走上“建管并举、标本兼治”的路子。

在经营城市方面，几年来我们积极探索新区启动的模式，坚持市场化运作，企业化经营的方式筹措资金。依托市场，康巴什新区和东胜铁西新区实施两种截然不同的开发启动模式。康巴什新区组建了城市基础设施建设投资有限公司，作为新区建设融资、经营、开发的主体，在政府没有资本金投入的情况下，先后通过BT、BOT发行城市建设债券等方式，于2004年5月全面启动了新区建设，之后又借用自

治区政府信用平台和授信额度从国家开发银行成功贷款11.5亿元，对促进新区建设起到了关键的作用。铁西新区采取了企业化经营、市场化运作、规范化管理的开发模式，按照“谁投资、谁建设、谁经营、谁受益”的原则，由东胜区人民政府与万正投资集团按比例（3∶7）出资组建东新城市投资公司，全面负责开发区的开发建设。企业独立出资，有效解决了资金投入问题，加速了新区发展。现已形成了完整的城市功能布局，基本构筑起现代城市的框架。虽然投入模式不同，但两个新区建设过程中都通过收储、挂牌拍卖出让土地，获得了土地的增值收益，回收了投入，积累了资金。仅康巴什新区2006年一次拍卖土地就获得出让收益15.3亿元。

四、坚持以人为本，让人民共享建设成果

牢固树立城建为民的理念，全力以赴加快民生建设，着力解决人民群众最关心、最直接、最现实的利益问题，让群众在共建和谐中共享建设成果。

一是建设绿色城市，着力改善人居环境。几年来，我们采取拆墙透绿、拆危建绿、退硬还绿、大树进城等多种手段，先后投入30多亿元，大搞街道绿化、公园广场绿化、出入口绿化及环城林带建设，城市品位迅速提升。东胜区拆掉市区两级政府搬迁后腾出的部分房屋，全部改造成街头绿地，加上公园改扩建、包茂高速、东康快速干线绿化，投入力度之大在我市城市绿化史上前所未有。2007年年底，全市建成区绿化覆盖率和绿地率分别达到18.37%和15.67%，人均公园绿地达到9.86平方米。

二是加快供热、供气、供水和公共交通为重点的功能建设，不断满足人民群众生产生活需要，保障基本供给。2008年年底，全市供水普及率达到86.33%，燃气普及率达到59.68%；人均道路面积达到22.42平方米；每万人拥有公共交通车辆7.61标台。

三是加快经济适用住房和廉租房建设，解决中低收入家庭住房困难问题，实现住有所居。2001年以来，房地产开发累计完成投资75亿元，年均增长84.8%。完成经济适用住房建设400万平方米，廉租房10万平方米。全市人均住房面积达到27平方米。

四是正确处理城市建设与资源环境的关系，推进建设领域节能减排。强化建筑节能、“禁实”、“禁现”的监管力度，加快建筑节能改造工作，继续大力推进“四节一环保”。2008年年底，全市污水处理率达到72.53%；垃圾无害化处理从无到有，处理率达到32%。

五是积极化解矛盾纠纷，着力维护社会和谐。在城市建设土地征用收储过程中，制定了失地农民经济补偿、社会保障、就业扶持等一系列安置补偿政策，使失地农民得到了妥善安置，生活水平得到改善，满意度显著提高。

今后一段时期，我市的城镇建设发展思路和目标是：以党的“十七大”精神为指导，紧紧围绕“赶苏州、走进全国前列，学鲁尔、走向世界一流”的宏伟目标，全面落实科学发展观，大力实施中心城市带动战略，集中打造百万人口的区域性中心城市，全面加快“一市两区、三个组团”城市核心区现代化步伐，努力建设宜居、宜业、宜学、宜商、宜游、宜行城市。适应产业发展和人口布局调整，重点扶持集中建设有潜力的旗府所在地和沿河、沿边产业重镇，形成分工明确、功能互补、梯次推进的城镇发展格局，切实提高城镇化水平和质量。

到2010年，全市城镇化率达到70%，年均增长3个百分点。全市人均道路面积达到24平方米，供水普及率达到98%，供气普及率达到80%，污水处理率达到80%，垃圾无害化处理率达到70%，建成区绿化覆盖率达到30%，人均公共绿地超过13平方米，城镇居民人均住宅面积达到30平方米，基本社会保障覆盖率达到90%，建成全国文明城市。

到2012年，中心城市功能更加完善，城市的集聚吸纳、产业支撑、辐射带动能力逐步提高，吸引力和影响力显著增强，建成富有地域、民族文化特色，居住环境优良，服务内蒙古、连接晋陕宁的现代化区域中心城市。

东北地区

高标准规划　高质量建设　高效能管理 全力推进北票向省级文明城市迈进

辽宁省北票市代市长 肖 森

（2009年10月）

北票市地处辽宁西部，古称“川州”，1907年因得到清朝皇帝御笔准许开采煤矿的“龙票”而得名。1985年经国务院批准撤县设市，是辽宁省首批4个县级市之一，全市总面积4469平方公里，总人口60万人。北票市历史悠久，文化灿烂，早在5500年前，这里就留下了人类活动的印迹，红山文化、三燕文明、契丹古迹闻名遐迩。因最早的鸟类化石和最早的开花类植物化石在这里出土，北票市被誉为“世界上第一只鸟飞起、第一朵花盛开的地方”。北票市区位优越，交通便捷，是环渤海经济圈的重要组成部分，境内锦承铁路、101和305国道、京四高速公路以及即将开工建设的京沈客运高速铁路穿境而过。北票市资源富集，潜力巨大，素有“乌金之埠、黄金之邦、铁石之域、玛瑙之乡”的美誉，境内已探明具有开采价值的矿产达44种，其中铁石储量超5亿吨，黄金年产量超万两，煤炭、膨润土、油页岩等矿产储量也很大；盛产玉米、高粱、芝麻、小麦、各种豆类等，培育发展了以保护地蔬菜、辣椒、“三禽”、生猪、林果为重点的农业主导产业和优势特色产业，已成为全国闻名的优质无公害辣椒生产基地、东北地区最大的番茄生产基地。旅游资源较为丰富，拥有辽西最大的绿岛——大黑山国家森林公园、辽宁第三大水库——白石水库和国家级古生物化石自然保护区——四合屯古生物化石博物馆。

北票城市的快速发展是从2001年开始的。八年来，在上级党委、政府的正确领导下，始终把做大做强中心城市作为统筹城乡发展和促进县域经济崛起的重要举措，紧紧抓住国家和省出台的一系列政策机遇，积极争取支持，克服诸多困难，加大工作力度，建设了一批拉动经济、改善民生、完善功能、提升形象的重点工程，城市整体实力进一步增强，城市品位进一步提升，城市面貌发生了可喜变化。目前，北票城市建成区面积已由2001年的8.6平方公里增加到2008年的18.4平方公里，城市人口由2001年的18.5万人增加到2008年的20万人。在加快城市发展中，我们的主要做法和体会如下。

一、科学合理规划，绘就城市发展蓝图

当今世界，地区与地区之间的竞争，归根结底，是城市与城市之间的竞争。中心城市的集聚、辐射和带动能力，决定着一个地区经济社会发展的整体速度和水平。推进城市加快发展，规划是灵魂、是统领、是资源、是生产力。一是科学编制规划。近年来，北票市本着立足当前、着眼未来、统筹全局的原则，按照规划必须体现最大限度地优化配置城市资源、最大限度地带动产业和人口集聚的要求，高度重视城市规划编制工作，舍得花重金聘请国内有资质、有影响、有成就的专家和设计单位，进一步修编了城市总体规划、控制性详细规划以及重点地段城市设计、水系和绿地系统两个专项规划，注重城市总体规划与土地利用总体规划的衔接，突出规划的强制性内容，确保规划覆盖到城市的每一块土地，目前已确立了“西拓、北连、东改、南优”的城市发展模式，构建了“依河扩城、以园（校）扩城、棚改扩城、旅游扩城”的城市发展框架，初步形成了层次分明、相融互补、科学完整的城市规划体系。二是严格执行规划。坚持把执行规划纳入法制化、规范化轨道，不断提高规划及其执行的透明度，通过制定和落实规划执行报告制度、规划成果公示制度等措施，认真接受社会监督，切实维护了规划的严肃性，对违背规划的人和事，实行了最为严格的责任追究制度；同时，我们还启动了城市规划展示馆建设，认真接受专家、群众的评议监督，充分吸收合理建议，使之不断完善，达到“多出精品、不出次品，多留遗产、不留遗憾”的良好效果。我们要在规划的指引下，确保用三年时间，使城市所有棚户区居民的住房条件和生活环境得到改善，城市服务功能档次提高，文化旅游形象水平提升，城市建设的良好效果得以充分显现，主要指标达到省级文明城市的要求和标准。经过几年的努力，使城市建成区面积达到30平方公里，人口达到30万人，城镇化率达到50%以上，跻身中等城市行列。

二、突出项目建设，加速城市提质扩容

城市规模要扩大、人口要增加、功能要完善，主要是靠项目来支撑。因此，我们始终按照“政府控制规划、规划引导项目、项目吸引资金”的思路，围绕基础设施、服务业和社会事业建设，每年都科学策划、合理规划一批城建项目，确保每个

区域开发都有项目支撑，注重配套完善，真正建设一片、成型一片。在项目建设过程中，我们建立健全了城建重大项目推进机制和包扶措施，牢固树立精品意识，坚持先规划、后设计，再施工，加强质量监督管理，打造精品工程，确保经得起历史和人民的检验。经过多年的不懈努力，我们在基础设施、工业园区、社会事业等建设方面都取得了突破性进展。一是基础设施持续完善。累计新建和改造城区道路30条、65公里；油铺道路75条、61.51公里；改造给排水管网30公里；新建6座桥梁，共计912米；改造锅炉房供热24处，新上热源1处，供热能力由2001年的110万平方米提高到2008年的240万平方米；新建天然气管道输气站1座，铺设燃气管网8公里，初步形成了较为完善的城市基础设施。二是工业园区持续壮大。坚持把工业园区建设作为扩大城市规模的重要内容，充分依托粉末冶金、除尘装备、能源建材、针纺服装、农产品加工五大主导产业，规划建设了由冶金、轻纺、有机食品和除尘装备四个专业园区组成、面积达30平方公里的省级经济开发区，累计投资近4亿元完善了水电路、绿化、亮化等基础设施，入园企业已达到52户，年创产值20多亿元，安置就业1.5万人。可以说，开发区已经成为北票经济转型的产业集聚区、就业承载区、科技先导区、城市扩容区和生态经济区。通过建设工业园区、做实主导产业，进一步提升了产业对城市发展的支撑能力。三是社会事业持续发展。易址新建了职教中心、市第一高中，整合做强了市第三高中，选址新建了省级标准桃园初中；新建改造了市第一医院和第二医院，新建13所社区医院；新建各类广场11座、18.8公顷，其中超1万平方米的广场4个；易址新建了集健身、竞赛、集会、演出为一体的体育活动中心等。

三、拓宽融资渠道，破解制约城市发展瓶颈

城市要实现大发展、快发展，资金是第一位的、是关键之关键，也是最令人头疼的。八年来，北票城市建设累计投入资金达80多亿元，这么大额度的资金其来源主要有以下几个渠道：一是积极争取上级支持。多年来，我们认真细致地研究国家和省的政策导向和投资方向，紧密结合北票实际，包装、论证与上级政策相对接的大项目好项目，争取更多的项目纳入国家和省的计划盘子。经过不懈努力，我们先后争取到了国家支持北票实施矿区采煤沉陷区治理工程、中央下放地方煤矿基础设施配套工程、国家扶持第二批资源枯竭城市经济转型、省支持北票实施棚户区改造工程等几个大的政策，同时北票的引白入北供水、银河防洪、污水处理厂、垃圾填埋场以及城市道路新建和改造等一大批城建项目都得到了上级的支持，这为北票的

城市建设注入了强大动力。二是积极争取信贷支持。不断加强与金融机构的联系和协作，以优质项目吸引更多的信贷支持，尤其是鼓励驻我市金融机构把更多的资金留在北票、用在北票。三是积极引进域外资金和社会各类资金。对来我市投资建设重大城建项目的客商，提供最优惠的政策和最优质的服务；同时鼓励社会各类资金参与城市基础设施建设，形成多元化的城市建设投入机制，最大限度地筹措城建资金。四是积极做好经营土地文章。坚持把土地作为最大的国有资产来经营，建立并实行对城市土地“统一规划、统一储备、统一供应、统一开发、统一监管”的制度，确保政府高度垄断土地一级市场；加强政府储备土地整理开发力度，注重出让土地规划设计和策划包装，努力增加土地出让收益；对低效利用的土地和闲置的土地通过收回、收购予以储备，通过搞好基础设施配套建设，促进土地的有效开发、最大升值。八年来，我们深刻体会到：靠传统的思维方式，是有多少钱能办多少事；而用市场经济的理念，是干多大的事业，就能筹集到多少资金。

四、突出工作重点，推进棚户区改造步伐

北票是百年矿区，改造城中的大量煤矿棚户区住宅是北票当前城市建设的首要任务。有人曾经这样说过：“只要北票能够把棚户区都消灭掉，北票这座城市也就像个样了。”这句话说得一点都不为过。据统计，北票市原有煤矿棚户区建筑面积138万平方米，目前已经实施了两期煤矿棚户区改造工程，共拆迁棚户区住宅78万平方米，有效改善了城市的整体形象。北票市棚户区改造工程的快速推进，首先是因为我们争取到了国家和省的一系列扶持政策，国家支持北票实施矿区采煤沉陷区治理工程、中央下放地方煤矿基础设施配套工程、国家扶持第二批资源枯竭城市经济转型、省重视和支持北票棚户区改造工作，都为我们加快棚户区改造步伐提供了有力保障；其次是我们制定了一些行之有效的措施，按照“政府主导、市场化运作”的原则，进一步放大了上级政策支持的效应，强化公共设施超前配套，盘活规划区域内闲置土地资产，并与房地产开发相结合、与利用好闲置房源相结合、与改造城中村相结合，采取回迁安置、异地搬迁安置、货币化安置等方式，切实加快了北票棚户区改造的进程。截至目前，我们已建设了金河、银河、桃园和双鑫4个住宅小区，新建住宅楼168栋、124.3万平方米，使2.4万户、6.8万人迁入了新居；同时，我们通过把棚户区改造与房地产开发有机结合，八年来，已累计新增住宅建筑面积200万平方米（其中集中连片2.5万平方米以上的住宅小区11个、5万~10万平方米的3个、10万~20万平方米的4个、20万平方米以上的3个），人均住宅面积达到16.8平方米。

特别是去年发生金融危机后，我们通过采取定期召开房地产企业座谈会、出台相关优惠政策、优化发展软环境、加大招商引资力度等有效措施，今年的房地产开发形势好于以往任何一年，已实现开工面积72万平方米、销售面积32万平方米。

五、强化综合管理，打造最佳人居环境

8年来，我们始终探索研究城市综合管理的措施和办法，强化了长效管理措施，制定出台了《北票市城市综合管理实施意见》，进一步明确了各部门、各单位在城市综合管理工作中的责任与分工，加大了城市综合管理执法力度和宣传力度，营造了人人参与城市管理的浓厚氛围，使城市综合管理做到了科学、有效、规范。一是实施净化工程。严厉整顿规范市场秩序，突出解决占道经营、乱停乱放、乱涂乱画等顽症。加大了清洁设备的购买力度，对重点街路、重点路段实行全天候保洁。目前，北票城市主次街路、小街小巷、住宅小区、城市出口路、城乡结合部、城区村镇的环境卫生状况得到明显改善，城市脏、乱、差问题得到了有效根治。二是实施绿化工程。绿色是生命的象征。我们坚持城区绿化全覆盖的工作目标，坚持科学植树、专业管护，树木成活率和保存率均达到了95%以上。目前，北票城区绿化面积由2001年的364公顷增加到2008年的1362公顷，人均公共绿地面积增加到7.23平方米，绿化覆盖率达到37.6%。三是实施亮化工程。重点实施了百年矿区亮化工程，累计安装电力路灯和太阳能路灯4670基杆、20609盏，主次支干道、小街小巷、居民楼院基本实现了亮化全覆盖。四是实施美化工程。以美化城市为目标，规范商家广告牌匾3200多块，拆除违章建筑200多处，塑造了北票城市的崭新形象。五是实施文化工程。坚持把文化融入城市规划建设管理之中，对每个建筑、每盏路灯、每片绿地、每块边石及广告标识都用心用脑、精心雕刻，彰显文化魅力，营造文化氛围。

8年来，北票城市从小到大、从弱到强，推动了经济跨越式发展。2008年，GDP实现98.5亿元，比2001年增长6.9倍，在全省44个县（市）中排名在21位；财政一般预算收入实现4.5亿元，比2001年增长6.5倍，在全省44个县（市）中排名第17位；城镇居民人均可支配收入和农民人均纯收入分别实现9661元和5081元，比2001年分别增长1.7倍和2.84倍，其中农民人均纯收入在全省44个县（市）中排名第33位；全社会固定资产投资完成71.4亿元，比2001年增长21.74倍，在全省44个县（市）中排名第14位；工业总产值和增加值分别实现160.6亿元和47亿元，比2001年分别增长19倍和29倍。

8年来，北票城市发生的一系列深刻变化，主要得益于我们始终把做大做强中心

城市定位于加速发展的核心战略，一以贯之，持之以恒；得益于我们始终按照总体规划，以锲而不舍的精神，集中力量攻坚克难，实现了北票城市由量到质的巨变；得益于我们始终坚持以人为本，从群众最关心、最迫切、最需要的工作做起，把执政为民的发展理念贯穿于城市规划建设管理的全过程，赢得了百姓的信赖和支持，形成了城市建设管理的强大合力。

我们坚信，有上级党委、政府的正确领导和社会各界的大力支持，有北票市委六届十次全委会绘就的宏伟蓝图，有60万北票市人民的辛勤耕耘，一个省级文明城市、一个中等城市必将展现在世人的面前！

舒兰市城市规划建设管理工作情况汇报

吉林省舒兰市代市长 王书东

（2009年10月）

舒兰市位于吉林省东北部，属于省辖县级市，全市总面积4557平方公里，总人口67万，其中农村人口47万，为省级卫生城，2008年实现生产总值89亿元，全口径财政收入3.5亿元。

近年来，我市紧紧围绕建设中等城市目标，坚持科学发展理念，以总体规划为统领，以经营城市为手段，以改善人居环境为重点，不断加快城市基础设施建设，完善城市功能，提升城市品位，增强城市的集聚力和承载力，努力构建环境优美、适合人居的生态园林城市，城市建设实现了又好又快发展。全市城区规划区面积26平方公里，建成区面积22平方公里；市政道路总长90公里，面积74万平方米，形成了十横十纵的道路网络体系；城区供水主干管线长62公里，日供水能力4万吨，自来水普及率达到100%；集中供热管线总长165公里，供热面积281万平方米；绿化覆盖率达到20%；城区人均住房面积20平方米。

一、高起点规划，科学确定发展定位

城市建设要出品位、有风格、上档次、显特色，必须要有超前和远景意识。为此，我们立足于拓展城市发展空间、完善基础设施、改善群众生活条件、营造优美生态环境和整体形象效果，高立意、高起点、高标准狠抓城市规划。一是高标准完成城市总体规划修编。为加快城镇第二、第三产业的集聚，形成规模发展效应，我们实施了中心城区“南展东拓”战略，围绕此战略，启动实施了第三轮城市总体规划修编，并在财力紧张的情况下，高薪聘请吉林省建筑工程学院的专家、学者对我们制定的城市总体发展规划进行了修改，确保总体规划更加科学合理，具有前瞻性。二是认真抓好城市局部规划。我们按照城市总体规划的要求，先后组织编制了《舒兰市中心城区控制性详细规划》、《文化广场扩建修建性详细规划》、《舒兰市三〇一森林公园修建性详细规划》、《采煤沉陷腾空区开放式游园修建性详细规划》、《东部新城区建设性详细规划》、《南部旧城区改造详细规划》等，把城市规划设计成多个风格迥异、主题突出、特色鲜明、高雅气派的建筑裙带，进而保证了城市建设的有序推进。为加速局部规划的顺利实施，我们结合采煤沉陷区治理、城市棚户区改造、煤矿棚户区改造等工程，先后实施了东部新城区建设和南部旧城区改造。目前，东部新城区已初具规模，南部旧城区改造已基本完成，城市空间得到拓展，面貌焕然一新。三是认真搞好单体规划。在严格执行城市总体和局部规划的同时，我们还注重抓好每一栋楼、每一条路、每一处景观的单体规划，要求建设主管部门严格把握建筑材料、外观造型、色彩搭配关，确保每处建筑都能成为一道人文景观，力求多出精品，少留遗憾。围绕这一理念，我们打造了“远东第一城”高层小区、滨河花园小区、三〇一城市森林公园、细鳞河带状游园区为代表的集休闲、娱乐、居住为一体的人文景观。四是严格执行城市规划。“逢建必审”，对于规划区域内的建设项目，全部由市政府组织发改委、建设、国土、消防等部门，召开规划会进行审定，坚决避免规划审批的随意性和盲目性，保证规划在建设中的指导作用。并认真做好规划管理，对于不能按照规划会议要求施工的，一经发现坚决予以处罚，并责令其改正，对于私自建设的，一律予以拆除，确保规划的法律效力。

二、多元化投入，加速城市建设

针对我市财政保障能力较弱，城市建设经费严重不足的实际，我们根据“经营城市”的理念，创新思维观念，拓宽融资渠道，全力加速城市建设的进程。一是积极争取国家投资。为最大限度地争取国家的扶持资金，我们多次上省、进京协调建设项目。几年来，我们先后争取到采煤沉陷区治理、矿区移交地方基础设施建设、城市棚户区改造、煤矿棚户区改造等项目，国家投资达到5.3亿元。利用这些资金我们圆满完成了沉陷区改造工程，启动实施了城市棚户区和煤矿棚户区改造工程，有效改善了群众的居住环境和条件。特别是2008年以来，我们抓住国家扩大内需的有利契机，积极向上争取国家建设项目，先后争取并组织实施了垃圾处理场、污水处理厂等城市基础设施建设项目，进一步完善了城市功能。二是全力争取银信部门的

支持。在向上争取建设资金的同时，我们还注重加强与银信部门的沟通协调，先后从开发银行融资4.5亿元，用于城市煤矿棚户区改造、自来水厂扩建等项目，保证了城市重点项目的顺利推进。三是努力拓宽投资渠道。按照“土地资源—土地资本—货币资本—更高层次的土地资本—更大的货币资本”的经营思路，完善了土地储备交易机制，强化政府在土地供应上的主导地位，实行挂牌出让土地使用权，发挥土地效益，走以城建城、以城养城、滚动发展的路子。2007年，我们按照这一思路，通过土地置换的方式，将市委、市政府办公楼按照“南展东拓”规划迁到东部新城区，并在原址建设舒兰市商业集中区。在政府没有投入一分钱的情况下，通过置换完成了新办公楼的建设，既拉动了东部新城区的建设进程，扩大了城市空间，又打造了新的商业集中区。我们还积极通过市场化运作，盘活城市资产，将一些公共事业项目推向市场，争取社会投资，通过这种方式，我们完成了铁东、建馨园、新村路北三处集中供热中心和顺水河带状游园建设等工程，有效改善了群众的生活条件。与此同时，我们还加大了域外资金的引进力度，先后引入上海首建钢铁发展有限公司、通辽隆宇房地产开发有限责任公司、吉林德威房地产开发有限公司、长春大地房地产开发有限公司参与到城市建设经营活动，不仅加快了城市建设步伐，也为我市带来了先进的经营理念和新颖的建筑风格。

三、全方位规范，确保管理到位

城市出精品，重点在建设，关键在管理。从某种意义上讲，管理比建设还重要。为此，我们始终把城市管理工作放在重中之重的位置，常抓不懈。一是实行建、管分离。为进一步明确城市建设与管理的责任，我们重新理顺了城市的建设和管理体系，将建设局与城管局单独设立，并将工作能力强、业务素质好的年轻干部选任到领导岗位，确保城市管理工作到位。二是严格依法管理。深入开展城镇环境综合整治活动，认真落实“门前三包”制度，调动单位与个体业户参与城市管理的自觉性。对于占道经营、马路摊床坚决予以取缔。积极推行 “分片、分段、定人、定岗、定责”的城市管理机制，做到责任明确，任务到人。为加大城市保洁工作力度，我们拿出三百个公益岗位充实到城市环卫队伍，使城市更加干净、整洁。三是大力实施城市“四化”工程。对城市临街、临路建筑景观灯要统一安装，统一配备电脑时控开关箱，统一开启、统一关闭；对城区车辆乱停乱放、出租车随意载客等影响城区交通秩序行为进行了专项整治；对城市绿地、绿化带加强管护，并按绿地系统规划要求有序推进公共绿地建设；对临街、临路店面广告招牌的制作悬挂及户外空调安装进行了规范。“四化”工程的实施，打造出了道路畅通、市容整洁、环境优美、空气清新的城市，城市面貌不断改善，城市承载力显著提高。四是努力营造全民参与城市管理氛围。为全面提高市民参与城市管理意识，营造良好的发展环境，我市先后开展了“文明市民”、“文明出租车使者”评选和“争创省级文明城”等活动，提高了市民的自身素质和参与城市管理的自觉性，城市软硬件设施得到明显改善。

强化规划龙头作用
打造投资与人居环境“双佳”城市

黑龙江省肇东市市长 张亚中

（2009年10月）

肇东市地处黑龙江省西南部，位于哈尔滨都市经济圈和哈大齐工业走廊内，南距省城哈尔滨53公里，北距油城大庆74公里。近年来，我市立足于打造投资与人居环境“双佳”城市，遵循“城乡统筹、合理布局、节约土地、集约发展”方针，以城市“净化、绿化、美化、亮化”建设为重点，以强化服务能力、增强载体功能为目标，坚持改造老城区、打造新城区、建设开发区同步推进，全面加强城市规划、建设和管理，使城市功能不断完善，城市品位逐步提升，城市集聚力和辐射力显著增强，实现了城市建设又好又快推进，促进了经济社会又好又快发展。

一、制订规划目标，推动城市长远发展

我们本着突出特点、形成特色的原则，准确把握，科学定位，确定城市规划建设的目标。

（一）按照建设和谐发达新肇东目标来规划定位

把握城市建设发展的新形势，适应城市经济社会发展的新要求，把建设和谐发达的新肇东作为城市建设的基本目标来规划。一是突出生态重点。加强生态环境建设，以松花江流域为重点，规划农业生态示范带；依托草原广袤优势，规划建设天然生态区；加强生态项目建设，规划建设生态产业园，力争把生态产业园打造成黑龙江省生态建设的示范区、“三废”处理的样板区和生态产业的集合区。二是突出和谐重点。突出生态与发展的平衡，突出资源和产业的匹配，突出开发与保护的协

调，突出发展与稳定的统一。三是突出发达重点。全力推动经济加快发展，社会全面进步，增强城市的经济实力、竞争能力、对外魅力，使我市成为资源密集、商贸云集、物流汇集的经济发达城市，成为环境优美、生态文明、社会安定、最适人居的北方寒地生态园林城市。

（二）按照建设哈尔滨都市经济圈卫星城市目标来规划定位

紧紧抓住我市被纳入哈尔滨都市经济圈的有利机遇，以承接哈尔滨经济辐射为重点，集聚人流、物流、资金流，会聚资源、区位、政策优势，实现借势兴业、借力发展。一是做到准确定位。就是把肇东定位为哈尔滨都市经济圈卫星城市，定位为哈尔滨后花园，定位为哈尔滨重点辐射区，真正使肇东融入哈尔滨一体化发展格局，切实把肇东打造成集居住、休闲、娱乐于一体的花园城市，成为哈尔滨一小时经济圈的重要卫星城市。二是搞好规划衔接。注重经济衔接，全力打造“一个核心区”，就是把我市打造成哈尔滨第三产业服务核心区；注重道路衔接，发展“两个连接带”，就是以哈大高速公路连接带和哈齐铁路客运专线连接带为牵动，进一步提高交通能力，切实把肇东和哈市紧紧地连接在一起；注重边界连接，建设“三个聚焦点”，就是加快建设我市与哈尔滨相毗邻的五站、东发和涝洲3个乡镇，聚集发展要素，聚焦发展目光，提升发展水平，使3个乡镇既是与哈市相融的结合点，更是我市加快发展的聚焦点。三是提高规划效能。围绕哈尔滨都市经济圈卫星城定位，落实相关措施推动，制定相关政策保障，进一步提高规划效能，做到高起点规划、高标准定位、高水平建设，真正实现与哈尔滨资源共享、市场共有、产业共兴。

（三）按照建设哈大齐工业走廊工业新城目标来规划定位

我们把哈大齐工业走廊肇东项目区纳入城市发展总体规划，作为城市工业新区来规划建设。一是突出省级龙头园区建设。作为哈大齐工业走廊5个重要节点城市之一，我市着眼于建设省级龙头产业园区目标，重点规划建设“千、百、十、一”4个“亿元工程”。所谓“千”，就是把开发区建设成为产值超过1000亿元的省级龙头产业园区；所谓“百”，就是把成达肉鸡屠宰加工、宝迪食品工业园、大庄园肉业加工、伊利乳品加工等项目打造成100亿元产业园；所谓“十”，就是重点在畜产品加工、乳品加工、石油化工、药品加工等行业建设一批产值超过10亿元的产业集群；所谓“一”，就是要把成福集团、汇丰兽药等10家企业打造成利税超过1亿元的骨干龙头企业。二是突出农业产业化特色。立足我市是典型农业县份、农业发展基础好、农牧资源优势明显的实际，把招引、建设农业产业化项目作为哈大齐工业走廊肇东项目区的一个发展方向，积极引进农业产业化龙头企业，大力发展农副产品精深加工业，促进农牧资源的转化增值，实现农民增收、工业增效、财政增长。三是突出项目承接。充分利用我市与哈市邻近的区位优势，紧紧抓住哈市产业转移、企业迁移的有利机遇，积极搞对接、抓融入，使哈市的一批转移产业、配套项目、外迁企业加快入驻我市开发区。四是突出滚动发展。遵循“总体规划、分区布局、基础先行、率先启动”的总体思路，突出滚动发展理念，采取“政府主导、企业经营、市场运作”的方式，做到启动区率先发展、核心区加快发展、规划区滚动发展，使项目区成为我市经济发展的增长区、产业培育的孵化区。

二、确定规划布局，建设组团城市

着眼城市战略发展，结合我市实际，我们确定了“块状布局”、“三段式组团”（东部的生态产业区、中部的商住集中区和西部的新型工业区）的城市布局形式。

（一）把哈齐铁路客运专线以东规划建设为生态产业区

结合铁东区人口稀少、相对偏僻且距铁路线较近，又有空地和发展空间的实际，在这一区域重点发展了“三大新兴生态产业”。一是发展了新型材料产业。以节约能源、清洁发展为主线，围绕生产新材料，重点发展了新型墙材和新型管材生产企业，在铁东区建有群译新型墙材制造有限公司、白蝶管业有限公司等新材料生产企业。二是发展了新型能源产业。在铁东区东南部规划建设了三个新能源项目，由中德环保科技股份公司投资2.5亿元建设的垃圾无害化处理发电项目、由中国华能公司建设的热电联产项目和由中粮生化能源（肇东）有限公司建设的秸秆酒精项目。三是发展了新型环保产业。重点规划建设总投资1.47亿元的城市综合污水处理厂和总投资6938万元的垃圾处理场。

（二）把哈大高速公路以西规划建设为新型工业区

根据城市发展需要和“城区内不再发展新的工业、现有企业要逐步迁出”的发展要求，我市加快把以哈大齐工业走廊项目区为主体的区域建设成发展新型工业的核心区。一是把开发区作为新城区来规划。把开发区建设作为城区的重要组成部分，将道路、给排水等项基础设施向开发区延伸，将绿化、亮化、美化等项建设向开发区倾斜，将电力、土地、环保、公安等项服务向开发区覆盖，为开发区发展成新城区拉开框架、打下基础。二是把开发区作为项目区来建设。通过抓项目区的基础设施建设、大项目建设和形象建设，有效地提升了项目区的承载功能。目前，已有内蒙古伊利集团、大连成达集团、天津宝迪集团等近30个全国知名大企业、大集团入驻。三是把开发区作为预留区来储备。把哈大齐工业走廊项目区作为城市发展预留土地，作为城市发展可用空间，作为承接产业、建设企业、发展商业的重要区块，为建设基础更好、规模更大、层次更高的现代城市提供土地空间储备。

（三）把哈齐铁路客运专线与哈大高速公路之间规划建设为商住集中区

按照资源密集、商贾云集、信息汇集的建设目标，通过集中式开发、连片式改造、市场化运营，把中间区域规划建设为集办公、居住、商贸、休闲、娱乐于一体的标准化、现代化商住区。一是实施基础设施完善工程。坚持以建设现代居住商贸区为目标，以全面加强基础设施建设为牵动，大力推进道路、给排水、绿化、美化等工程建设，使基础设施明显增强，居住环境明显改善，整体形象明显提升。在道路建设上，本着主干道拓宽升级、次干道配套延伸、背巷道硬化改造的原则，先后投入资金近2亿元，建设了铁路南跨线桥，构建了连接商住集中区与生态产业区的又一通道；打通了全长13.7公里的城市南北环路，新建、扩建白色路面30条33公里，新铺红砖巷道550条41万平方米，实现城区道路外环内连、纵横贯通、全部硬化，畅通了城区交通，方便了群众生产生活。在给排水管网建设上，坚持管线铺装与道路硬化改造同步推进，不断加大铺装力度，扩大覆盖范围，延伸网络触角，形成以哈齐客运专线为界的铁东、铁西两大循环系统的地下给排水网络。在绿化建设上，不断加大投入力度，逐渐扩大绿化覆盖面，逐年提高覆盖率，绿化的档次得到提升，增添了城市魅力。二是实施棚户区改造工程。先后改造棚户区20余万平方米，使近万名居民实现了乔迁新居的梦想。尤其是采取招商引资的办法，引进福建新亚集团投资3.6亿元，对正阳北六、七道街区域占地13万平方米的居民集中区域进行综合开发，成建制、大面积地改造棚户区，打造了对周边具有较大辐射集聚作用的商业区，形成了城市新亮点。三是实施新城区开发工程。按照布局功能化、设计科学化、建设标准化、管理规范化的思路，重点开发了以行政办公中心为主体的行政办公区块，以生态园和福和御园为主体的西北人文生态区块，以异地建设的市人民医院和第七中学为主体的现代综合服务区块，以规划建设的五星级酒店和天禹世纪城为主体的展望新区等四个区块。目前，新城区已经成为我市的行政中心、经济中心、居住中心，成为树立肇东新形象的窗口和示范区。

三、释放规划效能，打造品牌城市

通过三大主体功能区建设，全面释放了城市规划建设效应，完善了城市功能，树立了城市形象，打造了城市品牌。一是发展速度明显加快。几年来，在三大主体

功能区建设的牵动下，全市经济社会发展速度明显加快，地区生产总值、财政收入、固定资产投资等主要经济指标每年都以较快速度增长。2008年，全市地区生产总值实现200.3亿元，增长19.2%；全口径财政收入实现12.3亿元，增长25.5%；固定资产投资实现29.5亿元，增长30.5%。2008年在黑龙江省实现了经济总量、财政收入、粮食总产和跻身全国百强县“四个第一”。二是综合实力明显加强。城乡建设的全面加快推动了经济社会的全面进步，增强了经济社会的发展实力。我市现已发展为黑龙江省十强县、东北十强县、全国百强县，特别是我市继去年首次跻身全国县域经济百强县，排名第99位，成为黑龙江省唯一进入全国百强县行列县（市）后，在今年7月25日发布的第九届全国县域经济基本竞争力与科学发展评价结果中，我市一举跨越10位，位居第89位。三是发展环境明显改善。通过三大主体功能区的规划建设，极大地改善了城市的人居环境、投资环境和生态环境，为经济发展、外商投资和人民生活创造了优良环境。四是城市面貌明显改观。通过三大功能区的规划建设，城市面貌显著改观，城市形象显著提升。一批批外观典雅、环境优美的小区相继建成，一座座现代化、景观化的学校、医院、图书馆等公益设施相继落成，一条条宽阔平坦、四通八达的道路先后通车，一处处绿化广场、生态园林的投入使用，极大地提高了居民的生活水平、生活质量和幸福指数，一个天蓝地绿、水清城净、空气清新的生态城市勾画出来，一个绿树成荫、环境优美的现代城市展现出来，树立了城市的良好形象。

在今后的工作中，我们要按照新时期城市建设的总体要求，紧紧围绕建设宜居小区、现代新区、优美城区目标，进一步加大投入力度，进一步加大建设力度，进一步加大管理力度，努力把我市建设成投资与人居环境“双佳”城市，为建设和谐发达的新肇东而努力奋斗。

华东地区

上海市静安区城市建设与发展规划简介

上海市静安区副区长 徐孙庆

（2009年5月）

静安区位于上海市核心区域，周边与黄浦、卢湾、徐汇、长宁、普陀、闸北六区相邻，下辖5个街道，全区总面积7.59平方公里，常住人口约31万。

一、城区建设历史沿革

静安，得名于千年古刹静安寺，相传始建于三国孙吴赤乌年间，南宋嘉定九年（1216年）从吴淞江畔迁至现在所处位置（南京西路、华山路东北角），至今已逾790多年，早于上海建城。19世纪中叶，上海英租界跑马总会出资，强行越界辟筑一条从泥城浜（今西藏中路）到静安寺的跑马土道，取名涌泉路，亦称静安寺路，即后来被誉为“中华商业第一街”的南京西路。20世纪初期，随着租界的建立和市政建设的发展，娱乐设施不断兴盛，其中有被誉为“远东第一乐府”的百乐门舞厅和被誉为“远东最新型的艺术影宫”的美琪大戏院；同时，商铺兴旺、商业繁荣，涌现出静安鸿翔、亨生西服、正章洗染、凯司令食品等一大批著名的商铺，南京西路逐渐由宁静的马路演变为繁华的商街，成为当时上海最为高档的生活区和闹中取静的“西区十里洋场”。

之后，洋人、买办和富商纷纷在南京西路沿线争购土地，营造私园、住宅，大批具有各国建筑风格的花园洋房、新式公寓和石库门住宅在这里兴建，其中大部分集中在南京西路以南区域，如安徒生童话般美丽的马勒别墅，皇家宫殿般华贵惊艳的嘉道理住宅（今中福会少年宫），以及四明村、静安别墅、多福里等，构成了如今南部历史文化风貌区的主体。

与此同时，南京西路以北地区凭借苏州河水路交通的便利，一度成为外国资本家和民族工商业者的集聚区，工厂林立；同时因大量江浙两省移民的涌入，而成为工厂和棚户的集中区域。

由此，经过历史的演变，静安城区的空间布局逐步呈现出“一轴两翼”的形态格局：享有“中华商业第一街”之美誉的南京西路高品位商业商务街东西向贯穿静安中心区域，同时也是区域经济发展的黄金走廊；南部地区拥有众多优秀历史建筑和文化、文物古迹，具有深厚的历史文化底蕴；而北部地区，在改革开放前是棚户简屋、厂房的集中区域，经过改革开放30余年的大规模拆迁改造，已初步建设成环境优美的高品质居住区。

二、建设现状与发展规划

在20世纪90年代末，静安区人民政府在编制区域《控制性详细规划》时，明确提出了“一轴两翼、南留北改”的总体发展格局，并为静安的建设与发展制定了“双高”的目标，即“高品位商业商务区”和“高品质生活居住区”。

“一轴两翼、南留北改”总部格局明确后，区政府始终坚持规划先行，不断探索城区建设和发展之路，首先于2002年编制了《静安南京路发展规划》，明确了在新的时代发展背景下南京西路规划发展的目标、总体布局和实施战略，将南京西路划分为五个各具特色的功能板块；2003~2005年间，为加快南北两翼的发展进程，区政府又分别编制了《静安区北部住区规划》和《静安区街坊保护与更新规划》，以“南留北改”为总原则，分别对北部地区构建高品位居住区和南部地区实施保护与改造进行了前瞻性的规划研究。

近十年来，这片仅有7.59平方公里的土地释放出了惊人的能量，也带给人们无限的惊喜，“一轴两翼”的城区发展总体格局日益清晰地呈现在世人面前：南京西路“双高街”已初具形象，尤其是梅、泰、恒“金三角”的兴起使南京西路商务区成为全市最知名的顶级商务办公区之一；南北两翼的建设也取得了初步成果，北部地区建设完成多个现代化高档居住区，全面提升了我区的居住品质。

2007年1月，在中共上海市静安区第八届党代会上，区委、区政府又对静安今后城市发展的总体布局提出了“高起点、外向型、国际化”的发展思路，坚持双高战略，打造国际静安；同时，针对新的发展形势和区域竞争格局，进一步深化已有城区发展框架，提出了“一街五区、南改北建”的新布局。

1.“一街五区”

南京西路商业商务区的建设与发展始于改革开放后。新中国成立后，先是随着上海市政协、外办、侨办、中苏友好大厦等公共部门及建筑在沿线落址，静安南京路沿线很快成为上海重要的政务办公区和对外接待中心；改革开放之后，上海宾馆、希尔顿酒店、上海商城等一批高级酒店和商务办公楼的相继建成，使其成为20世纪80年代以来上海中心城区最为抢眼的国际化商务办公和宾馆接待区。自90年代以来，随着梅龙镇广场、恒隆广场、嘉里中心、四季酒店等一批国际化商业、办公、酒店的建设与开业，静安南京路地区开始跻身于国际大都市的中心城区之列。时至今日，南京西路"高品位商业商务区"已初具形象，成为聚集上海顶级办公楼、品牌购物广场、高档酒店、会展中心、服务式公寓的高级商务商业区。"楼宇经济"欣欣向荣，涌现出诸多单月税收超1亿元的"月亿楼"，尤其以梅龙镇广场、中信泰富广场和恒隆广场集聚形成的"金三角"已成为上海顶级的商务办公区。

但同时，南京西路商业商务区在整体发展态势上呈现出"中间高、两端低"的不平衡状态，区委、区政府也看到了仅靠"金三角"发展的局限性。因此，在原有南京西路发展规划的基础上，深化提出的"一街五区"概念，旨在加快高端楼宇经济由"静安寺—展览中心—梅泰恒"向东西两端的扩张，并改善石门路及协和城地区的商业氛围；增加餐饮、娱乐等业态，使商办相互交融、互为促进。在此过程中，规划明确了以石门路传媒产业区、梅泰恒高档商务购物区、会展中心高档商务会展区、静安寺文化商业区、协和城艺术时尚区五大功能板块为总体布局，将静安南京路打造成集国际性商务活动、高品级商业购物、时尚性生活消费和精致性城市景观于一体的城市中心，并重点发展咨询服务业、奢侈品产业、传媒创意产业、旅游服务业与教育服务业。

2008年，区委八届八次会议又开拓性地提出，要将南京西路地区建设成集聚上海顶级办公设施、跨国公司总部落户首选和高端现代服务业集群发展的"国际商务港"。这就更需要在空间上引导点状楼宇向楼宇集群发展，线状商务街向块状商务圈发展。

具体来讲，静安现有的楼宇经济主要靠"金三角"等一批建成商务楼的贡献，而随着时间的推移，其重心将逐渐向西、向静安寺地区目前在建的会德丰广场、越洋广场、嘉里城二期、1788号项目、东海广场等项目转移。该五大建设项目被誉为静安寺地区的"金五星"，集合了办公、会展、酒店、商场等多种功能，预计两年后初具规模。再往后，南京西路东、西两头，目前尚处于规划和设计阶段的大中里和协和城（二期）项目，将成为下届区政府楼宇经济新的增长区域；同时，随着该两项项目的落成，南京西路商业圈将在整体空间上得到充实，商业、商务功能将得到进一步地提升和完善。

2. “南改”

静安南部地区，面积约1.2平方公里。集中了大批历史文化风貌区，拥有一大片具有历史文化底蕴和保护价值的优秀历史建筑，体现了“海派文化”的神韵。现存历史建筑总量约92万平方米，其中花园住宅22万平方米，新式里弄40万平方米，公寓6万平方米。共涉及三个历史文化风貌区：愚园路历史文化风貌区、衡山路—复兴路历史文化风貌区和南京西路历史文化风貌区。其拥有的知名优秀历史保护建筑有：马勒别墅、上海展览中心、嘉道理住宅（市少年宫）、熊佛西楼、西摩会堂、华业公寓、涌泉坊、愚谷村、张家花园、静安别墅等。

众多的历史里弄民居，不仅反映了我们这座城市中西文化交融的性格特征，也因其承载的居民生活而反映出市民的社会特征，因而对里弄民居的保护日渐受到社会的重视。但是由于历史的原因，目前绝大多数里弄民居处于不合理的使用状态，超负荷使用、缺乏系统修缮，有些甚至连基本生活条件都得不到满足，亟待改善。然而，根据现有模糊的产权关系，根据相关法律法规和政策，政府又难以对其进行有效的改造和维护，从而使保护与更新的美好愿望陷入一种“消极保护”与“被动更新”的状态。

因此，“南改”的提出即针对南部历史文化风貌区，启动保护性改造，整体规划、分类推进优秀建筑和历史风貌街区的保护与更新，与完善商业商务功能和旧住区改造相结合，既通过科学方法保护和发挥里弄建筑的风貌特色，又通过功能置换促进历史文化的再生和持续发展，使土地资源、文化资源、环境资源和社会资源得到优化配置和价值提升。

2005年，市规划局从市级层面编制了中心城区《历史文化风貌区保护规划》；区政府从区域层面，加紧开展具体保护与更新的政策性研究。2008年，区规划部门选取了我区42号街坊张家花园作为研究对象，将“改造成什么”的形态规划逐步深入“如何进行改造”的政策研究层面上来，将保护历史文化风貌和改善居民实际生活居住条件作为并驾齐驱的马车，以功能置换实现历史文化风貌区的再生与可持续发展，通过资源的优化配置和价值提升来拉动南部历史街坊的保护与更新实践。该研究项目委托同济大学建筑与城市规划学院，通过问卷调查的方式，在了解居民是否愿意搬迁、是否愿将住房托管给政府经营、希望得到何种程度的经济补偿等意愿的基础上，有针对性地提出保护与更新对策，从而在有效保护历史文化风貌特色、保持城市活力的同时，切实维护好里弄居民的切身利益，实现社会和谐。当然，这是一个复杂的系统工程，从区政府到各相关职能部门，将继续按科学发展观的要求，不断探索与实践。

3．“北建”

静安北部地区在经过20世纪80~90年代大片旧区改造后，大片棚户、简屋得以拆除，大批工厂、库房得以搬迁，取而代之的是现代居住功能日益突出，生活环境不断完善，逐渐发展成中心城区的高档居住区。达安花园、国际丽都城、静鼎安邦、远中风华等一大批高档居住区先后建成，成为中心城区现代化高品质居住楼盘的典范。

“北建”的提出，旨在在原有“北改”的基础上，整合现有资源，提升北部地区的环境品质、功能配套、服务能级和区域形象。一方面，积极稳妥推进动迁改造工作，探索和谐动迁的新机制，按照高起点规划、高质量建设的要求，再建一批现代化住宅小区；另一方面，为了在当前金融危机的国际大背景下保持静安发展活力、挖掘新的经济增长点，区政府对北部地区的战略性功能进行整合和重塑，在居住功能以外，增强了配套型商务和生活型商业的功能定位，以苏州河滨河现代服务业集聚区、曹家渡商业商务副中心和中部地区三大规划和建设为支点，为静安北部地区的发展打造新的亮点和突破口，使其成为南京西路商业商务区的拓展和功能补充空间，形成强劲的、南北呼应的产业聚合力，成为静安在“世博”之后新的经济驱动点。

（1）苏州河滨河现代服务业集聚区——打造现代服务业发展新高地。

苏州河滨河现代服务业集聚区位于我区东北部，规划用地范围约25公顷。该地区目前是静安最大的成片旧里改造地区。规划在该区，通过沿大田路形成的南北向楔形绿地，将北侧苏州河与南侧雕塑公园等景观资源衔接成一个整体，并串联起沿线的办公、酒店、商业、娱乐、会务及历史遗迹等功能建筑；同时借助地铁13号线建设带来的契机，结合车站建设实现各地块之间的地下大连通，形成由地铁、地下商业、下沉式广场、地面建筑构筑的多层次立体化空间，使其成为北部地区城市面貌的新亮点和静安商业商务发展的新高地。

（2）曹家渡商业商务副中心建设——让“沪西小上海”重获活力。

曹家渡地区素有“沪西小上海”之称，是上海三个著名的五角地带之一，长期与徐家汇齐名，曾多次被规划为上海市区的副中心。20世纪90年代以后，随着大规模旧区改造的推进，曹家渡地区因沿街商铺的逐渐消失，而失去了原有繁华的商业地位与活力。为重新振兴曹家渡地区、重塑商业商务副中心形象，规划通过优化功能组合、塑造城市形象、整合空间环境、营造公共环境、重组交通规划等方式，使该地区成为一个功能综合、分区合理、尺度宜人、环境优美、具有活力的整体，打造市中心商业商务副中心的崭新形象。

（3）中部地区——“中部崛起”战略规划研究。

“中部崛起”是我区继曹家渡商业商务副中心和苏州河滨河现代服务业集聚区之后提出的又一个重点发展区域，借助地铁7号线即将建成通车所带来的人流和发展机遇，成为静安北部地区建设与发展的抓手之一。该区域一方面以推动103号、95-C等旧改地块改造为主力新建商业商务区，使其依托快捷的地铁交通，缩短与南京西路地区的心理距离，作为南京西路商务发展的扩展空间与场所，为大型跨国企业二线部门提供办公场所以及高档酒店式公寓；另一方面利用存量房资源开辟同乐坊、“800秀”等都市产业园区及休闲娱乐设施，丰富地区的服务功能及生活要素。

由此，由南京西路地区、南部历史文化风貌区、北部现代居住区及三个现代服务业拓展区，共同构筑了“一街五区，南改北建”的骨架与内涵，也成为静安城区建设与发展最浓缩、最形象的概括。

让城市建设成果更多地惠及广大市民

——淮安构建和谐城管的理念与实践

江苏省淮安市副市长 刘友超

（2009年4月）

一、淮安市的基本情况

淮安市地处黄淮平原、苏北腹地，是一代伟人周恩来的故乡、全国历史文化名城。现辖涟水、洪泽、金湖、盱眙4个县，清河、清浦、楚州、淮阴4个区，另有省级淮安经济开发区，总面积1.01万平方公里，总人口538万，城市化率达41.6%，中心城市建成区面积达100平方公里，人口100万。

淮安曾有过灿烂辉煌的昨天。距今约4万年，在我市的盱眙就出现了下草湾细石器文化；大约距今六七千年前，在楚州的青莲岗、盱眙的范家岗、市区的钵池山等地，居住着一批人口众多的氏族部落，创造了举世闻名的"青莲岗文化"。淮安城市的特点可以用五张"名片"来概括，即"文化名城、运河之都、伟人故里、美食之乡、生态家园"。

"文化名城"：淮安秦时置县，至今已有2200多年历史。淮安建城已有1600多年，一直没有移其位置。古淮安城构造独特，它由老城、新城、夹城三城相连而成，分别建于东晋初期、元末和明嘉靖年间，三城并列，气势雄伟，全国罕见，一直保持到解放初期，城墙、城门均无重大变化。历史上诞生过大军事家韩信、巾帼英雄梁红玉、《西游记》作者吴承恩、民族英雄关天培等，全市共有各级文物保护单位100多处。"运河之都"：在运河时代，被称为"南船北马、九省通衢"之地，明清时期是全国漕运指挥、漕船制造、漕粮储备转运、河道治理和淮北盐集散"五大中心"，康乾盛世时人口超过50万，与扬州、苏州、杭州并称为京杭大运河沿线

的“四大都市”，素有“襟吴带楚客多游，壮丽东南第一州”的美誉。“伟人故里”：周恩来总理诞生在淮安，并在淮安生活了12年，现存有周恩来故居、童年读书处和周恩来纪念馆等。“美食之乡”：淮安美食文化源远流长，是中国四大菜系之一的淮扬菜主要发源地，新中国开国第一宴就是选用的淮扬菜。2002年以来，已连续举办六届中国淮安淮扬菜美食文化节，全方位、多角度展示淮扬美食文化，有1300多种菜点香飘世界各地。“生态家园”：淮安有四条名河穿城而过，即京杭大运河、里运河、古淮河、盐河，形成独特的“四水穿城”的水城风貌，滨河生态环境优美，在城区形成了32公里长的里运河文化长廊、20多公里长的古淮河风光带，人均公共绿地达10.1平方米，绿地率达36.7%，绿化覆盖率为39.5%。我市在生态环境建设上的做法得到了国家建设部的充分肯定，先后在全国和国际性的专题大会上交流经验。

淮安有着悄然巨变的今天。改革开放以来，特别是“十五”以来，全市经济社会持续快速健康发展。已成为苏北交通枢纽，正在打造“南有昆山、北有淮安”的台资集聚高地。2008年，全市实现地区生产总值910亿元、财政收入170.5亿元、城镇居民人均可支配收入1.4万元、农民人均纯收入5700元，主要经济指标增幅都排在全省前三位。淮安经济社会的快速发展，也是城管效应的重要体现，在一定程度上得益于城市面貌的改善和投资环境的优化。五年来，加快实施“三淮一体”战略，中心城市建设累计完成投资580亿元，建成2400多个项目，在中心城市周边形成了89公里的高速环、500平方公里的城市控制区，拉开了特大城市框架。目前，已创成国家卫生城市、国家园林城市、江苏省文明城市，创建国家环保模范城市通过技术考核。

淮安正在创造前程似锦的明天。我市已进入工业化的起飞期、城市化的加速期和外向化的提升期。按照省委、省政府把淮安建成苏北重要中心城市的发展定位，加快实施中心城市“东扩南连、三城融合、五区联动”战略，大力推进“五大建设”，即“构筑大交通、培育大产业、发展大流通、繁荣大文化、开发大旅游”。2009年，中心城市建设计划投入243亿元。面向未来，我们正在进行城市总体规划修编，新的发展定位是：“国家历史文化名城、长三角北部地区重要的中心城市、交通枢纽和先进制造业基地。”到2015年，人口150万人、面积180平方公里，到2020年人口180万、面积216平方公里，到2030年，人口240万、面积283平方公里，形成“一主两副、三片多点”的空间格局。

二、淮安城市管理的发展历程

1.城市管理的内涵

城市规划、建设和管理，同是政府的重要职能，但规划和建设具有阶段性，而城市管理却是一个永恒的主题。目前，国内对城市管理没有形成统一的概念，但是可以从不同的角度去理解。

按照行政学理论：城市管理就是城市行政管理，其中，有广义和狭义之分。广义的城市管理就是指政府对城市的经济、社会、文化等各个领域事务的管理；狭义的城市管理就是政府对城市基础设施以及市容市貌的管理。

按照管理学理论：从管理职能的角度，把管理看做政府对城市各项公共事务进行计划、决策、执行、组织、指挥、服务、协调、监督等各项活动的过程。

按照政策学理论：城市管理就是政府制定和执行城市公共政策，并对城市公共政策执行过程和后果进行评估、监督和反馈的活动。

综上所述，虽然城市管理没有统一的概念，但是城市管理的目的就是使城市中一切因素，如人、物、设施等方面进行整体管理、协调发展，不发生根本冲突。具体对城市管理工作者来说，城市管理的目的，既是政府改善人居环境和投资环境，提升城市品位，树立城市形象的重要工作，又是改善市民生活方式，使其由陈规陋习、低级趣味向文明健康方式转变，这是政府职能部门在引导、规范、治理和服务上的具体体现。

2.淮安城市管理的发展历程

管理模式是城市发展历程和管理经验的总结，它有着共性与个性的统一。就个性而言，城市管理模式还取决于城市的文化、历史和区位、行政隶属等特质，因而每个城市管理过程都会形成别具一格的模式风格；就共性而言，现代城市不论其管理要素如何调整和优化，其管理过程的科学性、民主性都是共同原则，而其共同目的都是提高城市居民生活质量、促进城市管理与发展方式的现代化。

就淮安而言，城市管理的发展既有个性也有共性。从绩效看，淮安的城市管理经历了从脏乱差到整洁有序、从社会不满意到群众支持、从小城管到大城管的转变；从过程看，淮安的城市管理经历了：“无序的后果管理——规范的成因管理——和谐的长效管理”三个阶段。

第一，无序的后果管理阶段。就是把重点放在城市问题发生之后进行治理的城市管理思路，主要是在2002年之前。这一阶段存在的主要问题是：法制建设不配套，城市管理缺乏统一性、层次性和协作性。突出表现在管理层次混乱，多头执法，主体不明，职责不清。这就造成一些有城市管理职责的执法主体从本部门利益出发，有利可图的事争着管，无利可图的事互相推脱；而一些部门想管的事又无权去管，待问题成堆、群众反映强烈时，再迫使政府出面组织集中突击整治，而过后又无法巩固整治成果，形成了整治—回潮—再整治—再回潮的恶性循环，既降低了城市管理的效率，又严重损害了政府的形象。管理者与被管理者的矛盾十分突出，尽管城管局局长冲在一线，前赴后继，换了一任又一任，结果群众还是不满意，领导更不满意。如市委书记看到脏乱差的现象，经常在街上急得骂娘。市城管局在软环境评比中，连续两次被评为“三差单位”，当时的市城管局局长由市政府副秘书长兼任，面对这一情况，他含着眼泪说，“城管人睡得比狗还迟，起得比鸡还早”，虽然做了很多工作，也吃了不少苦，还是被免职。

第二，规范的成因管理阶段。就是把重点放在针对问题产生根源的城市管理思路上，主要是在2002年初至2007年6月份。针对当时的城管现状进行深入分析，并开展社会调查，发现问题的主要根源集中在四个方面：一是执法不规范，存在多头执法、重复处罚、无人管理的现象，这类矛盾约占20%。二是方式不当，实行简单、粗暴的强势管理，严管重罚，只堵不疏。当时，市民把城管队员的执法行为形象地描述为“三部曲”：即开口就骂、动手就打、上去就抢，这类矛盾约占40%。三是投入不足，人员编制少，机构不健全，从社会聘用了大量的协管员，这些人员的工资主要靠罚款解决，这类矛盾约占20%。四是体制不顺，各级职责不清，遇到问题，上下推诿，部门扯皮，这类矛盾约占20%。

因此，我们首先从转变观念入手，推行成因管理。在实施城市管理时，不仅需要突击式地治理不时发生的城市问题，而且需要深入治理问题产生的原因，不仅需要从发展方面控制城市问题发生的机制，而且需要从制度方面铲除城市问题产生的条件。重点抓好三个环节：一是理顺体制。确立了市、区、街道和社区的四级工作机制，合理划分了市、区两级执法、管理的权限和责任，进一步明确了各级清扫保洁的范围，建立完善的责任体系。特别是围绕“四城”创建，进行全城发动，全民参与，将城市管理的主体最大限度地扁平化，将各级的责任网络化。二是规范执法。2001年年底，我市在全省率先开展综合执法试点工作，整合市工商、公安、环保、市政、绿化、规划、交通等多部门的城管执法职能，成立了城管综合执法局，组建了强有力的城管执法队员，形成了集中、统一的城管执法机制。先后出台了市容管理、防违治违、“门前三包”等20多项管理制度，组织编写了近200万字的《城市管理规范》一书，并有针对性地开展了一些集中专项整治活动，经历了艰难的强行入轨过程，取得了显著成效。市城管综合执法局自成立以来，连续6年被评为全省城管行政执法工作先进集体和全市目标管理工作先进单位；2006年，在苏北五市中率先跨入全省城管创优优秀行列。三是整治环境。在规范管理的同时，以“四城”同创为主线，对照国家标准，梳理出100余项硬件设施指标，逐一实施到位。让广大市民切身感受到城市管理给他们带来了生活环境的改变。

第三，和谐的长效管理阶段。主要是在2007年7月份之后。在2007年3月份获得国家卫生城市之后，我们面临两大困惑：一是在思想上有松懈情绪，在管理中有反弹现象，如何保持长效管理，是我们所面对的现实而又严峻的课题。二是城管执法难，城管矛盾多，也是眼下中国各个城市普遍存在的现象。如何在中国进入矛盾凸显期的历史阶段，在城市化改造过程中，既能维护行政权力，又能融入和谐社会的理念，让更多的民众适应现代社会的要求？近年来，我们在这方面进行了有益的尝试，从2007年8月份开始实行长效综合考评制度，探索出长效的和谐管理模式，被业内专家称为“淮安城管现象”。

2007年9月份，全国第二届中小城市管理现场会在淮安召开；2008年10月份，在中国城市论坛北京峰会上，与杭州、武汉、青岛等6个城市，获得了“2008中国城市管理进步奖”。2009年年初，省人大部分代表和省政府法制办领导在视察淮安城管执法工作时，一位带队的领导连说了4个没想到：没想到淮安的城市如此整洁亮丽；没想到淮安城管执法队伍如此严格规范；没想到淮安亲民理念和谐城管如此深入人心；没想到淮安城市长效综合管理落实得如此之好。

“和谐城管”，说到底，就是坚持以民为本的城建城管理念，始终把群众满意作为工作的第一目标，把群众呼声作为第一信号，把群众意见作为第一财富；从群众最关心的热点、难点问题着手，努力优化城市的生态和人居环境，把人与自然的和谐作为城市管理、城市发展的优先战略。用城管局同志的话说：“过去为了城市管人民，现在为了人民管城市。”

三、淮安城市管理的主要做法

城管最大的难点在于长效管理，市民最反感的是运动式、突击式、应付式的城管管理方式。经过多年的不懈努力，淮安的城市管理跨越了三个台阶、实现了三个转变，在这一过程中，我们始终坚持“保洁全天候、管理无缝隙、责任全覆盖”，努力做到大街小巷一个样、白天晚上一个样、检查不检查一个样。

1.推行重心下移，建立长效管理体制

按照“市考核、区管理、街道落实、社区服务”的工作思路，推进重心下移，理顺城市管理体制。成立了淮安市城市长效综合管理委员会，设立办公室，地点在市城管局，作为日常工作机构。出台了《淮安市人民政府关于加强城市长效综合管理的意见》及配套办法，逐步建立起“统一领导、分级负责、以区为主、条块结合、综合管理”的长效综合管理新体制。现行管理体制主要包括三方面的内容：

一是市与区的职能划分。市城管局主要负责主城区五大广场、跨区道路市容秩序管理、户外广告和美化亮化、建筑垃圾管理、大型环卫项目建设等；区里主要负责清扫保洁和区管道路市容秩序管理、小区物业管理。另外，将原来分散在市城管、公安、交通、环保、卫生、市政、园林、民政、房管、水利、工商、文化等14个部门的17项城市管理职能，统一切块到各区政府，进一步强化了区级政府、街道、社区的块管职能，切实解决“看得见的管不到、管得到的看不见”问题。

二是经费保障。科学划分市、区城市管理的职权和任务，实现“权随事转、费随事转”。凡区级政府能够做到的事情，市有关部门应当全部交给区里管理，相应职权、经费同步划转到位，确保城市长效综合管理措施落实到位。从2007年7月份城管重心下移以后，对环卫人员工资和环卫作业经费全部由市财政承担，城管执法队员工资由市和主城区财政各承担一半，对以后的增加投入按照“市保基数，区保增长”的原则执行。今年仅人员和作业经费市财政就安排到区6500万元。

三是人员配备。目前，市城管局设综合执法支队，有89人，协管员120人；各区设综合执法大队，每区200人左右（含协管员）。市区共有环卫工人约3500人。这是专业的城管队伍。同时，我们建立了市、区、街道、社区城管工作网络，按照“多方联动、全民参与”的原则，整合各级、各有关部门力量，形成市区联动的大城管机制。就街道、社区而言，市区共有16个街道、133个社区，参与城管的人员约600人，另外还有1000名城管志愿者、123名社会各界考评专职人员。

2.加大硬件投入，打牢长效管理基础

城市是广大市民的家园，在强化管理的同时，我们也注重硬件建设，着力完善城市功能，提升城市品位，为广大市民创造一个便捷、舒适、优雅的生活、工作环境。

一是加快环卫基础设施建设。在城市化和城市现代化过程中，我市坚持环卫设施与其他基础设施同步规划、同步设计、同步建设、同步验收。几年来，累计投入资金5亿多元，建成了全省一流的生活垃圾、建筑垃圾和粪便、污水处理场，新建、改建各类公厕522座、垃圾中转站46座、农贸市场41个，更新环卫作业机械200多台套，建成了城郊结合部垃圾收运系统，有效地改善了城市环境，提升了城市功能，方便了群众生活。

二是综合整治居住环境。近年来，为改善大多数人群的居住环境，提高他们的生活质量，我们集中人力、财力，对城中村、城郊结合部和居民区、生活大院等人群聚集区进行综合整治，重点实施“双百”工程，每年综合治理100条街巷、100个生活大院，着力搞好道路硬化，小区建筑物整体出新，完善环卫设施和下水管网，绿化美化小区环境。先后改造2000多条背街小巷，整治生活大院近500个，整治城区河道和排水系统，基本做到汛期居民家中不进水、小区不积水、道路不漫水。通过几年的努力，我们已改造了95%以上的老城区道路，完成了所有老居民区整治，城市环境出现了晴天无灰尘、雨天无积水、出门硬路面、处处见花草的可喜变化。

3.坚持疏堵结合，激活长效管理主体

广大市民既是城市的主人，也理应成为城市管理的主体，而不是管理的对象。为此，我们在“城管为民”理念的指导下，注重处理好“脸皮”与“肚皮”、“繁荣”与“市容”、“法律”与“自律”三个关系，把人性化的政策和服务向他们倾斜，积极主动为他们搞好服务。

一是化堵为疏，真心关爱。以小商小贩为代表的自谋职业者，是城市中的弱势群体，他们靠摆摊设点维持生计，为社会提供了必要的服务，方便了群众生活。过去，对于流动摊点，我们经常采用堵截方式进行管理，但收效甚微，一些市民也常有不满，“你们把小摊赶跑了，我们豆浆油条也吃不上了。”现在，采取“分类疏导、分级服务、定时经营”的管理方式，在市区支干道和居民区等地段，合理规划设置摊点群、疏导点，并作为必要的公共产品来提供，把流动摊贩、沿街洗车点等进行相对集中到指定地点，实行统一管理、保洁经营。如今，城市整洁了，居民的生活也方便了，很多没有工作、生活拮据的人也有事干了。几年来，我市已累计解决了2万多人的就业谋生问题，使1万多个家庭的生活得到了保障。

二是精心培育，真诚扶持。管好小商小贩，在疏导的同时更需要精心培育，帮助扶持了“苏食放心早餐”、“好滋味放心晚餐”、“周三包子”等一大批新型服务企业，建成了10个洗车超市、5个美食广场、8个便民夜市，将原来分散在路边的车辆冲洗点、小吃摊点、流动菜贩引导到室内经营，培育了毛竹市场、花鸟市场、木材和钢材市场等专业市场。目前，苏食放心早餐点已发展到250多个，月销售额达200多万元，使300多名下岗职工实现了再就业。采用市场化运作的方式，筹集资金350多万元，向下岗失业人员、“4050”人员和零就业家庭免费赠送了800多辆统一

式样的便民自行车修理车、水果售货车、小吃烧烤车、修鞋柜和140多套大排档亭棚。还积极与市区医疗卫生单位开展共建活动，定期组织他们免费体检，建立健康档案。

三是文明管理，真情服务。开办淮安城市管理广播电台，设立城管热线电话、城管网站、便民服务台，24小时公开接受群众举报投诉和社会监督。推行“温馨告知卡”、“绩效跟踪卡”，对城管违规行为实行先告之、先教育、先纠正、首次违规不处罚的“三先一不”文明管理。建立了“城管110”快速反应机制，由执法队员、垃圾清运、粪便清掏、下水道疏通等专业人员组成的城管便民服务队，及时处理群众举报投诉的各种问题。针对市民的投诉，实行严格的首问负责制，并立卡建档，做到及时交办、督办、查办和反馈。几年来，受理群众投诉3000多起，基本做到“件件有着落、事事有回音”；同时，还吸纳群众意见、建议200多条，解决具体问题1000多个。由于渠道通畅、处理及时、措施到位，市民投诉逐年下降。用实际行动赢得了市民和社会各界的支持和赞誉，在创建国家卫生城市考核测评中，群众对城管工作的满意率达到97%以上。

4.强化激励措施，建立长效管理考评体系

考评工作在市城市管理委员会的统一领导下进行，由市城市管理委员会办公室具体组织实施，各区、各部门建立相应的考评组织，负责责任范围内的城市长效综合管理考评工作。具体工作体现在以下三个方面：

一是建立精细化的考核标准。根据国家卫生城市、环保模范城市、园林城市、文明城市、生态城市、宜居城市、健康城市和江苏省城市容貌、环卫作业等标准规范，以“精品”打造和“特色”创建活动为切入点，以规范化、标准化、制度化、精细化、长效化管理为着力点，将城市长效综合管理内容细化成17个方面内容，量化成70项具体指标，作为指导和评价城市管理的标尺。

二是实施严格的考核制度。由市城管委牵头，对各区城管情况实行日检查、月考核、季度观摩、半年兑现奖惩的措施。并邀请领导、专家、人大代表、政协委员、机关干部、新闻记者和社会各界人士，共同参与城市管理和点评，城管工作实现了专业管理与社会管理的良性互动。在上述综合督查考核的基础上，按照量化打分的结果兑现奖惩，形成激励导向型的城管新机制，推动城市管理走上长效化、社会化的和谐之路。

三是实行保证金制度。按照城市管理的职能分工，分层设定管理职责，建立健全责任保证金制度和考核奖惩机制。每年年初，各区政府和市城管委的14家牵头部门主要负责人都要缴纳城管责任保证金，一次性交到市财政专户。2个主城区各缴纳200万元，其他3个区各缴纳150万元，14个部门根据职能不同各缴纳3~5万元的保证金，共计908万元。考评满分为150分，其中，社会考评30分，市城管办考评120分。考核分为五个等次：得分在150~140分（含）之间的返还全额保证金，并按保证金的100%奖励；得分在140~130分（含）之间的返还全额保证金，并按保证金的80%奖励；得分在130~120分（含）之间的返还全额保证金，并按保证金的60%奖励；得分在120分~110分（含）之间的只返还全额保证金，不予奖励；得分在110分以下，扣除全额保证金的50%，进行处罚。

四、城市管理工作中的几点体会

近年来，我们在城市管理中进行了有益的探索，取得了明显的效果。正如中国城市科学研究会中小城市分会副秘书长罗亚蒙所说："淮安把城管动力从满足领导的面子切换到满足民生诉求上，使城管成为建设和谐社会的积极因子，为全国城市提供了一个经验范本。"

但是，我们也深深地感受到，城市管理是一个动态的、系统的工程。既不可能毕其功于一役，更不可能一劳永逸，需要长期不懈地努力。如在国家卫生城市两年一度的复核中，2008年杭州市就没有过关，我省苏南有的城市也被黄牌警告。由此可见，城市管理的最大难点是长效化。在多年的实践中我们有如下四点体会：

首先，领导重视是做好城市管理工作的前提。城市是"三分建、七分管"。但是实践中，我们有时候往往注重建设，而轻视管理，把建设当做硬任务，而把管理当做软任务来对待。城市管理面广量大，任务繁重，直接面对群众。做好城管工作，既需要自下而上的全民参与，更需要自上而下的行政推动，尤其需要各级领导特别是主要领导的重视。我们每个月的城管点评会，都强调要看到各区主要负责人在一线工作的镜头。正是有了各级领导的重视和支持，相关部门的步调一致和协同配合，才使城市管理实现了由突击型到长效型的转变。

其次，加大投入是做好城市管理工作的保障。淮安是一座快速发展中的城市，建成区面积不断扩大，城市管理的范围随之拓展。由于历史欠账较多，特别是城市基础设施相对落后，没有足够的经费投入，很难保障管理措施落实到位。一方面，投入项目是多样的，大到垃圾处理厂建设，小到公共厕所改造，每年年初都列入市委、市政府下达的城建重点项目任务中，进行考核。另一方面，在投入渠道上，每年市财政都要安排专项资金用于城市管理，仅环卫人员工资一项就达到5000万元，

占整个城市维护费的1/4；同时，采取市场化运作的方式筹集建设资金。

再次，以人为本是做好城市管理工作的关键。管理与被管理，始终是一对矛盾统一体。客观地说，城市管理必须要经历一个强行入轨的阵痛过程。但只有先疏后堵，才能让群众和谐入轨、自觉入轨、长久入轨。如果只堵不疏，只能流于“猫捉老鼠”的游戏，不仅达不到管理的效果，反而会恶化干群关系，激化社会矛盾。只有解决疏的问题，让弱势群体有了生路，让普通市民有了出路，城市管理才能真正赢得群众的理解、关心和支持，才能从源头上减轻堵的压力。我市在近年来的城市管理中，通过城市管理与文明创建的双重作用，把广大管理对象变为城市管理的参与者和拥护者，赋予城市管理长久的生命力。

最后，开展创建是做好城市管理工作的抓手。城市管理涉及千家万户，事关国计民生，没有任何捷径可走。要想实现面上工作的快速推进，只能以创建活动为抓手，以点带面、逐步推进。我市自2002年开展“四城”同创以来，始终把创建任务细化为城市管理的目标和要求，将各个阶段的创建活动转化为城市管理的实际效果，既优化了城市品质，提升了城市形象，又探索出了一些成功的城市管理经验和模式，也锻炼了城管工作队伍。可以说，整个创建的过程既是一场全民参与的攻坚战，也是一场全员发动的宣传战，对实现城市综合管理、长效管理、和谐管理起到了巨大的推动作用。

营造万亩生态片林　拓展城市绿色背景
——海宁市积极推进城市万亩生态防护林工程建设

浙江省海宁市市长 沈利农

（2009年10月）

海宁市地处浙江省北部，杭嘉湖平原南端，东距上海120公里，西与杭州接壤，下辖8个镇、4个街道、3个省级经济开发区，总面积700.5平方公里，户籍人口65万。至2008年年底，市区建成区面积28.7平方公里，城市人口16.7万。海宁是著名的“观潮胜地、皮革之都”。2008年，全市实现生产总值348.95亿元，人均7732美元；财政总收入43.96亿元，其中地方财政收入21.39亿元；城镇居民人均可支配收入和农民人均纯收入分别达到23080元和11577元。

城市绿化建设是城市现代化建设的重要组成部分，在促进城市可持续发展中发挥着重要的作用。应该说，海宁历届党委政府对城市绿化建设十分重视，城区绿化得到快速的发展，截至2008年年底，建成区绿化覆盖率、绿地率分别达到41.55%和35.98%，人均公园绿地面积达到10.91平方米，是浙江省园林城市，今年正在积极争创国家园林城市。但是，随着城市的快速发展，城市人口日趋集中，市民对居住的环境要求也越来越高。基于这个因素，按照科学发展观的要求和打造“宜居”城市的理念，我市在新一轮城市建设中，结合海宁实际，提出了“一片森林两个湖，三座青山四面富，五个中心一线牵，示范新城山水连”的构思，并于2003年启动了“一片森林”即城市万亩生态防护林工程建设。

一、城市万亩生态防护林工程的基本概况

城市万亩生态防护林工程，是指我市在城市规划区周边城郊结合部，根据城市建设发展需要而规划建设的组团式片状生态林地。该工程是以改善城市生活和生产环境、提高城市的绿化面积为目的，通过土地流转、市场化、社会化造林和财政贴

补等办法建设的总面积达一万余亩的生态林地。

整个工程自2002年3月开始编制规划、划定区块，2003年4月正式启动工程造林。工程主要分布在海宁市区外围东南西北四个方向，包括城东森林公园工程2200亩，城南白石桥防护林工程3500亩、城西金龙防护林工程2050亩和城北长山河两岸防护林工程2500亩。整个工程根据生态功能区建设理论，运用现代园林的生态规划和工程造林的方法，共种植树木1000多万株，以常绿阔叶树为主、落叶树为辅，树种上百种，被列为生态环境建设重点项目。

二、营造城市万亩生态防护林工程的意义

推进城市万亩生态防护林工程建设，是改善城市环境质量、提高城市品位、增强城市综合调控能力的重要生态设施，同时也是展示城市形象的主要窗口和提高城市综合竞争力的重要内容。

一是具有改善城市生态的功能。城市万亩片林对保持水土、调节气候、净化空气、防风固沙、养护物种，保障和改善城市的生态环境具有不可替代的作用。据测算，森林吸附粉尘的能力比裸露的土地强75倍，通常1公顷榉树林1年可吸附8吨粉尘；1公顷阔叶林在生长季节1天可以消耗1吨二氧化碳，放出0.73吨氧气。当城市周围包括农田山林的绿色面积是城市面积的10倍时，可以保持氧平衡。建立以乔木为主的万亩片林，即使在静风的条件下，也能产生林源风，带动城内外的能量交换。

二是具有带动产业发展的功能。城市万亩生态防护林工程在打造城市“绿化储备库”，为城市扩展提供生态保障的同时，实质也是农业产业结构调整的一项重要举措，它所提供的高质量、多样性的绿化商品苗木，极大地丰富了我市的苗木产业资源，对我市的苗木产业发展起到了积极的引导和示范作用，进一步提高了海宁苗木的市场知名度。

三是具有塑造城市形象的功能。城市风貌和城市环境是现代城市文明的两个重要组成部分，而城市绿化又是城市风貌和城市环境的核心。通过城市万亩生态防护林工程建设，带动了城市道路和城市骨架向城郊延伸，扩展了城市发展空间，为城市建设带来新的开发前景，也为市民提供更多贴近自然的休闲游憩场所和减灾防灾空间；同时，城市独特的园林与毗邻城郊万亩片林粗犷的绿色互相交融，赋予了城市新的活力与生机。

四是具有投资保值、增值的功能。城市万亩生态防护林所具备的种种功能以及其本身作为产品的性质，均使其具有很高的价值。这几年我市在城市园林建设中所

需的苗木，不少都是从中移植的，有效节约了城市开发的成本；同时，它作为政府的不动产，随着时间而增值，是一种潜在的城市投资方式。例如，在城市绿化迫切需要立地成景的大规格苗木的今天，大树供需缺口不断加大，一些城市不惜工本远道采购，但很多采自山里的大树修剪断头后，观赏效果不尽如人意，且需要几年后才能恢复生机。看准这一市场商机，我市在杨汇桥大树区块建立了全国最大的乡土植物苗圃基地，储备大规格乡土树种一万余株。

三、推进城市万亩生态防护林工程的主要做法

建设公益性质的城市防护林，重点和难点主要集中在规划、土地、资金和运作四个方面。针对这些问题，我市在学习其他地区先进经验做法的基础上，积极创新工作思路，探索出了一条符合海宁实际的发展道路。目前来看，实施效果总体比较理想。

一是在规划方面，引入“森林围城”理念。应该说，我市对城市园林绿化建设的认识经历了不断探索深化的过程，特别是进入21世纪以后，随着城市化的不断推进和对科学发展观认识的不断加深，我们深刻认识到，城区绿化虽然也解决生态问题，但主要侧重于美化城市景观，而对于整个城市大生态的作用不是特别明显，要从根本上改善城市环境，必须建设城市的“绿肺”，而大面积地建设城市防护林，无疑是最好的选择。因此，我市在新一轮修编城市规划过程中，更加突出人与自然的和谐，更加注重促进可持续发展，开始从集中在建成区的内部绿化美化向建立城乡一体的城市森林生态系统的转变，以“城市万亩生态防护林”工程为切入点，在城市外围以组团式片状林为主要形式，大规模推进城市森林建设，逐步构筑起以万亩片林为主体的城市生态系统，有效增加了城市环境容量，逐步改善了城市环境质量。

二是在土地方面，探索“租地造林”的理念。对于城市万亩生态防护林建设，我们改变以往“征地造林”的办法，而是通过租用农民土地来解决。对于城市万亩生态防护林所需土地，我市采取三个层次流转的方式得以实现。第一个层次是把规划区内分散的农民承包地使用权流转到村经济合作社；第二个层次是把村经济合作社集中的土地使用权流转到海宁市森立绿化工程有限公司（园林管理局下属国有企业）；第三个层次是森立公司再通过招标，将其流转到苗木经营户。这种运作方式：一是避免了土地征用的繁杂手续，明显加快了建设速度；二是通过招标引进技术来建设片林，使土地的产出率和绿化效果大大提高；三是租地绿化成本大大低于征地绿

化，按照我市目前土地使用权流转的市场行情，我市每年每亩按500元的数额，以育林补助费的形式，付给农户，承包期28年，政府每年仅需投入500多万元，当地农民也可得到稳定的补偿费，最终达到政府要生态、经营者要效益、农民要收入的目的，实现生态效益、社会效益与经济效益并举。截至目前，通过这种方式，已实现12个村、10253亩土地的顺利流转。所流转的土地中有4000亩由市城投公司出资，市园林局负责建设，其余6000多亩通过招租形式交由投资者经营。目前，已总计投入资金1.5亿元，其中财政资金约3000万元，城投公司2200万元，投资者9800万元。

三是在资金方面，采用“多元筹资”的理念。资金缺乏一直是制约城市绿化发展的重要因素。在推进城市万亩生态防护林建设过程中，我们打破了过去一直由政府投资的传统绿化机制，充分引入市场机制，积极探索从政府单一投资向多元投资转变的途径。其投资主体既有国家，又有企业和专业大户；既有本地投资者，又有外地投资者，充分动员全社会参与，形成了城市发展、生态建设、资金筹集的良性循环，从而切实减轻了财政投资压力，政府每年仅需投入500多万元的育林补助费。而按以往的城市造林思路和目前的大致标准，以 1 万亩计算，征地费用数以亿计，造林费用按防护林标准计算也需要10亿元，养护费用按 3 类标准计算每年需1000多万元。显然，与政府每年支出约500万元的育林补助费不具有可比性，对财政的压力降到了最低程度。在具体操作过程中，土地使用权流转到森立公司后，由森立公司通过招租，将这些土地以不收费但附加按质按期完成预定营造城市防护林任务的形式，发包给各市场主体。各市场主体可在完成营造城市防护林任务的同时，以育苗等形式取得其他收益。合同明确，承包期为10年，承包期满后每亩防护林的郁闭度必须达到60%以上，树龄12年以上，并对树木的种植规格、品种、数量、施工的组织、阶段性验收标准、树木采伐、违约处罚等相关事项进行全方位限定。森立公司按承包合同约定，负责日常监督及阶段性验收工作。经过统一发包，这些土地已分别承包给31个种植大户，平均每户经营林地330亩以上，基本达到规模化种植。在经济利益的驱使下，这些市场主体依靠林苗间作形式来寻求盈利，通过聘请技术人员等多种渠道，努力增强自己的技术力量，使种植质量和管理水平不断提高。10年承包期满后，所有留存的苗木归国有公司所有，纳入城市绿化管理范畴，财政确保养护经费。

四是在运作方面，突出“产业经营”的理念。近年来，我们在推进经济社会发展的进程中，一方面，坚持产业发展服从和服务于生态建设，大力促进产业生态化，积极推进工业企业和工业园区的生态化建设和改造，努力打造环境优美、节能环保的生态型企业和产业园区；另一方面，我们也十分注重大力发展森林旅游等产业，努力实现生态产业化，依靠城市万亩生态防护林资源优势打造了一批精品生态旅游线路。如我们在城东的片林区块，设立了占地2200亩的城东森林公园，总投资2400万元，规划设计以造景为主，结合静态观赏和林中活动、水上活动的周末度假性质的森林公园。目前，一期工程已顺利竣工并通过种植验收。

四、实施城市万亩生态防护林工程的经验体会

在这几年城市万亩生态防护林推进过程中，我们深刻感受到要把这项工作真正办好，必须兼顾政府、群众、企业三者的利益。

（一）政府可承受是前提

尽管海宁目前的经济综合实力有了比较大的提升，2008年地方财政收入已经达到21.39亿元，但是全市方方面面要求享受公共财政阳光雨露的呼声都很高，政府每年要办的事情都很多，有限的财政资金在实际运作中总是感到捉襟见肘。因此，在推进城市万亩生态防护林工程建设时，我们必须要充分考虑到政府财政的可承受度，这是前提。在实际操作过程中，我们一方面改“征地造林”为“租地造林”，节约了大量资金，切实减轻了政府财政的压力；另一方面，积极引入市场机制，采取多元投资的资金运作模式，充分发挥财政资金的“杠杆”效应，使有限的财政资金真正起到“四两拨千斤”的作用，有效缓解了政府建设资金的紧张局面。

（二）群众得实惠是基础

我们做任何一项工作，如果离开了人民群众的支持和参与，都是没办法搞成功的，城市万亩生态防护林工程也是一样，在实施过程中必须要充分顾及群众的利益，努力让群众得实惠。一方面，这是工程顺利推进的需要；另一方面，这是政府应尽之责。从城市万亩生态防护林工程我市的实际运作情况看，由于我们采用了租地形式，对于土地使用权流转出来的农民而言，不需要直接从事农业生产，即可每年得到政府500元/亩的育林补偿费，收益稳定；同时，农民从直接经营土地上解放出来，可向其他产业转移，增加了收益机会。因此，这项工作从一开始就得到了广大群众的支持和拥护。

（三）市场有积极性是关键

在市场化运作过程中，一定要充分调动各市场主体的积极性，而要调动各市场主体的积极性除了政府不收取任何费用外，关键是要给予他们一定的自主权，允许

其依靠土地的综合利用，通过育苗等形式取得其他收益。正是有了这些政策，承担城市防护林建设的苗木承包户才能在“无偿”给政府造林的同时，使自己得到较为丰厚的收入。应该说，从这几年实际运作下来的情况看，绝大多数苗木承包户每年的收益都比较稳定，积极性也比较高。

坚持科学发展　打造安徽名城

安徽省桐城市市委常委、副市长 李红

（2009年10月）

桐城于1996年经国务院批准撤县建市，是省级历史文化名城，现辖12个镇2个街道办事处和一个省级经济开发区，市域总人口75万，国土面积1571平方公里。改革开放以来，特别是近10年来，随着政府建设资金的不断投入，桐城市城市规划、建设管理工作取得了长足的进步。为加快我市城市建设步伐，充分发挥城市现代化建设在区域城市化、新型工业化和经济一体化发展中的功能作用，为经济社会又好又快发展营造良好环境，我市将进一步牢固树立科学发展观，更新发展理念，强化工作举措，依法、科学、有序地保障城市规划、建设管理目标的实现。

一、坚持科学定位，规划好城市

城市建设要出品位必须要有超前的远景意识，为此，我们按照科学发展观和《中华人民共和国城乡规划法》要求，把建设资源节约型、环境友好型城市放在突出位置，立足于完善基础设施、改善群众生活条件、提高群众生活质量、营造优美生态环境，注重宜居生态特色和整体形象效果，高立意、高起点、高标准地狠抓城市规划工作。一是从“面”上入手，抓好城市总体规划。2003年我们聘请了上海规划设计院对我市总体规划进行了新一轮修编，到2020年我市城市总体规划面积将达到30平方公里，城市人口28万，城市性质为国家历史文化、工贸结合发展的山水园林城市。二是从“块”上切题，抓好局部详规设计。在城市总体规划的指导下，2006年我市修编了城市近期建设规划（2006—2010年），城市规划面积20平方公里，城市人口19万。为加强城市规划的具体落实，我们加强了总体规划指导的城市控制性规划的编制工作，逐步完成了城区《桐城市西城区控制性详细规划》、《桐

城市西南片区控规》、《桐城市东北片区控规》、《桐城市东南片区控规》、《桐城市木孟山片区控规》和《桐城市经济开发区控制性详细规划》。城市近期建设用地范围控规覆盖率达到100%。三是从“点”上把关，抓好景点工程规划。在抓好城市总体规划、城市局部规划编制的同时，我们从建筑材料、外观造型、色彩协调和绿地建设等方面入手，高标准、严要求地把好每一条道路、每一处景观、每一座建筑的规划设计，最大限度地彰显现代文都的魅力和桐城的地方特色。

在城市规划管理过程中，我们严格按照“先规划、后计划、先规划、后土地”的原则把好建设项目用地规划指标关，运用科学的城市管理手段加大城市规划、城市建设管理力度。继续充实完善和发挥规划专家委员会的重要作用加快城市规划决策民主化、科学化、规范化进程，同时充分利用电视、广播、宣传栏等多种形式广泛地向广大市民大力宣传城市规划、土地、建设法律法规及城市文明公约，进一步加大城市规划，建设管理的公开、公示制度，发动全社会监督城市规划、建设的执行，建立完善的举报、投诉和依法跟踪查处制度，保障城市规划和建设科学、高效、有序。

二、打造重点工程，建设好城市

一是突出道路基础设施建设。道路是城市的骨架，近几年来，桐城市以道路建设为重点，不断完善城市基础设施，构筑城市发展大框架。相继拉通了文昌路及羊子西路，对乌石路、海峰路东段、盛唐中路、红星路、沙塘路实施了改造，完成南山路、盛唐南路建设。并相应建设了给排水、绿化等道路配套设施。望溪路、和平路的交付使用，初步建成了南通北畅、东连西达的城市道路网络。2010年计划建成望溪东路下穿铁路桥、和平路上穿跨铁路桥，连同同康路（206国道），真正形成我市内环框架，伴随着盛唐路、龙眠路、龙腾路、南山桥以及同安路的建成，届时我市交通路网将基本完善。二是注重城市绿化建设。为营造良好的绿化环境，我们投入了大量资金建成盛唐广场、龙安广场，改造日华广场，扶持开发企业以提升绿化、休闲、娱乐水平，给市民提供了环境优美的休闲娱乐空间。目前我市在建的还有近郊公园、滨河公园，政府投资近1亿元，占地面积近500亩。这些工程建成，不仅提升了城市档次，也受到了市民的广泛好评。三是完善城市配套设施建设。大力实施好城市洁净工程，科学规划、合理布点，搞好垃圾转运站建设，逐步解决垃圾对城市的污染问题；抓好城市排污管网工程建设，不断提高排污能力；搞好城市的水、电、信、路、文化等公共设施建设，新建二水厂反应池，改造和新建了供水管网，成立了“桐城市安桐公交公司”，淘汰了污染大，形象差的小公交车，新运行大公交车系统，成立了路灯管理所，新建和改造80条主干道和背街小巷的灯饰，架设路灯1500多盏，亮化道路30多公里，市区背街小巷照明覆盖率达到90%以上。

在城市建设过程中，我们一方面为突出城市品位，大力推广新设计、新标准、新工艺、新技术，提高了城市建设的科技含量。另一方面把可持续发展融入了城市建设之中，对旧城区改造，坚持环境效益、社会效益、经济效益的统一，正确处理好了新与旧、保护与建设的关系，避免了超强度、高密度地开发。为充分彰显桐城的山水、人文和历史文化特色，我们对穿城而过的龙眠河实施综合整治，先后完成一、二期工程，精心设计塑造了富有桐城地方特色的城市景观，再现了桐城山水相依的古城旧貌。

三、构建长效机制，管理好城市

城市要出精品，重点在建设，最终要管好。从某种意义上讲，管理比建设还重要。一是理顺城市建设管理机制，按照统一领导、分工负责、分级管理的原则和科学有序、协调高效的要求，积极推行“分片、分段、定人、定岗、定责”的城市建设管理机制，做到责任明确，任务到人。不断建立健全城市建设管理规章制度，做到有法可依，严格按法定范围、法定程序、法定权限进行文明执法。二是建立城市建设管理的组织协调机制，加强与土地、执法、环保等各职能部门之间的联系，建立迅捷高效的联动机制，充分整合各个职能部门的资源，大力实施城市美化、绿化、亮化、净化、秩序化等工程，打造出道路畅通、市容整洁、环境优美、空气清新的魅力宜居型城市，不断改善城市面貌，提高城市承载力。三是突出对我市规划建设管理中存在的热点、难点问题实施全程有效的重点监督并做到及时督促落实反馈。

彰显红色故都特性　打造瑞金城市形象

江西省瑞金市市长 傅春荣

（2009年10月）

瑞金位于江西省东南边陲、武夷山脉西麓、赣江源头，唐天祐元年（公元904年）置瑞金监，因“掘地得金、金为瑞”故名瑞金，五代南唐保大十一年（公元953年）升监为县。1994年5月18日撤县设市。瑞金是闻名中外的红色故都、共和国摇篮、中央红军长征出发地，全市国土面积2448平方公里；辖17个乡镇、223个行政村、14个居委会，人口64万。

近年来，瑞金紧紧围绕建设具有浓郁红色历史文化氛围、现代化山水田园风光的新瑞金、赣南东部和赣闽边际区域中心城市、美丽的江西“窗口”的发展定位，坚持“以人为本、科学规划、经营城市、依法管理、和谐发展”的工作理念，按照“城市建设与城市规划并重，城市建设与城市管理并举，新区扩张与旧城改造同步，地上功能与地下设施协调，现代城市文明气息与历史文化氛围兼顾”的总体要求，严规划、重建设、强管理、提品位，全面打造红色故都整体形象，具有浓郁红色历史文化氛围和现代化山水田园风光的中等城市初具规模。

——中等城市框架基本形成。城市建成区面积拓展到18.26平方公里，城市人口16.5万，城镇化率33.34%。构筑了六横六纵城市道路网架，推动形成 “一心（中心城区）两轴（以323、319国道为轴线，以206国道为轴线）”的空间发展形态，一个“内部成网、外围成环、辐射四周”的中等城市框架基本形成。

——红色故都特性不断彰显。城市红色主色调得到强化，按修旧如旧的原则修复了40多个中央机关和国家部委旧址，建设了中华苏维埃共和国历史纪念园及中央革命根据地历史博物馆等一批具有红色文化元素的标志性工程，完成了“四塔（龙珠塔、鹏图塔、龙峰塔、凤鸣塔）一桥（双清桥）”等历史文化街区、历史文物维修工程，人文历史氛围更为浓厚，城市特色更为鲜明，已成为全国著名的红色旅游目的地。

——城市承载功能日臻完善。交汇于城市的206、323和319国道完成提级改造，赣龙铁路、瑞赣高速竣工通车，鹰瑞、瑞寻、隘瑞高速公路全线动工，将于2011年前全部建成通车，鹰潭-瑞金-汕头铁路进入国家中长期建设规划，届时瑞金将形成双“十”字枢纽型铁路网和高速公路网。形成以500千伏电网为主电网，以220千伏为电源中心的供电布局，同时日供10万吨自来水蓄水工程、城市生活污水处理厂等重点项目即将建成。

——绿色生态建设加快推进。大力实施造林绿化工程，形成点、线、带、面互为映衬，花、草、树、木本土化，布局合理、步移景异的绿化景观。目前，全市人均公共绿化面积7.8平方米，城市绿化覆盖率达35%，森林覆盖率达73.4%，城区公共绿地面积正以每年4万平方米的速度递增，瑞金正向一个“生态共享、和谐共生、宜居创业”的城市阔步迈进。

一、主要做法

（一）在城市规划上，坚持规划先行的原则，加大规划投入，严格规划执行，引领城市科学发展。牢固树立“规划是龙头、规划是财富、规划是灵魂”的城市建设理念，围绕城市的发展定位，发挥规划在城市发展中的科学调控作用，制定前瞻性、综合性的规划，确保城市发展有序推进。

1.加大投入，完善规划体系

城市建设，规划先行。近年来，我市投入1000多万元，聘请专业机构，组织编制规划50多项，完成第四轮城市总体规划修编、历史文化名城保护规划、罗汉岩风景名胜区总体规划、工业园区承接产业转移规划及商业、教育、消防、环卫设施、排水系统等专项规划，新增控制性详细规划面积6.6平方公里、修建性详细规划面积0.8平方公里、道路景观规划面积1.2平方公里。目前，我市已形成总规、详规、修规、单规等相配套的规划体系，为城市的科学发展奠定了坚实的基础。

2.创新机制，提高规划质量

对重点工程、标志性工程、重要地段和较大规模的生活区以及城市雕塑的规划设计，鼓励和引进有资质的规划设计单位参与竞争，先后邀请省城乡规划设计院、江西师大规划设计院、浙江大学规划设计院等多家单位前来考察指导及参与规划方案评审会议，提高了规划设计水平。发挥由规划专业人员、公务人员、社会人士各

三分之一组成瑞金市规划委员会作用，严格项目规划评审，建立规划批前、批中、批后公示制度和外聘专家远程服务技术评审制度，形成“专家咨询、部门负责、群众参与、集体研究”的决策机制。

3.严格执行，维护规划刚性

坚持规划一张图，审批一支笔，建设一盘棋，维护规划管理的严肃性、权威性和连续性。积极发挥由市人大代表、市政协委员和规划专业人员参加的城市规划监督委员会作用，建立规划联审制和建筑工程联验制，从源头上防止违反规划行为发生。坚持采取联合执法的形式，对城市建设项目规划执行情况进行动态管理，依法严厉打击私下土地交易、私下房地产开发行为。2008年，我市就督促项目业主及时增补绿化面积5000平方米，拆除违章建筑9000平方米。

（二）在城市建设上，把握彰显特色的导向，以市政重点工程项目为载体，创建宜居创业环境，提高城市品位。围绕打造国内外著名的红色旅游名城，注重继承城市传统风格、保护历史文化风貌，塑造城市特色和个性，努力建设时代精神与历史文脉、城市发展与产业繁荣有机结合的新型城市。

1.营造红色氛围，彰显历史特色

根据我市特有的红色历史，建设具有红色文化元素的标志性建筑，先后建设和改造了中华苏维埃共和国历史纪念园、中央革命根据地历史博物馆、革命烈士馆等项目；全面完善了集中反映红色历史的叶坪、沙洲坝红色旅游景区、军委旧址群。精心设计并高标准改造了三个城区入口，在各个入境口以及红色景区口建成了红色历史标牌门。把红色确定为瑞金的主色调，对红都大道、龙珠路等主要街道街景按红色景观要求进行了改造，建成了绵江大桥等一批红色色调的建筑物。从“一苏大”会址、“二苏大”会址、红井等红都历史建筑图案中变形、抽象出城市标志形象，广泛用于雕塑、公交候车亭、路灯等城市公共设施，延伸人们对瑞金的历史记忆。加大人文历史古迹保护力度，修复了龙珠塔、鹏图塔、龙峰塔、凤鸣塔和双清桥等“四塔一桥”历史建筑。

2.完善城市功能，彰显时代特色

我市每年实施的市政重点工程项目保持在20个以上，总投入超过2.5亿元，完善了城市水、电、路、气等功能，夯实了建设中等城市基础。扎实推进城市路网建设，全面完成红都大道、绵江北路、金龙大道等12条道路，正在兴建红都大道东延、绵水北路、金二路等10条道路。建成22千伏电站，正在兴建日供10万吨自来水蓄水工程、污水处理厂、垃圾无公害处理场项目；引进深燃集团建成管道天然气工程，成为赣州市首个开通管道天然气的县级城市，管道燃气用户已发展到5000户。组团推进城区开发，高标准、高品位、高质量建设精品楼盘，实行多层与高层相结合，新建成阳光瑞景、锦绣花园、奥克兰花园、洪瑞苑等精品住宅小区。创优舒适宜人的城市环境，建成了红都广场、时代广场、博物馆广场等多个市民休闲广场。

3.建造绿色景观，彰显生态特色

充分发挥我市生态环境好的优势，积极创造人与自然生态环境和谐共存的城市空间。结合实施造林绿化“一大四小”工程，坚持城市建设不砍树、不推山、不填塘，实行见缝插绿、拆墙透绿、拆违补绿、生态增绿，大力提高城市绿化水平，2008年以来，新增绿地面积达13.8公顷，绿地面积达105.6公顷，新建叶坪4A级旅游景区、滨江公园、龙珠公园、纪念园、军委景观园、坞石下生态公园6个公园，建成金都大道、公园路绿化示范街，红都广场绿化带、石头背转盘、323转盘、中山路转盘等城市绿色景观，加快形成“城在林中、路在绿中、房在园中”的城市生态建设格局；同时，加强污染防治，依法关停取缔了晨鸣纸业、大柏地炼铜厂等5家违法排污企业。

（三）在城市经营管理上，遵循创新发展的要求，强化科学管理，创新体制机制，激发城市活力。

坚持以科学的理念、科学的手段经营管理城市，提高以城养城、以城建城、以城兴城的工作水平，增添城市活力，促进城市可持续发展。

1.创新城市管理体制机制，促进城市管理科学和谐

切实改变以往管理职能分散、执法交叉、建管脱节等问题，于2006年组建了城市管理局，把原分散在建设、供电、工商、城管等单位的环卫、园林绿化、路灯、市场物业、市政设施养护等职能全部划转城管局，构建了大城管格局。建立了“城管委、包片责任机关单位、社区”三级工作责任网络，实现管理工作主体由“单一主体”向“多家主体”转变，形成主管单位牵头、部门密切配合、市民共同参与的长效管理机制。把以人为本的理念贯穿到城市管理的各个领域，特别是对“路边摊”这一城市管理“痼疾”，按照便民、利民、疏堵结合的原则，采取分类疏导、分级服务、定时经营，合理规划设置摊点群，把流动摊点、夜市摊点、洗车点等相对集中到指定地点，实行统一管理、保洁经营，先后规划建设了沿江路、红都广场、金都大道等多个小吃广场。实行管养分离的管理方式，将原由财政负担政府部门作业的城市道路清扫保洁、园林绿化设施养护、建筑物“牛皮癣”清理等全部推向市场，由专业保洁（养护）公司进行作业，提高了市政设施管护水平。

2.创新投融资体制机制，破解城市建设投入难题

组建并以国有资产经营公司、城市发展投资公司为平台，建立银行贷款、民间融资、资产抵押、信托融资等多层次融通建设资金机制。近几年来，通过用信用换信贷，用存量换增量的方式，盘活资金3.25亿元，争取银行贷款1.687亿元，激活民间资本3.143亿元，一是加强金融对接。与国家开发银行等政策性银行建立信用合作关系，争取授信贷款额度3.3亿元，到位资金1.007亿元；以存量资产为依托，争取商业银行贷款6800万元，发行信托产品融资5000万元；二是盘活存量资产，按照国资委决策、国资办监督、公司化运营的模式，坚持公开、公平、公正原则，以招、拍、挂形式，盘活存量国有资产3.25亿元。进一步理顺行政事业单位经营性和非经营性资产，将可市场运作的资产全部授权政府性投融资平台运营，最大限度地融通城市发展资金。三是按照土地跟着项目走的理念，加大经营性土地储备力度，凡城市规划建设的路网、公共建筑的周边土地，在项目未动工时，即行储备，使项目建设带来的土地升值回归政府，增强政府对土地的调控力和城市建设的资金保障力。三年来，共储备土地5000亩，增强了城市发展的后劲。

3.创新政府投资工程建设模式，推行工程代建制

对政府投资工程建设组织实施方式进行体制创新和流程再造，率先在赣州市实施政府投资工程代建制，对建筑面积1000平方米以上或总投资50万元以上的政府投资工程，由国有资产经营公司根据政府授权实行代建，实现建、管、用三分离，既节约了成本，又提高了质量。据统计，自实施政府投资工程代建制以来，累计代建工程概算总投资5.2亿元，完成投资3.88亿元，节省投资3600余万元。目前，代建的国土资源系统干部培训学校、交警指挥中心、药监大楼、外交部史料陈列馆、桦林北路、中华苏维埃共和国历史纪念园和火车站广场入口道路等15项工程已经完成，氟盐化工基地、文化艺术中心等11项工程正有序推进，有效地保证了工程质量，提高了投资效益，降低了行政成本，提高了工作效率。

二、几点体会

城市是历史进步的产物，是社会文明的集聚地，是经济发展的驱动器，是提升区域竞争力的主要载体。在深入贯彻落实科学发展观和构建社会主义和谐社会的新形势下，如何规划建设管理经营一座城市，打造符合地域特征、富有特色、宜居创业的和谐城市形象，是推进城市科学发展的重要课题。在近几年瑞金城市建设的工作实践中，我们深刻体会到，推进城市科学发展，要重点把握以下几点：

一是推进城市科学发展必须坚持规划先行。规划是城市发展的总纲，对城市发展具有龙头、调控、引导和整合资源的作用，是推进城市科学发展的前提。对于政府而言，在某种程度上，政府最大的风险在于规划上的风险，规划失控，满盘皆输。瑞金的实践证明，正是经过不懈的努力，改变规划滞后于建设、“规划赶不上变化”的状况，形成较为系统的规划体系，有多层次、多阶段的规划支撑，构筑起城市发展的战略框架，才有效地从源头上遏制和预防了“盲目投资、乱铺摊子、无序开发、重复建设”的不良现象，防止了资源的浪费和不合理配置，使政府决策水准、专家专业水准、民众接受水准得到辩证统一。瑞金的实践更证明，规划本身就是一种城市发展资源，正确的、符合城市发展方向的、符合城市发展特色的规划能够创造财富。瑞金通过规划明确城市区域功能布局、交通、用地性质、容积率等，大大提升了土地价值，使城市增值，使城市土地开发、城市项目建设保持了较高资源有效利用水平。

二是推进城市科学发展必须科学经营城市。经营城市作为现代城市建设与管理的重要手段，是城市建设过程中的一种更高战略，贯穿了从城市物化资源利用，再到城市虚拟资本利用等各个方面。在当前城市化进程加快的浪潮中，对于欠发达地区推进城市发展来说，解决钱从哪里来的问题是当务之急。瑞金地方财政并不宽裕，属于“吃饭财政”，但每年城市建设投入能够保持在2.5亿元以上，最根本的就是得益于经营城市，得益于整合城市资源，实行市场化的运作方法，把沉淀的资产转化成活资产，把无形的资产转化成可用的资金。几年来的初步探索告诉我们，科学经营城市要将整个城市、整个城市要素都看做一个资源体，强化城市的资产属性和存量资本的盘活；更为重要的是，在经营城市过程中，要始终坚持市场化的发展方向，建设公开透明的市场机制，才能以高效有序的城市管理为基础，综合运用城市土地资本、地域空间资本及其他有形的、无形的资产，从整体运作城市经济，实现资源配置在城市容量、城市结构、城市秩序、城市规模等方面的最大化和最优化，拓展更广阔的投入空间。

三是推进城市科学发展必须凸显自身特色。城市特色是城市自然环境，历史传统、精神风貌、经济发展等诸多要素的综合体现。有魅力的城市，大都是特色鲜明的城市。没有特色的城市，是没有灵魂的城市。在推进城市科学发展过程中，塑造特色，正确处理个性与共性的关系是一个焦点，也是发展的关键。瑞金是闻名中外的红色故都、共和国摇篮、中央红军长征出发地、革命遗址，文物丰富，森林覆盖率达73.4%，历史红、生态环境好是最大的特色。瑞金利用和挖掘已有的山水田林

和人文资源，着力建设具有浓郁红色历史文化氛围和现代化山水田园风光的中等城市，尽力避免走入“贪大求洋、千城一面”的建设误区，走特色发展之路，使城市建设与旅游经济相得益彰，每年来瑞金旅客超过100多万人。在实践中我们体会到，在塑造城市特色过程中，要根据自己的地理风貌、历史文化、人文景观等方面的特色、优势，科学准确地为城市定位；要坚持以人为本，充分考虑城市建设中的人文要素，维护、延续自然与人文特色，使之成为城市绵延不绝的文脉；要注重新城与老城、新建筑与老建筑的有机对接，在空间上保证新老城区特色和品格的有序过渡；对原有的历史风貌，尤其是凸显城市特色的主要自然人文遗产要最大限度地加以保留；特别是要塑造城市文化品格，彰显城市文化内涵，将体现文化特色的元素赋之于建筑、景观，使之成为形象化了的文化，进一步形成新的特色集聚。

四是推进城市科学发展必须保持良好生态。自然生态环境是现代化城市的一大要素指标，建设绿色城市是当今城市发展主流。工业化的城市发展进程，往往呈现出反自然、反生态的现象。如何协调经济发展、城市扩张与自然生态的矛盾，实现双赢，成为现代城市建设的决定因素，也是考验决策能力最重要的指标之一。近几年来，瑞金在城市发展过程中，坚持经济发展与环境保护相协调的生态发展观，走出了一条符合瑞金实际的城市生态之路。实践告诉我们，要立足于从生态视角关注城市发展走向，确保城市建设项目都要与环境相适应、相协调，经济发展绝不能以生态为代价；要立足于从源头上控制生态破坏，对不符合环保要求的项目一律禁止准入；要立足于以生态张力增强经济发展的张力，创优生态环境质量，形成生态保护与经济发展的互动；要立足于自然、社会与人的和谐统一作为城市建设与发展的终极目标，最大限度地追求经济发展、城市繁荣与环境优美的辩证统一。

科学规划　严格管理
加快构建和谐宜居新菏泽

山东省菏泽市副市长　刘新云

（2009年4月）

菏泽市地处山东省西南部，2001年撤地设市，是全国著名的“牡丹之乡、戏剧之乡、武术之乡和优质农副产品加工基地”，现辖8县、1区和一个省高新经济技术开发区。

近年来，我市紧紧围绕省委、省政府 “突破菏泽、加快发展”这个中心，牢固树立和落实科学发展观，严格实施《城乡规划法》，充分发挥城乡规划的引导调控职能作用，着力打造以“花城水邑”为特色的中国平原森林城市，城市建设发展明显加快，城市环境明显改善，城市功能明显增强，城市形象明显提升，市民生活质量明显提高，为促进全市经济社会又好又快的发展做出了积极的贡献。

一、高起点规划，科学引领城市健康有序发展

菏泽市城市规划建设起步较晚，但我们始终坚持高起点、大手笔，聘请全国一流的规划编制单位和专家，积极推进城乡规划全覆盖，2008年基本实现了省政府确定的市中心城区控规全覆盖的目标，为超前引导全市经济社会健康有序发展提供了科学依据。《菏泽市城市总体规划》获上海市优秀城市规划设计“二等奖”，《环城公园详细规划》获建设部优秀城市规划设计“三等奖”，环城公园、雷泽湖风景区、火车站综合服务区3项详细规划和老城区、中心区、东部城区、消防、绿地水系、道路网与停车场、赵王河公园新天地·新世纪景区7项规划分别获山东省优秀城市规划设计评选“一、二、三”等奖，实现了我市城市规划设计历史新突破。

（1）全面编制完成市、县新一轮城市总体规划，科学合理地指导城市空间布局和有序发展。《菏泽市城市总体规划（2003—2020年）》由上海同济大学编制，2005年4月，经省政府批复实施，获上海市优秀城市规划设计二等奖；2007年4月，全市8县新一轮城市总体规划全部经市政府批复，提前八个月完成省政府确定的工作目标，位居全省前列。2008年，8县共编制完成12项专业规划、27项详细规划、12个乡镇总体规划和114个村庄规划。

（2）加快专项规划编制，为加强城市基础设施建设提供科学依据。新一轮城市总体规划评审通过后，我们聘请北京大学、山东建筑大学、上海海事大学、天津市政设计院等进行了绿地水系、道路网与停车场、管线综合、消防、防汛等专项规划的编制，科学划定了道路红线、河道蓝线、生态绿线和基础设施黄线。

（3）加大分区规划和详细规划编制力度，增强规划的可操作性。聘请清华大学、同济大学、深圳规划院相继编制了老城区、中心区、东部城区等规划，市区控制性详细规划覆盖率达到85%以上。老城区规划通过对古城保护和开发，进一步凸显"内方外圆"的城市特色格局；中心区规划通过对中心区内行政中心、文化中心、商业中心等功能的合理布局，建立多功能、多中心、复合型的城市中心区；东部城区规划通过对各类用地的规划布局，确定城区发展定位、主导产业发展方向和类型，建设以发展新型工业和相配套的生活服务设施为主的现代化新城区。

（4）强化城市标志性地段规划设计，提升城市形象和综合竞争力。按照建设宜居城市的要求，聘请杭州园林设计院、天津园林设计院、同济大学，完成了环城公园、赵王河公园、雷泽湖风景区、火车站综合服务区的规划设计和沿环城公园、赵王河公园19座市政桥的设计。目前，这几项工程累计投入资金8亿元，取得了较好的社会效果，环城河改造工程获"2006年度中国人居环境范例奖"。

（5）加强文体设施规划设计，完善城市功能。为彰显菏泽"戏曲之乡"、"武术之乡"的历史文化底蕴，完善城市功能，我市相继编制完成了菏泽大剧院、演武楼和菏泽学院二期工程、菏泽医专新校区的规划及建筑设计。大剧院投资2.2亿元，总建筑面积31141平方米，东西两侧各采用三片类似牡丹花瓣的铝复合双曲板错落围合，体现了"中国牡丹城"的意蕴和菏泽地方特色。演武楼是2009年全国第十一届运动会武术散打项目的比赛场馆，投资1.6 亿元，建筑面积18 698平方米，采用钢屋架和曲面屋盖，凸显了鲜明的体育建筑个性。

二、高效能管理，全面提升城市规划设计水平

1.严格规范审批项目

进一步规范市城市规划专家委员会、局业务办公会制度，不断提高项目审批的科学民主决策水平，完善城市功能和布局，提升城市建设的档次和品位。2003年以来，共研究评审大型重点建设工程项目138项，核发“一书三证”279件，促进了城市规划的严格实施。按照“依法、尽快、办好”的要求，积极开辟“绿色通道”，及时为68个重点工业项目搞好规划论证和选址，提出规划设计条件，确保了项目早落地、早开工、早建设。对市区较为成熟的12个城中改造试点村，依据规划提出合理化意见，划定了用地范围，促进了城中村改造工作的顺利开展。

2.大力实施“阳光规划”

坚持阳光规划“六公示一监督”制度及“阳光政务”公开责任制，认真落实首问负责制、限时办结制和服务承诺制。对各类建设工程项目实行“政策依据、办理条件、服务标准、办事程序、办结时限”五公开。通过新闻媒体、公示栏、规划网站等形式，对涉及公众利益、周边容易引发争议的62个规划建设项目，依法及时进行了批前、批后公示，组织召开规划方案听证会15次，充分听取群众的意见和建议，维护了群众的知情权、参与权和监督权。

3.全面启动“数字化城市”建设

2008年5月，我市通过公开招标，委托上海数慧技术系统公司启动了“数字化城市”建设一期工程，目前已进入了试运行阶段。该项目利用现代化城市规划管理技术和移动通信技术，以短信、语音、网络、触摸屏等方式，努力实现城市规划管理的信息化、标准化、精细化和动态化，对于建立沟通快捷、分工明确、责任到位、反应快速、处置及时和运转高效的城市管理和监督长效机制，将发挥极大的推动作用。

三、加大规划执法力度，促进城市健康和谐有序发展

1.创新城市规划执法管理体制

按照“审批、管理、监督”三权分离、相互监督制约的原则，研究制定了城市规划许可、规划执法督察考核等规范性文件，进一步明确细化了各级规划管理人员的工作职责，对建设项目审批的条件、受理程序，以及违法建设处罚的依据、标准等做出了具体规定，并成立了专门的督察考评领导班子，实行一月一评比，当月兑

现奖惩，做到真奖真罚、重奖重罚，有力地保障了规划项目的顺利实施。对此，《中国建设报》、《山东建设报》均进行了报道。

2.严厉查处违法建设

坚持“抓早、抓小、抓拆除”，不断加大违法建设巡查控制力度，努力实现规划管理无缝隙全覆盖，切实将违法建设解决在萌芽状态。深入开展违法建设集中治理活动，加强规划、公安、新闻等部门联合执法，实行社会齐抓共管，群众共同参与。对围攻阻挠和暴力抗法的，公安部门及时介入，依法予以严惩；对国家机关工作人员参与违法建设的，及时移交监察机关严肃查处，有效遏制了违法建设的发生，切实维护了规划的权威性、严肃性。2008年以来，共依法拆除违法建设713处、面积4.1万余平方米。

近年来，菏泽市城市规划管理工作虽然取得了一定成绩，但与各级领导的期望、人民的要求，尤其是和先进兄弟城市相比还有一定的差距。我们将认真总结经验和不足，虚心学习各兄弟城市在城乡规划管理方面好的经验和做法，深入学习实践科学发展观，树立赶超先进的信心和雄心，进一步加快规划编制步伐，提高规划编制质量；进一步加强规划执法管理，创新规划执法体制机制；进一步提高依法行政能力，加强党风廉政建设，解放思想、开拓创新，全面开创城乡规划管理工作新局面，为加快构建和谐宜居新菏泽做出新的更大的贡献。

华中地区

坚持科学发展观 建设大气、秀气、灵气新济源

河南省济源市副市长 郭茹

（2009年4月）

济源市因济水发源地而得名，是传说中愚公移山故事的发源地，位于河南省西北部，是河南省十八个省辖市之一，总面积1931平方公里，总人口68万。现城市人口27万，城区面积50平方公里，辖11镇5个街道办事处。1988年撤县建市，1997年升格为省辖市，2003年被列为河南省中原城市群九个城市之一，2005年被列为河南省城乡一体化试点城市之一。

一、城市建设基本情况

近年来，在河南省省委、省政府的正确领导下，济源市市委、市政府率领全市人民弘扬愚公移山精神，牢固树立和落实科学发展观，坚持开放带动、工业强市、科技兴市、三产富市、文化立市五大战略，实现了经济和社会各项事业的快速健康发展。城市建设坚持以人为本，以“大气、秀气、灵气”为目标，积极推进城乡一体化战略，建成城市主次干道230余公里，城市日供水能力8万吨、日供气能力达65万立方米、供热能力260吨/小时，污水综合处理率为57.08%，生活污水综合集中处理率为64.34%，垃圾无害化处理率、医疗废物处置率均达100%，全市城镇化率达47.01%。先后获“中国优秀旅游城市”、“国家卫生城市”、“国家园林城市”、“全国创建文明城市工作先进城市”、“全国人居环境范例奖”、“全国水土保持示范城市”、“全国科技进步先进城市”、“全国篮球城市”、“全国文化先进城市”等荣誉称号。

二、经验做法

（一）规划先行，奠定城乡一体发展格局

济源市从20世纪80年代撤县建市，到90年代升格为省辖市，在一次次实现跨越式发展的时候，始终坚持以规划为龙头，科学加快城乡建设，为推动社会经济发展提供强大动力和支撑。在2003年、2005年济源分别被列为“河南省中原城市群”和“河南省城乡一体化试点城市”后，围绕济源要率先在河南省实现全面建设小康社会的目标和率先在河南省实现城乡一体化的要求，济源市市委、市政府再次大胆决策，将全市1931平方公里的行政区域作为一个整体进行规划、建设，根据“一三三”（一个中心城区、三个组团、三个重点区域）城乡总体布局，加快城市化、工业化进程，按照构建复合型城市的要求，统筹城乡发展，努力推进城乡一体化。2008年全面修编完成了城市总体规划，并着手开始编制市域体系规划。在新一轮总体规划中，将城市发展定位为国家能源基地、豫西北重要支点城市、历史文化名城、新型工业和旅游城市。确定了“两条发展轴”（ 东西发展轴、南北发展轴）和“一三三”（主城区+组团+重点镇）的城乡发展格局，实施中心城市带动战略，加快济源城镇体系建设，强化济源作为中原城市群九个城市之一的战略地位，加快产业转型和升级，提升综合经济实力，增强对周边城市的辐射力、带动力。

在新的城市总体规划指导下，又先后实施11个镇和3个组团、3个重点区域的规划编制工作，并将11个镇、64个村庄的详细发展规划均纳入城市发展的总体框架之中，完成了供水、供气、城市景观以及济渎庙等重点地段的详细规划和控制性规划130余项。城乡建设沿着清晰、科学的规划脉络可持续地向前发展，中心城区的服务功能日臻完善，基础设施逐步向村镇延伸、辐射，实现了与城市功能的对接。以中心城区为龙头，特色区域为轴线，市区和村镇充分融合、相互促进的组团式市域城乡一体化发展格局正在逐步形成。

（二）强力建设，彰显城市大气、秀气、灵气

济源市是河南“最迷你城市”。城市虽小，但市委、市政府一直努力追求小而大气、小而秀气、小而灵气，以造绿、造景、造水为手段，不断完善城市功能，提升城市品位，丰富城市内涵。

一是在建设中谋求大气。坚持完善城市功能，拉大城市框架先后新修、改造27条城市道路、14条城市桥梁，形成了“一环十纵十一横”的城市综合街路格局，中心城区由原来的22平方公里扩大到35平方公里。相继建成了城市污水处理厂、垃圾

无害化处理场、西气东输天然气利用（济源段）管网工程、粪便无害化处理场、医疗废物处置中心等一批公用设施项目，中心城区功能逐步完善并不断向周边组团、镇区延伸，城乡互补发展、城乡一体发展态势已经形成。新区建设立意新、手笔大，以行政区、世纪广场为中心，以文化组团、休闲组团、教育组团等大组团模式辐射建设，先后开工并建成文化城、综合服务中心、篮球城、城展馆——科技馆、图文大厦、济源一中等一大批标志性建筑，新建改造了溴河景观带、学苑路、愚公路、沁园路、黄河路、济源大道等一大批城市景观。通过大建设、大改造，城镇化率从2003年初的31%提升到目前的42%，大气、恢弘的城市新空间逐步形成。

二是在品位中彰显秀气。以创建国家园林城市为载体，按照“多树兼花少草”的理念，坚持点、线、面相结合，实施大树进城、果树进城、石头进城，大力植树造林，采取见缝插绿、拆墙透绿、立体植绿等方式，先后建成53个广场、公园、游园和75处街头绿地，城市绿化覆盖率达38.75%，绿地率达34.46%，人均公共绿地达8.86平方米，使绿化空间延伸到城市的每一个角落，使济源真正成为一个品种繁多、生机勃勃的植物园和一座名副其实的国家园林城市。在城市亮化上下工夫、出亮点，按照“一路一景、一园一品”的原则，累计投入资金2.3亿元，以楼体、桥体、河体、树体、水体五体为主的大亮化工程，形成了风格多样、层次分明、动静结合、错落有致的城市亮化新景观，使济源的夜间比白天更具魅力。在城市细部做文章，突出娱乐性、参与性、民俗性，在世纪广场、文化城等城市重点区域安装雕塑小品、儿童游乐设施27组，有效地提升了城市品位。

三是在特色中突出灵气。水是济源的特色，济源以济水的发源地而得名，古代济水与长江、黄河、淮河并称四渎，拥有22条主要河流，21座大型水库，有涌泉、温泉、溪流、瀑布、河湖，是名副其实的“水齐之地”。经过反复论证，2008年年初，济源市市委、市政府确定了“用好水资源，打造水景观，彰显水文化，谋求水经济”的城市水资源开发建设思路，以愚公精神和济水文化为主线，引水围城、引水入城、引水造湖，对济源今后3~5年的水资源规划、开发、利用，构建“城—湖—山—河”一体的水景观格局，把济源市打造成一座以水景为特色的风景靓丽的灵秀之城。目前，水资源综合开发正在积极推进，已完成四项水资源开发控制性详细规划编制，济渎庙、五龙口沁水湾温泉、西霞院—滨河大道、曲阳三湖综合开发等水资源项目陆续启动。

（三）精细管理，打造城市独有品牌

坚持将城市建设与城市管理相结合，将抓硬件设施建设与加强市民文明素质教

育相结合，将集中突击与建立长效机制相结合，强化城市管理，提升城市环境，打造城市“净”品牌。

一是以创建国家卫生城市为载体，实施了网格式管理，明确了办事处、社区、居委会职能职责，形成齐抓共管的局面。实行联合执法，建委、公安、工商、交通、环保、卫生六个职能部门组建了联合执法队，加大城市管理综合整治力度，规范城市秩序。定人定片全天候清扫保洁，实行了周五爱国卫生日活动制度，每周五全市市直单位干部职工走上街头，捡拾垃圾、摆放车辆、规范不文明行为，提高人民意识和素质，营造了舒适宜人的城市环境，受到了省内外参观团和各地游客的高度评价，使“净”成为济源的一个品牌。

二是以创建精品示范道路为载体，认真落实“门前三包” 责任制，推行“六卡”服务，建立完善数字化、精细化城市管理体系，严格依法行政，提高执法能力，落实督导机制，环境卫生、园林绿化管理、门前三包、城市秩序、小广告治理等水平有所提高。河南省城市管理执法队伍规范化建设总结表彰会在我市召开，济源城市管理经验在全省进行推广。

三是下延城市管理职能，在各镇设立城管派出机构，在全市各街道办事处、镇设立城建监察支队分大队，负责镇所在地、主要集镇、城乡干道沿线的环境卫生、市场秩序、夜景亮化、商户门匾、户外广告的管理和监察。完善城镇环卫体系，加大镇区环境卫生的清扫保洁力度，实行了“村收集、镇运输、市处理”的农村生活垃圾收集处理体系，制订了村庄环境卫生整治分类指导办法，因村施策，对村庄实施分类治理，村里再也看不见垃圾遍地、污水横流的景象，取而代之的是不断出现的一个个生态公园、村中绿地。我市村庄卫生综合整治和农村垃圾管理模式也被河南省建设厅在全省推广。

三、体会

（一）科学决策，是城市快速发展的根本

济源被河南省省委、省政府列入“中原城市群”发展战略后，面对日趋激烈的区域竞争，济源市市委、市政府坚持以科学发展观为指导，在城市建设上，把加快城市建设作为新一轮发展的重要支撑，提出了“抓城市建设就是抓生产力、抓经济发展，运用市场经济手段经营城市，运用现代企业管理模式管理城市，按照景区建设标准建设城市”的“433”城市建设理念，实施了新区建设、旧城改造、城中村开发等一系列措施，强力推进基础设施建设，不断加大城市环境综合整治，有效促进

了城市的功能完善，品位的提升和形象的树立。

（二）注重特色，是塑造城市形象的重要手段

特色是城市保持永恒生命力的基本因素，推动了特色就推动了前进的动力。因此，我们在城市规划、建设和管理中非常注重将济源的历史文化与时代气息进行有机融合，充分作好鲜明地方特色的文章，将济渎庙、汤帝庙、奉仙观等古老文化遗产融入城市建设中，精心开发了世纪广场、篮球城、文化城、沁园路等一批精品建筑、精品街道、精品广场。投资近2亿元，对溴河、蟒河、苇泉河、解放河等城市河系进行综合治理，沿河布绿、沿河建园，沿河开发住宅，彰显城市的现代特色，以典雅的气质、别致的风格、深厚的底蕴展示了济源的独特魅力。

（三）抓好载体，是实现城市飞跃的强大动力

注重突出重点，充分挖掘载体，在建设中实施项目拉动，多渠道充分调动社会投入，坚持市级领导分包重点项目的工作机制，落实联席办公会议制度，建立项目督导协调机制，形成开工一批、竣工一批、规划一批、筹备一批的梯次开发的高潮，有效推动了城市建设的快速发展。在提升形象上，坚持不懈地开展创建活动，从中国优秀旅游城市、国家卫生城市到国家园林城市、全国人居环境范例奖等，在拿到一张张含金量极高的城市名片的过程中，也使济源城市规划建设管理水平一次次地实现了质的飞跃。在城市绿化中实施的春、冬绿化大会战，在城市改造中实施的旧城改造和城中村开发等，一个个有效的载体不仅带动了每个决策的顺利推进，也为城市发展提供了巨大动力，让济源这辆快车越驶越快。

（四）关注民生，是城市建设的最终落脚点

坚持以人为本、以为民服务为重点，开工建设了喜洋洋、济河苑、豫光花园、园丁苑等一批经济适用房，实施了廉租住房补贴和实物配租，真正使广大市民居有其所。连续多年实施“两气一水”管网，以奖代补提高城市供气、供水、供暖的覆盖率和普及率，解决了与市民息息相关的实际问题，让人民群众享受到城市建设成果。强力实施环境综合整治活动，建成了数码、建材、农贸、超市等大型商场、专业市场和商业网点，每年对城市道路、桥梁、照明等实施排查改造维修，改善了市民的工作和生活环境。不断完善“12345”政府便民热线和“12319”城建便民热线，做到事事有答复、件件有结果，真正把以人为本、为民服务体现到每个细节中。

近年来，我市城市建设事业取得了一定成绩，城市面貌得到了有效改善。但与

其他先进地市相比还有一定的差距，在下一步的工作中，我们将坚持科学发展观，紧紧抓住机遇，统筹城乡发展，加快建设步伐，提高人居环境，努力构建经济与社会协调发展、人与自然和谐共处的新济源。

创新发展思路　建设绿色水都

湖北省丹江口市市长 崔永辉

（2009年10月）

丹江口市位于鄂西北、汉江中上游，全市总面积3121平方公里，总人口50.11万人，其中城区人口18万人，城市建成区面积25.4平方公里。历史悠久，建制达2200多年；资源丰富独特，境内既有著名的道教圣地武当山，又有南水北调中线工程调水源头丹江口水库，库容达290亿立方米，被誉为“中国水都”；经济社会发展初具规模，1985年被国务院批准为甲类开放城市，1986年被湖北省人民政府批准为工业旅游型城市。

近年来，全市上下深入贯彻落实科学发展观，大力实施“生态立市、工业兴市、旅游活市、人才强市”战略，先后获“全国科技工作先进县市”、“全国文化工作先进县市”、“全国体育工作先进县市”、“全国城市环境综合整治先进城市”、“湖北省卫生城市”、“全省文明创建先进城市”等荣誉称号，被授予“中小城市管理创新”奖和“和谐中小城市”奖，正朝着“繁荣丹江口、生态丹江口、和谐丹江口、文明丹江口”的目标不断迈进。

思路之一：彰显城市个性，明确城市定位

丹江口市灵山秀水，珠联璧合，是湖北省省委、省政府着力打造的鄂西生态文化旅游圈的重要节点；城区因水而建、因水而兴。在第四次修编的《丹江口市城市总体规划（近期2000—2005年，远期2006—2020年）》中，确定的城市定位是：丹江口市是汉江中上游重要的水利枢纽和国家南水北调中线水源工程所在地，是融武当山风景区及丹江库区景观于一体、具有一定工业基础的山水旅游城市。为进一步体现我市滨江滨湖和水、电特色，结合发展条件及今后的功能、角色和目标，我们

拟将城市定位确定为“一基地三中心”，即汉江中上游重要的水利枢纽和国家重要的水资源基地；鄂西生态文化旅游圈内的山水旅游中心城市；连接汉江上中下游，水、电产业特色突出、实力较强的新型工业化中心城市；鄂西北豫西南边界，生态环境优良、服务业发达、宜居宜业的区域性中心城市。在这一框架下，我们一方面坚持延续城市的历史文化脉络，用武当道教文化、古均州文化打造城市，努力改造老城区，完善城市功能，改善人居环境；另一方面大力开发新城区，加快建设城市路网，纳汉江为内河，形成了“一江两岸，虹桥飞架，显山露水，生态宜人”的“双城多组团”的城区新格局。

一是坚持高起点规划。投巨资，请高资质、高水平的规划专家帮助规划和设计，力求做到一步到位，最大限度地实现规划上超前、布局上科学、功能上提升。近年来，我市先后聘请深圳雅克公司完成了新城区控制性详细规划，请上海同济大学完成了沿江两岸景观带概念性规划，请中南设计院等单位相继完成了南水北调施工大桥、右岸五星级汉江国际大酒店、市博物馆等工程规划设计方案。2007年，我们又请雅克公司、同济大学两个单位分别着手实施新一轮城市总体规划修编、右岸新城风貌规划的编制工作。近几年，全市共完成规划编制项目52个，控制性详细规划覆盖率达100%。

二是确保规划刚性。近年来，我们按照科学决策、严格审批、公众参与、执法监督的原则规范了各类规划的审批程序，走出了精心编制、严格评审、广泛公示的良性规划审批管理模式。各类规划方案在精挑细选的基础上，严格经过规划专业评审小组和市规划委员会的评审，重大项目和标志性建筑方案还要经过市长办公会、市四大家联席会、市委常委会等集体审定，通过评审的方案向社会公示；同时，强化规划批后管理，推进规划效能建设，利用规划监察、建工管理、工程验收等手段，确保审批方案落到实处。正在兴建的南水北调主题公园、盛世华都、水都花苑各类工程无论从选址、布局，还是从格调、档次上都较以往有明显提升，推动了城市建设上品位、上档次。

三是突出阳光规划理念。针对过去规划审批实行关门决策、暗箱操作，公众既不了解更谈不上参与和监督等问题，我市大力推行“阳光规划”，吸引公众参与规划、监督规划实施。我市定期组织城市规划展，对一些重要的规划和重要项目的规划设计方案进行批前公示，广泛听取公众意见；在重要项目的规划审批过程中邀请普通市民、开发商、人大代表、政协委员、新闻记者等公众列席旁听，监督审批全过程，提高了决策过程的透明度；规划方案审批以后，建筑工程《规划公示牌》

设置于施工现场醒目位置，将批准的规划方案图及各项指标、举报电话等向社会公示，让市民了解工程规划情况，监督规划实施，有效地遏制了建设单位随意变更规划方案，防止了工程施工“长高、变胖”现象。

思路之二：破解资金瓶颈，建设宜居城市

城市建设需要庞大的资金投入，既要量力而行，又要适当超前。近年来，我们坚持以财政投入、土地使用权拍卖、开发银行融资、开发商垫资等多种形式筹措城建资金，近两年内先后投入6亿多元用于市政基础设施建设，有力促进了城市的可持续发展。

一是高效推进新城区基础设施建设。我市新城区规划建设面积4.8平方公里，规划建设我市行政、金融、文化、居住中心，已先后投资3.6亿元完成了水都大道、汉江大道、武当大道、明珠大道等11条道路建设，并高标准地配套完善了各类管线、路灯、绿化建设，初步形成新城区路网骨架，新增道路20多公里，并完成场平工程1100多亩，城市载体进一步扩大，发展空间得到拓展。大型住宅小区、市国税局、中医院、检察院等单位迁建、农夫山泉二期均已开工建设。

二是不断提升城市功能。近年来，先后完成了投入1.5亿元的净乐宫复建等文化旅游设施建设，投资1000万元的净乐宫景区交通改造工程全面完工；投资5000万元的南水北调主题公园、投资3400万元的博物馆建设工程即将完工；五星级汉江国际大酒店和投资1.2亿元的库区环湖旅游公路节点工程习均大桥建设顺利推进；总投资11亿元的丹土高速公路连接线项目即将动工；新建了建材大市场、改造了步行商业街；城区公汽、路灯、公厕等设施建设纳入了政府实事项目进行办理。

三是努力改善人居环境。近年来，我们着眼于生态和谐，大力实施园林绿化，努力提高人居环境质量，建成区绿地率达36.44%，人均公共绿地面积达11.5平方米。正在建设中的沿江景观带，按照“活水丹心，环流绿肺，生态之路”的设计理念，融合了古均州文化、移民文化、汉水文化，体现了人与自然的和谐。大力实施环境建设工程，市区内先后关停、迁建企业14家；总投资1.2亿元的污水处理厂于近日建成运行。积极开展廉租住房建设，自2008年年底以来，投入资金2800余万元，开工建设廉租住房967套、4.8万平方米，在解决低收入群众住房的同时，有力推进了城区危房改造步伐。

思路之三：创新管理理念，共建和谐家园

城市管理是一项复杂的系统工程。城市难管理、易反弹，成为不少城市的通病。我市努力创新管理理念，建立和完善了专群结合、整体联动、社会参与、齐抓共管的网络化机制，引导全市群众共建和谐家园，不断提高城市管理水平。

一是完善城市管理机制。近年来，我们积极探索，整合力量，成立了城市管理执法局，推行“执法三制”，突出市容重点、强化依法管理，推行全员上路、定人定岗、延时和时差管理；环卫队伍探索城管新机制，采取公开招标、市场化运作的方式，卖断道路清扫保洁权和垃圾清运权，降低了运营成本，提高了保洁效果；城建、工商、交通、公安、城区办事处形成城市管理合力和长效联动机制。近年来，相继开展了市容环境卫生、城区客运市场、经营秩序、户外广告设置等专项整治活动，解决了一大批困扰城市管理的老大难问题，成功取缔了城区983辆机动载客三轮车，城区各主要路口安装了电子监控设施，取缔长期占道经营200多户和张家营外滩卡拉OK等经营户10家，拆除各类违章建筑物2万平方米，城区市容市貌明显改善。

二是提升公共服务档次。实施供电、供水线路改造工程，积极开展便民服务，提升服务质量；先后增加三条公交线路，增加公汽30辆，增加公汽站点30个；积极协商引进管道天然气入丹，定期开展燃气安全隐患排查和治理。

三是规范建筑市场管理。不断加强资质管理，严格基本建设程序，明确整顿和规范建筑市场秩序的目标和工作重点，落实责任，定期检查；加强工程质量和安全监督，加大《建设工程标准强制性条文》的执行力度。积极推进建筑节能，全市已建成规模以上新型墙材生产厂7家和1个年生产能力为30万立方米的混凝土搅拌站。

四是加强房地产开发建设管理。大力开展房地产市场专项整治，查处违规、违法行为；规范开工条件，从源头上入手调整住房供应结构。规范产权交易行为，以房地产交易与权属登记一体化管理为目标，以房管服务大厅为依托，全面升级业务办理软件，整合业务办理窗口，减少审批环节，简化办事程序，提高办事效率，全力打造“阳光房管”、“便民房管”。

五是逐步建立住房保障制度。市政府先后出台了《丹江口市城镇最低收入家庭廉租住房管理实施细则》、《丹江口市经济适用住房管理实施细则》等配套政策，建立和完善了廉租住房申请、公布、公示、审批和补贴发放程序，已有238户享受补贴15.8万元，廉租住房租金核减305户、20.5万元。全市人均住房面积达30.12平方米。

六是加大拆迁管理力度。按照《国务院办公厅关于控制城镇房屋拆迁规模严格

拆迁管理的通知》要求，在拆迁计划的申报、拆迁项目的审批、拆迁许可证的发放等环节上，以人为本，努力做到严格监管和人性化管理相结合，实现了“拆迁一处，造福一片，稳定一方”。

思路之四：统筹城乡发展，建设绿色水都

丹江口市是典型的小城市、大农村，农村人口达五分之三。近年来，我们抢抓南水北调、鄂西生态文化旅游圈建设、全省脱贫奔小康试点等机遇，积极争创“中国优秀旅游城市”、“省级文明城市”，坚持走以城带乡、以点带面之路，着力改变城乡面貌，全面提高人民群众的生活质量，建设绿色水都。

一是实施“生态立市”战略。“生态立市”既是服务南水北调的需要，也是推进我市科学发展的基础。近年来，全市累计完成封山育林180万亩，退耕还林37万亩，荒山造林18万亩，并在库区沿岸营造了北京、天津、石家庄、郑州、武警奥运林五个生态纪念林基地，现已初见成效，全市森林覆盖率已由34.2%提高到50%以上。编制了《丹江口库区五大河流生态建设实施方案》，大力开展水土保持工作，项目区累计完成水土流失治理面积334平方公里，初步形成了“远山生态修复、近路高效农业、库区优质橘橙”综合治理的新格局和生态防护体系，确保一库清水送北京。

二是着力构建“一心三带”城镇格局。抢抓被列入全省脱贫奔小康试点的机遇，以“百镇千村”示范工程为重点，与南水北调移民迁建相结合，按照突出重点、示范引导、体现特色的要求，以中心镇为重点，以生态环境为特色，选择一批具有区位优势、产业优势、规模优势的中心镇，重点扶持，加强指导，稳步推进。累计投资1.3亿元，重点配套建设好道路、公共活动、文体活动、给水排水、污水和垃圾处理等基础设施，着力打造了习家店、六里坪、浪河镇等一批规划科学、生态宜人、富有特色的绿色小城镇，其中六里坪和习家店分别被评为“全国明星乡镇”、“全国重点镇”。目前，已基本形成了以城区为中心，以江南汉十公路工业旅游型小城镇带、江北丹郧公路农副产品集散型小城镇带、汉江沿岸观光旅游型小城镇带为主体的“一心三带”城镇格局。

三是着力开展村庄环境整治。近年来，我市累计投入资金近亿元，通过分类实施、整体推进，编制村庄规划，开展了以改善农村生产生活条件为中心的“三清”（清垃圾、清污泥、清路障）、“五改”（改路、改水、改厕、改栏、改厨）、“六化”（绿化、美化、净化、亮化、文化、畅化）为重点的村庄整治，全市农村

基础设施、公共服务设施和环境卫生设施状况显著改善，从根本上解决了房屋乱搭乱建、垃圾乱堆乱放、污水乱排乱流等问题，建设了一批经济繁荣、设施完善、生态良好、环境优美、文明进步的新农村。

城市规划引领城市发展的探索与启示

湖南省益阳市市委常委、副市长 杨跃涛

（2009年4月）

近年来，益阳市紧紧围绕建设“环省会中心城市、现代化新型工业城市、宜居山水生态文化旅游城市”的目标，在强化规划编制、创新规划管理、提高规划决策的民主性与科学性，实现城市可持续发展等方面做了有益的探索，积累了一些成功的经验。

一、益阳市编制实施城市规划的基础和条件

1.具备优越的区位交通条件

益阳市位于湖南省中部，全市辖8个区县（市），总面积12144平方公里，总人口470万。其中，城市规划区面积760平方公里，中心城区建成区面积50平方公里，人口50万。益阳紧靠长株潭，中心城区距省会长沙仅60多公里，319、207国道和长张高速公路纵贯全境，石长铁路、洛湛铁路和规划建设中的长常高速铁路在此交汇，水路经洞庭湖可通江达海，距长沙黄花机场约1小时车程。

2.具有悠久的历史文化传承

秦代初期就设立县治，是楚文化的发祥地、汉传佛教策源地、著名三国古战场。唐代著名诗僧齐己，清代的陶澍、胡林翼、黄自元，现代的周谷城、周扬、周立波都出生在这里。这里是“世界羽毛球冠军的摇篮”、“花鼓戏窝子”，文化氛围十分浓厚。

3.拥有丰富的自然资源

市域之内山水相依，风景秀丽。桃花江闻名遐迩，洞庭湖碧波荡漾，安化茶马古道令人神往。中心城区依山傍水，绿树掩映，现代文明与自然生态水乳交融，交

相辉映，江城胜景美不胜收。益阳素有“鱼米之乡”、“小有色金属之乡”、“竹子之乡”、“黑茶之乡”和“苎麻之乡”的美誉，是国家重要的农产品生产基地。锑、钨、钒、石煤等矿产资源储量丰富。

4.具有广阔的城市发展前景

随着新型工业化进程的加速推进，益阳城市扩容提质步伐不断加快。中心城区建成区规模由1994年撤地设市的18平方公里扩张到目前的50平方公里。大力度的招商引资和项目建设给城市的发展壮大提出了更新更高的要求，也给城市规划提出了更新更高的课题。

益阳虽然交通便利，资源丰富，历史悠久，但由于益阳是农业大市，工业基础薄弱，经济相对落后，又面临后发赶超的压力。如何在实现加快发展的同时，又保留优越的山水地貌不被破坏，悠久的历史文化得到传承并发扬光大，城市规划显得尤为重要。对此，我市确立了“留山水风光、建现代新城”的理念，在规划编制、规划管理方面进行了探索和创新，充分发挥了城市规划对城市建设经济发展的引领作用。

二、益阳市城市规划管理工作的积极探索

1．开放规划设计市场，提高规划设计水平

为确保规划的龙头地位，2007年，益阳市市委、市政府出台了《关于加强城市规划工作的意见》，政府实行统一管理，在充分发挥市场配置资源的基础性作用的同时，更加注重借助行政推动力这只有形的手，更加有效地配置经济、社会、环境资源，推动城市持续健康协调发展。为高起点、高标准做好城市规划，突出科学性、超前性，寻求益阳城市发展思路的新突破，我们全面开放了规划设计市场，引入竞争机制，提高规划编制质量，从而提升了城市规划的整体水平。各项规划编制任务除一部分由市规划设计院承担外，其余大部分任务通过组织招标、邀标，引进高水平的规划设计单位完成，促进了规划建筑设计方案水平的提高。我市在编制《益阳市城市总体规划（2004—2020年）》、资江风光带规划和梓山湖生态公园规划中，引入了北京、上海、广州、杭州、深圳等地的优秀设计单位参与竞争，着力提高编制水平。通过放开规划设计市场，既拓宽了规划工作的思路，又大幅度提高了城市规划的设计水平。最近，市委、市政府强力实施“东接东进”战略，提出了“营造特色、完善功能、优化结构、城乡统筹”的总体要求，紧扣国家中部地区加工贸易梯度转移重点承接地建设和对接国家长株潭两型社会试验区建设，加快了益阳高新区东部新区规划编制，强化规划对产业布局、生态环境、基础设施的宏观调

控功能，目前已完成了益宁城际干道规划及益宁城际干道村民拆迁安置定点规划。《益阳高新区东部新区空间发展战略规划》已委托国内一流的规划院——中国城市规划设计院深圳分院编制完成，确保了规划编制的高质量和高水平。

2．建立健全规划决策机制，增强规划的科学性

我市从1994年拆地建市以来就开始探索城乡规划委员会决策重大城市规划项目的工作机制，通过十多年的不断摸索与完善，既借鉴学习了外地经验，又结合我市实际，建立了一套比较完整、科学的城乡规划委员会例会制度，对重大规划项目进行研究和决策，确保规划更科学、更符合实际、更具前瞻性。规委委员由政府和部门的领导及专家组成，由市长任规委主任，从湖南城市学院、湖南大学等高等院校和社会上聘请知名专家、教授作为益阳市城乡规划委员会成员，定期对益阳城市重大项目的建设规划进行专家评审；同时，充分发挥领导、专家、专业人员和群众代表的作用，就规划和建设项目，定期、不定期召开市城乡规划委员会、城市空间战略和建筑景观评审会、城市规划专家咨询委员会等会议，规委会议一般由市长亲自主持召开，采取无记名投票决定重大规划建设项目，并当场公布投票结果，体现了规划决策的科学、民主、公开透明，成为推进我市依法管理城市的重要举措。近五年来，共召开城乡规划委员会议43次，召开城市空间战略和建筑景观专家委员会议172次，重大项目专家评审率100%。在专家的有效参与下，益阳城市规划决策更加科学公正，规划的科学性、民主性和透明度大大增强。

3．自觉接受人大及其常委会的监督，确立规划的权威性

人大的监督和支持是规划工作的坚强保障。近年来，我市规划部门不断增强法律意识、服务意识，主动把规划工作置于市人大及其常委会的监督之下，认真贯彻落实市人大及其常委会的决定，不断加强和改进规划工作。我市为实现后发赶超，加大了招商引资和项目建设的力度，促进了益阳经济的快速发展，但同时也引进了个别污染项目，城市的水体水质在下降，城市规划的绿地被侵占，许多山体被推掉，历史街区被拆除。面对这种严峻形势，我们想到了利用人大的权威性提高城市规划的严肃性，经过尝试探索取得了较好的效果。如《会龙山公园控制性详细规划》、《资江南岸山体保护规划》、《益阳大道控制性详细规划》等规划在得到人大的批准后，更加突出了规划的法定程序性，使依法批准的城乡规划获得了人大法律形式的保护，未经法定程序不得修改，从而维护了我市规划的严肃性。如益阳橡胶机械厂在改制过程中，因位于资江南岸，环境好、位置优，被几个房地产商看中，并在广州的招商会上进行了初步协商，签订了合作意向合同。开发商为追求经济效益，提出要推掉山体，甚至要侵占一部分会龙山公园用地，但到规划部门咨询时，规划部门的同志告诉他，山体不能破坏，会龙山公园用地决不能侵占，这是人大已经审定了的，要改变必须经市人大重新审查，才能变更，开发商只好作罢。这个山体和公园用地得到了保护，我们深深感到人大在维护规划的权威性、严肃性上发挥了重要作用。

4．推行规划公开，加强公众参与

“人民城市人民建，人民城市人民管”，我们将城市规划权回归于民，主动问计于民，积极引导群众参与，广纳民意。体现了以人为本，增强了规划的可操作性。一是坚持规划公示制。对关系大局的规划，一律进行公示，广泛征求和吸纳社会各界的意见和建议，使规划方案得到补充和完善。比如益阳市城市总体规划调整、益阳市住房建设规划、益阳大道两侧控制性详细规划、资江风光带部分地段和新农村示范村规划等都进行了公示，吸引了万余市民参与，共收到建议意见520余条，解答群众咨询220余人次。二是召开城市规划听证会。近两年，已举行了赫山商业步行街B区规划调整和华盛小区规划调整等15次听证会，达到了维护城市长远利益和保障社会公众利益的目的。三是大力拓宽宣传渠道。我市规划部门利用规划网站、市报专版、电视专栏、建筑工地进行规划公示、政务公开，使市民对规划审批的知情权、参与权、监督权得到充分发挥；同时，投资4000余万元，高标准、高质量建成了我省首家集规划宣传、规划公示以及规划成果展示于一体的规划展示馆，通过模型展览、多媒体演示等方式，向市民充分展示我市规划建设成果及发展前景，让市民看到了我市光辉灿烂的明天，激发了广大市民关心规划、参与规划、支持规划的热情，提升了投资者和广大市民对我市发展的信心。

我市城市规划在高水平规划、科学决策和严格管理方面取得了较好的效果，城市面貌在不断变新，人居环境逐步改善，城市功能不断完善，城市形象不断提升。在经济快速发展的同时，优美的山水环境得到保护，历史文化、城市文脉得到了传承与发展，可以说城市规划充分彰显了对城市建设与经济发展的引领与调控作用。

三、益阳市加强城市规划管理工作的几点启示

1．从发展视角看，城市规划必须进行不懈的探索和创新

城市规划的发展是一个无止境的过程，对城市规划编制、管理的认识也是一个无止境的过程。近年来，我市城市规划在“留山水风光，建现代新城”理念的指导下，大胆创新，无论是在城市规划的理念还是在管理体制和规划设计手段上，或者在规划公示、规划编制标准等具体操作手段上，都是在实践中不断探索，在探索中

不断创新，在创新中不断完善的过程，益阳规划事业每前进一步，都闪烁着创新求变和理性执政的光芒。“没有最好，只有更好”，在城市规划中，我们坚持“带着问题前进”，边探索、边完善、边提升，成为引导城市规划不断提升的不竭动力。作为市政府，要不断提高规划决策的民主性与科学性，维护规划的权威性与严肃性，充分发挥规划对建设的引领与调控作用。

2．从开放视角看，城市规划必须树立超前理念和精品意识

城市是凝固的历史。城市规划的编制和管理关系到今后几十年甚至更长时间的城市发展蓝图，必须始终树立和坚持规划的超前意识和精品意识。我们在规划编制上，力争全面系统地形成总体规划、控制性详细规划、分区指导规划和专业规划等相互衔接、互为支撑的城市规划体系，提高城市规划的覆盖率，规划超前于城市建设与发展。在规划设计上，注重用世界眼光规划城市，借专家的知识规划城市，集群众的智慧规划城市。对于重大项目，我们坚持面向国内外广泛进行规划设计招标，引进国内外先进理念和思想，实现城市规划发展理念的突破。在城市规划人才培育和引进上，不求所有，但求所用，广泛聘请著名专家、教授参与城市规划决策，并不断培育人才、储备人才。实践证明，只有从开放的视角不断兼容并蓄，才有高起点、高标准和更加科学的城市规划，从而指导城市建设与发展。

3．从功能视角看，城市规划必须做到以人为本、服务至上

城市规划作为城市建设与发展的设计蓝图，必须贯彻以人为本，尽可能满足人们追求高质量生活的需要。在工作中，我市围绕群众最关心、最直接、最现实的教育、交通、公共绿地、住房建设规划等焦点、热点问题，在规划管理上，体现以人为本的理念，在规划设计上，包含浓厚的人文关怀。例如，实行规划审批提速，限时办理。在城市规划设计过程中，充分考虑好公共厕所、公共停车场、垃圾站点、小区幼儿园、医院、学校等公益设施，营造宜居城市。对招商引资项目，积极开辟绿色通道，主动参与，做好前期规划服务，努力营造良好的投资环境。

科学规划　精心统筹
着力构建50万人口的现代化中等城市

广东省四会市市长　陈 清

（2009年10月）

四水相汇，古邑四会，被誉为中国柑橘之乡、玉器之乡和著名侨乡，有2220多年的历史。四会地处广东省中部，属珠江三角地区。全市面积1163平方公里，人口44万，辖13个镇（街道）。地域上与广州、佛山相邻，隶属肇庆市，是广佛肇经济圈的重要组成部分。近年来，我们坚持务实发展理念，紧紧围绕建设50万人口的现代化中等城市的目标要求，全面提升城市规划建设水平，推动了经济社会全面协调可持续发展。继2006年、2007年我市连续入选“全国最具投资潜力中小城市百强”后，2008年又荣膺“中国最具投资吸引力百强城市”。目前，四会城区建成面积达23平方公里，城区人口25万多，城市化水平达到60.9%。我们在城市规划建设方面的做法和体会如下。

一、城市发展，规划先行

城市发展规划是一项庞大的工程，也是一门复杂的艺术。我们坚持规划先行，按照“科学规划、综合配套、突出特色、整体和谐”的原则，从实际出发，超前谋划土地利用、城市布局和产业发展 “三大规划”，促进了城市建设有序发展。

1．抓好土地利用总体规划修编

针对我市土地利用总体规划编制时间较早，前瞻性不足，严重影响了重大项目的建设和推进，不能适应城市发展的需要，我们今年对土地利用总体规划进行了全面修编。坚持节约用地和集约用地的原则，以严肃科学的态度处理好发展经济和保护土地的关系，科学处理好生产与生活、局部与整体、近期与远期的关系；同时，通过提高城区的容积率，增加重大项目用地、城市道路和城市公共设施用地的比例，促进城市土地资源的优化配置和高效利用，保障城市经济可持续发展。

2．抓好城市总体规划修编

城市总体规划是城市建设和产业发展的依据。我们从可持续发展的高度，启动了第二轮城市总体规划修编工作，并率先在全省范围内完成了规划修编前的实施评估工作。新规划突出系统性、超前性，注意留有余地，尽量拓宽城市未来的发展空间。既注重四会2220多年的历史文化底蕴，又充分体现新兴现代化工业城市的时代特征；既注重生态和环境保护，又注重城市的现代产业发展。新规划提出了“东扩、南联、西改、北靠”的城市发展战略，加快城市“一河两岸”开发进程，以东城、城中、贞山三个街道为中心，逐步向外扩张，对接珠三角，融入珠三角交通圈、生活圈、产业圈。在城市功能上，进行合理的功能分区，着重规划好行政中心区、商业服务区、居住生活区、旅游休闲区等，形成布局合理、功能齐全的城市发展格局。同时，我市还加大了建制镇总体规划修编力度，使我市建制镇总体规划编制率达到80%；邀请国内优秀设计单位参与设计和邀请国内著名专家参与评审，近期完成了贞山片区和新江片区的城市设计工作。以上规划和设计，为指导我市统筹城乡发展提供了科学依据。

3．抓好产业发展规划

为有效促进城市第二、第三产业的集聚，形成规模发展效应，我们对未来产业发展进行统筹规划。具体是：优化第一产业，重点发展第二产业，做大做强第三产业，形成以第一产业为基础、第二产业为主导、第三产业为依托的产业结构。农业以做大做强柑橘、生猪、水产等种养业为主，推进产业化、规模化经营。工业以省级民营科技园为统领，建设南江、富溪、新江、龙甫、下茆、迳口、金田、江谷八大工业区，培育沿路沿线经济发展带，突出园区产业特色。科学规划发展金属加工、新型建材、纺织服装、医药化工、电子机械、玉器加工六大支柱产业，引导企业向相关园区集中，形成产业簇群。第三产业大力发展以商贸物流为主的生产服务业，积极发展旅游业和房地产业，形成城市经济新的增长点。

二、城市建设，统筹推进

牢固树立经营城市的理念，按照“改造旧城区、发展新城区、提升工业区”思路，以规划为龙头，以项目为动力，以招商为手段，全面统筹建设资金、土地和项目，盘活城市资源，加快城市建设，完善城市功能，不断提高城市建设水平，努力

建设群众满意城市。

一是抓资金筹措。成立城市发展总公司，作为政府对外融资的主要平台，通过对国有资产的综合运作，实现国有资产的滚动增值。2009年通过盘活城市资源和推介城建项目，先后得到了广东发展银行、中国农业银行、农信社等多家金融机构贷款10亿多元，加快城市基础设施建设；同时，放宽市场准入条件，积极推行基础设施特许经营权招标（如城市管道煤气），吸纳社会资金参与城市建设，改变城市基础设施建设完全由政府投资的方式。积极利用BT（建设—转让）、BOT（建设—营运—转让）模式推进城市公共设施（如污水处理厂）建设，解决城建资金不足的难题。此外，争取上级政府和相关部门的扶持和资金倾斜，争取国债资金建设各项基础设施项目。在财力有限的情况下，通过多元化、多渠道、多层次拓展基础设施建设资金的来源，加快城市建设，使城市经济效益、社会效益和环境效益三者实现最佳组合。

二是抓土地运作。严格执行国家土地政策，实行统一规划、统一征收、统一招标拍卖挂牌出让、统一监督管理和集中连片开发的“四统一、一集中”政策。政府依法通过收回、收购、置换和征收等方式，进行土地储备，建立土地储备库，把分散的土地集中进行开发。在完成了房屋拆迁、土地平整等一系列前期开发后，根据城市土地出让年度计划，有计划地将土地投入市场。并组织实施国有土地使用权出让、转让的招标、拍卖和挂牌交易。加强政府对土地一级市场的调控能力。通过土地等城市可经营资源的市场化运作，实现城市资源配置最优化和效益最大化。

三是抓工程建设。重点实施“六大工程”：（1）道路畅通工程。主要抓好城市对外路网建设，积极配合做好二广高速、江肇高速以及贵广铁路、广佛肇轻轨四会段的建设，全面对接珠三角，加快融入“珠三角半小时生活圈”。切实加快国道、省道、县道、城市主干道等升级改造，解决交通瓶颈，构筑方便快捷的交通网络，不断改善投资环境，吸引人流、物流、资金流。（2）市政管网工程。水电气是城市正常运行的基本条件。我们遵循“先地下，后地上”的原则，重点抓好城市水、电、气等配套设施建设。对旧城区供水管网进行更新改造，加快水厂扩容，提高供水能力。对新城区排水、排污、电力、通信设施进行完善，保障市民生产生活需求。加快天然气管道铺设，使市民用上安全、方便、经济的天然气。（3）生态环保工程。为建设良好人居环境，我们加强生态环境保护和江河流域整治，抓好中心城区和三个中心镇生活污水处理厂以及环卫设施建设，新建、改建一批垃圾站、便民公厕，加快城市垃圾无害化处理场建设和集贸市场改造。在此基础上，抓好城市绿化、亮化、美化、净化工程，营造优美的城市环境。（4）商贸物流工程。充分发挥我市良好的区位、交通优势和产业基础优势，加快发展现代物流业，建设一批工业产品、原材料物流配送基地，改造和提升一批集贸市场，打造和策划一批商业特色街、综合商贸中心、旅游景区景点、星级酒店等。加快仓丰农副产品综合批发市场、翡翠玉器加工集散基地、马房口岸码头物流基地建设，打造现代化区域物流中心。（5）房地产工程。引进实力雄厚的房地产企业，如臻汇园、碧桂园、海伦堡、棕榈园、东莞建工集团等，实行综合配套、连片开发模式，建设了一批商住建筑、综合型住宅小区，中高档、经济适用型开发成为主流，占年开发量的70%。积极发挥政府宏观调控作用，建设安居房，满足困难群众对住房的需求。加快智能化、生态型的高尚住宅小区和精品商务写字楼开发建设，提高城市品位。（6）科教文卫体工程。随着人民群众生活水平不断提高，文化需求日益增长，我们在城市建设中充分考虑教育文化、医疗卫生场所等的建设，加快图书馆、文化馆、博物馆、体育馆、影剧院、社区卫生站（所）等设施的建设和升级改造；同时，通过吸纳社会资金参与，如万隆医院、碧海湾学校、实验小校等都是通过吸引社会资金进行建设的项目。所有的城市建设项目都从方便百姓的生活、有利于提高百姓生活质量出发，依靠政府、企业等各方力量共同推进。

当前，四会正处于工业化、城市化加快发展的“黄金时期”，发展前景广阔。《珠江三角洲地区改革发展规划纲要》实施后，我市提出在未来10年，再造一个四会新城，再造五倍经济总量，城区面积从目前23平方公里扩建到46平方公里，城区人口从25万增加到50万。我们将紧紧抓住打造广佛肇经济圈的契机，高起点规划、高标准建设和高效能管理，进一步拉开城市框架，加快城市化进程，不断完善和提升城市综合功能，促进经济、社会和环境的协调发展，努力把四会建设成50万人口的现代化中等城市。

推进城镇化实践的体会及思考

广西壮族自治区来宾市副市长　陈维

（2009年4月）

城镇化是经济社会发展的必然趋势，是工业化、现代化的重要标志。广西壮族自治区党委、政府高度重视城镇化问题，特别是近年来，坚持把推进城镇化进程作为贯彻落实科学发展观、加快经济社会发展的重大战略举措。全区上下形成了推进城镇化的共识和合力，城镇化步伐明显加快。到2008年年底，广西城镇化水平达到38.2%，比2000年的28.13%提高了10个百分点。

加快推进城镇化，广西有良好的条件和机遇。工业化是城镇化的基础，"十一五"期间，广西工业总量不断扩大，结构不断改善，效益不断提高，工业对经济增长的贡献率也大幅提升，工业主导经济的局面初步形成；城镇综合经济实力增强，城镇基础设施和人居环境明显改善，更为重要的是，广西正面临着国家深入实施西部大开发战略、中国—东盟自由贸易区建设加快、中国—东盟博览会落户南宁、发达地区产业转移加快等机遇。所有这些都为广西扩大对外开放、加强区域合作、推进工业化、城镇化提供了十分有利的条件。广西要在2010年前后，城镇人口达到2100万，城镇化水平达到40%。但广西城镇化建设还存在不少问题和困难，加快发展的任务还很艰巨、繁重。2006年9月，广西区党委召开全区推进工业化城镇化工作会议，提出要走适合广西的新型工业化道路和新型城镇化道路，实现新突破，引领全区经济社会更快更好发展。广西经济总量小，经济结构性矛盾突出，总体实力不强，一个重要原因就是工业化、城镇化滞后。当前，我国已进入工业化中期阶段，东部发达地区正向工业化成熟阶段迈进，而广西仅处在初级阶段。工业化、城镇化的差距，是广西同全国和发达地区的主要差距。要追赶发达地区，实现加快发展，就必须把工业化、城镇化作为加快发展的主导方向、核心战略。城镇化是一个复杂的系统工程，是一项艰巨的任务。对城市领导者来说是不断增强执政能力、提高城市管理水平、强化实践探索的过程。

从自治区建设厅到来宾市任职以来，从宏观到微观，从务虚到务实，在城镇化推进过程中，通过不断地思考、探索和实践，开阔了视野，拓展了思路，有了初步的体会和收获。

一、对自治区党委提出加快推进城镇化进程战略意义有了更进一步的认识

城市是经济、政治、科技、文化、教育中心，是现代工业与第三产业集聚地，在地方经济中扮演着举足轻重的角色。城市化程度是一个国家经济发达程度，更是工业化水平高低的一个重要标志。随着城市化程度的提高，城市在社会经济发展中的作用会不断增大，利用城市的自身优势带动和帮助所在地区的经济发展，将形成很强的辐射作用。对城市领导者来说务必增强加快城市发展、提高城镇化水平的紧迫感和责任感。来宾是一个新兴的城市，当务之急是完善基础设施，扩大城市规模，提高城市辐射能力。

二、对城市的规划、建设和管理三者之间的相互关系有了更深的理解

规划是城市发展的“龙头”，是城市建设与管理的直接依据。规划起着协调城市各方面发展，对空间布局、城市资源、土地利用、重大基础设施等进行综合配置和统筹安排的作用，集中体现了国家意志和人民利益。一个城市能否建设好，管理好，关键是要有一个好的规划，要充分发挥城市规划的调控和引导作用，这样，城市的发展、建设、管理才有明确的方向和目的，才能避免盲目性，甚至破坏性。规划具有权威性和严肃性，不能由于长官意志或局部利益而随意变更。规划必须高起点，才能适应和满足城市建设和管理的需要。因此，只有尊重城市规划、建设、管理的规律，正确处理三者的关系，坚持高起点的规划、高水平的建设、高效能的管理，一个城市才能成为布局合理、设施齐全、功能完善、环境优美的良好生存空间。

三、对城市历史文化遗产保护有了更明确的认识

文化遗产的保护与利用既是经济问题，也是政治问题。我们强烈感受到了历史

文化保护与利用是城市可持续发展战略的基础环节，是城市综合竞争力的重要指标，是建设特色城市最低成本的捷径，对于一个地区的经济发展起着巨大的推动作用。城市传承着历史文脉。历史文物、历史街区、历史名城，这些都是城市的骄傲和无价之宝，是用金钱换不来的。因此，对城市历史文化遗产的保护是一项任重而道远的工作。我们一定要仔细地认定保护对象在历史文化保护的三个层次中，应属哪个层次、应采取何种方法。属于文物保护单位的，要“原物保护”，属于历史文化街区的，要“原貌保护”，属于历史文化名城的，要“风貌保护”。只要对保护的层次、保护的原则、保护的内容有了明确的认识，作为城市珍贵财富的历史文化遗产就会代代相传，永续利用。

任职以来的实践探索，引发几点思考。

一、如何理解推进城镇化进程和新农村建设问题

从表面上看，这是一对矛盾，既然城镇化是解决“三农”问题的根本出路，为什么还要强调推进新农村建设呢？我认为应该从三方面去加以理解和认识，一是要从中国的国情认识重视“三农”问题，正如国务院一位领导所说：中国不会没有农村，中国不能没有农民，中国的农村不能落后，中国的农民还必须得到政府的帮助。二是党中央、国务院关于新农村建设“生产发展、生活宽裕、乡风文明、村容整洁、管理民主”的20字方针，着重强调的生产发展，中心工作是发展生产，根本出路也是生产发展，不能把新农村建设错误地认为是新村建设，村容整洁只需通过“村容整治”得以实现，而且村容整治要避免五种误区：大拆大建、大包大揽、城乡不分、公私混淆、急功近利。三是完整意义上城镇化的科学含义，应当包含两个互相联系、互相补充的内容：一个层次是农村人口转化为城市人口，另一个层次是转入城市的那部分人的生存条件、生活方式、生活质量等的城市化。前一层次的城市化含义是形式，后一层的城市化含义是内容。健康城镇化的关键是富余劳动力有序地从农村移民到城市并且很好地解决生存条件的过程，这个过程应当是一个自然和谐的过程。

二、城市规划建设过程中如何处理风格雷同、“千城一面”问题

由于对城市现代化的片面理解和互相模仿，争建国际化大都市，争建中心商务区之风泛滥，盲目追求高层建筑、大广场、大草坪、大马路。造成从南到北，所有

城市风格雷同，千城一面，失去特色。广西首府南宁琅东新区，高楼林立，因具有一点上海外滩大都市气息，我们还感到自豪，可是在学术界上对外滩风格迥异的海派建筑群被批评为“万国建筑博览会”。产生这种现象的原因有不少，最根本的一个原因是部分有审美引导权的建筑师们、城市政府的决策者和部分有投资决策权的老板们盲目并且普遍地崇洋，他们对本民族的艺术源泉缺乏深刻的理解，故而对传统、民族、本土的艺术风格缺乏创造的自信。解决问题的根本出路，在于提高决策者、投资者和建筑师们的综合素质。突出城市特色，关键是要处理好四个关系：一是自然因素与人工因素的关系。要尽可能地顺应、利用和尊重富有特色的自然因素，创造自然与人工相结合的美好环境。二是多样性与统一性的关系。城市建筑应当多样化，同时又要维护城市的统一性、整体性和协调性。三是新与旧的关系。有特色的现代城市，既要珍惜和保护具有历史文化传统的旧建筑，又要建起一批具有时代感和创新意识的新建筑。四是重点和一般的关系。城市的各项建设量大面广，要使城市体现特色，一定要突出重点，照顾一般，不可能处处体现特色，重点是搞好总体构思，精心设计和建设好重点街区和建筑群。建筑是城市文化的具体表现，如果城市建筑能真正体现“简洁中透出精致、简洁中透出雅致”，我们的城市就能经受历史的考验。

三、在城市规划建设中如何解决城市亲水问题

在几千年的人类文明进化史中，河流一直扮演着重要的角色，广西的城市，得天独厚，绝大多数城市滨江滨河或滨海而建，却又普遍存在“有江无水”现象，所谓“无水”是指市民与流过身旁的母亲河之间没有亲切感。开创广西先例的集防洪、道路、景园于一体的南宁邕江两岸的堤园路，我认为也不能算是成功之作，从实际应用看，真正起作用的是防洪和道路，由于没有实现生态、亲水的效果，平时观光、休闲、锻炼的市民并不多。造成这种问题的共性，除认识上存在局限性外，最主要的原因是行政管理体制没有理顺，城市河道的管理是水利部门，执行的是《防洪法》，城市规划部门执行的是《中华人民共和国规划法》，不同的管理部门赋予了城市河流不同的角色，河流在城市中的功能和地位当然就会不同。寻求最佳的结合方案，是城市管理者、园林设计师和水利工程师的首要任务，随着城市的发展 ，城市滨水区作为城市中城市防洪、生态环境和市民活动最为主要的地带，其规划涉及多学科、多方面的问题 ，关键要遵循安全性、生态性与亲水性三项原则，以综合的视角、进行多目标的规划设计 ，通过形式多样的造景手法创造丰富的空间变化 ，形成优美的水体景观 。

抓创建　重巩固　促延伸
建设干净、舒适、温馨的黎苗风情小镇

海南省保亭县县长 彭家典

（2009年10月）

几年来，保亭县以创建“国家卫生县城”、“国家园林县城”和“国家文明县城”为抓手，抓创建、重巩固、促延伸，以建立常态管理机制为重心，狠抓环境卫生整治，使保亭县城面貌有了可喜的变化，县城建设稳步向“干净、舒适、温馨的黎苗风情小镇”目标迈进。我们的主要做法如下。

一、抓创建，“使国家卫生县城”成为保亭一张亮丽的名片

近年来，我县坚持“生态立县”，以差异化定位，特色化发展思路，努力实现与三亚国际滨海旅游城市的高端对接。县委提出了“构建文明生态健康县，打造黎苗文化品质城”的发展方向。但是，我县基础较差，县城撬动发展的功能太弱，人民观念和财力都跟不上，用什么来实现开放文明与文化品质的突围成为必然抉择。通过调查分析，我们决定挑战自我，四两拨千斤，把创建国家卫生县城作为县城建设抓手，把整治环境卫生作为切入点。目标确定后，县委做出了创建国家卫生县城的决定，制订创建方案，把领导重视体现在“明确责任、加大投入、创新机制、全民参与、齐抓共建”20字要求上，在全县开展了告别“脏、乱、差”的环境卫生大整治行动。在明确责任上，对照创建“国家卫生县城”的各项指标，以定任务、定责任、定时间“三定”列表，将责任明细分解到各单位、各部门。在加大投入上，近年来，我们针对差距，围绕突出民族、人文、园林“三大特色”，投入资金5000多万元，实施 “三化工程”，基础设施不断改善。一是实施绿化工程。建设七仙文

化广场二期11 000平方米的绿地公园；建设县城东西各1公里长的出口路绿化带，补充完善从县城通往七仙温泉旅游区7公里长的绿化长廊，使县城和七仙岭温泉旅游区形成大园林格局。目前，县城绿化覆盖率达53%，绿地率达45%，人均公共绿地面积达19平方米。二是实施亮化工程。投资250万元，对县城路灯进行全面改造建设，打造景点照明精品工程。新安装路灯300盏，改造破损路灯350盏，主要街道大楼安装霓虹灯，城区街道和公共场所亮化率达100%。三是实施硬化工程。先后建设与改造了七仙大道、七仙文化广场路、保兴路、拦河坝路、沿河路等，使县城道路四通八达，布局合理。城区道路硬化率达97%，人均道路面积19.3平方米。在创新机制上，建立了责任、宣传、惩处和舆论监督“四大”机制。特别是在县电视台开设了“卫生监督岗”和“讲文明，讲卫生大家谈”栏目，发挥社会监督作用。县主要领导亲自明察暗访，带着电视台记者将各种不文明卫生行为在县电视台曝光，让群众点评。设立举报电话，做到接报就查、有过必纠、严管重罚。在齐抓共管上，建立了创卫联席会议制度，爱卫会、卫生、城管、工商、教育、文化、环保、建设、财政、交警等部门组成联席成员单位，抓监督，抓检查，共解难题，共破难关，全县形成“讲卫生光荣，不讲卫生可耻”的浓厚氛围。2006年11月，县城保亭通过国家级验收，获得了“国家卫生县城”称号。

二、重巩固，使国家卫生县城管理成为一种常态

如果说创建工作是攻坚战，巩固创建成果就是持久战和保卫战。创建成果能不能保持下来，关键在于有一套符合实际的、管用的管理机制和有一支过硬的管理队伍。为此，县政府每年都下达整治任务。如2008年和2009年连续两年以七仙温泉嬉水节为抓手，分别实施环境整治百日大会战，县领导坚持不定时期明察暗访、曝光整改制度，发挥领导力的作用。在管理机制上，以常态管理为核心，城监、环卫、园林、市政等部门采取定路段、定标准、定人员的“三定”管理办法，一改“派工式”松散管理为“定点式”包干管理。在监督考核上，实行工作效果评价制度，对各班组、各岗位工作进行“日讲评、周通报、月考核”，并与工资奖金挂钩，使长效管理机制落到实处。在工作机制上，创新环卫作业方式，街道实行“一扫全保”作业制度；同时，创新建设项目环卫跟踪制，做到管理全覆盖。在队伍建设上，主要抓好“四到位”。一是支持到位。旗帜鲜明地为城管撑腰。如2006年年初发生一起打骂环卫工人案件，我们狠狠整治曝光。二是奖罚到位，奖勤罚懒。三是鼓励到位。在环卫系统工作第一线产生了一名省五届人大代表。此外，加强对环卫工人的

技能培训。几年来投入100多万元，开展业务技能培训，让环卫工人有干头、有奔头。四是关心到位。想方设法为环卫工人排忧解难。每年春节，县四套班子领导集体慰问环卫工人，与环卫工人一起吃年饭，一起座谈联欢；同时，号召全县人民向环卫工人学习，激发环卫工人的荣誉感和爱岗敬业精神。

三、促延伸，使创建成果成为“构建文明生态健康县”第一推动力

目前，我们把着力点放在放大创建效应，使创建成果由点向线向片延伸。主要抓好“双推”工作。一是纵向推进。以国家卫生县城为新起点，先后于2007年创建了“国家园林县城”，2008年创建了“国家文明县城”。群众的文明程度在联创中得到历练与提升。二是横向推进。把创建成果扁平化，向全县乡镇延伸。乡镇环境卫生也逐步收归县城管局统筹管理，并与省公路局等单位协助，对进入我县的主要交通和景区道路实行全县保洁。

西南地区

重庆市开县新城规划建设管理情况

重庆市开县副县长 李培中

（2009年4月）

一、开县的基本情况

（一）开县的基本县情

开县位于重庆市东北部，三峡库区小江支流回水末端，是刘伯承元帅的故乡。全县辖区面积3959平方公里，人口158万。地势北高南低、呈“六山三丘一分坝”地貌。开县基本县情表现为以下几个特点：第一，移民大县。全县淹没区面积达55.5平方公里，规划搬迁16.88万人，移民任务占三峡库区的10%，四期移民任务占了重庆库区的60%以上。第二，资源大县。境内天然气资源富集，天然气储量约2650亿立方米，2007年开县采输气量约占全市的1/6；同时还有大量的煤、矿产、木材等资源，旅游资源也较为丰富。第三，农业大县。开县是全国100个生猪大县、100个产粮大县、100个水果大县和重要的药材基地县之一，粮食、肉类、水果总产量位居重庆市前列，基本建成以魔芋、中药材、绿色蔬菜、茶叶等为骨干的特色产业。第四，劳务大县。常年有46万多人的劳务大军走南闯北，2007年全县实现劳务收入23.5亿元，劳务经济已成为开县农村的“第一经济”。第五，贫困大县。开县经济基础较薄弱，北部山区条件恶劣，贫困量大，全县尚有贫困人口13.6万，是国家扶贫开发重点县。

（二）开县城市规划建设管理基本情况

开县属三、四期三峡移民重点县，因三峡工程蓄水，具有1800多年历史的旧县城已于2008年年底全淹全迁。经1992年三峡工程库调确认，县城直接受淹人口41667人，受淹房屋223.27万平方米。国家根据我县旧县城淹没的指标，按照移民搬迁结合库区经济社会发展的原则，对新县城规划最终核定用地规模约581公顷，复建各类房

屋198万平方米。移民补偿静态13.3亿元，其中基础设施建设投资6.2亿元。

根据规划新县城到2010年，人口达20.9万人，到2012年，建成面积将达30平方公里，人口达30万人，初步形成具有“山水园林风格，帅乡文化品位，滨湖城市风貌”的库区一流县城。到2020年，建成面积将达50平方公里，人口达50万人，最终建成生态滨湖城市和森林城市。

目前，新县城建成区面积21平方公里（其中，主城区18平方公里，包括中吉、安康、平桥三个组团；白鹤2平方公里；镇东、丰乐各0.5平方公里），人口25万人，是重点发展能源、建材、食品、天然气化工、旅游和商贸物流的生态型旅游城市。

二、开县新城规划建设的实践与探索

1800年历史的开县旧县城规模较小、发展滞后，县委、县政府紧紧抓住移民迁建这一千载难逢的机遇，大胆解放思想，增强战略眼光，摒弃原规模复制和克隆式搬迁，运用市场经济手段，以移民带动开发、以开发推动发展，按照滨湖森林宜居城市定位，高起点、高标准、大手笔规划建设城市，开县新城从1993年开始启动建设以来，到目前已经打造出了一座崭新的移民新县城。

（一）坚持科学发展观，高起点、高标准、高水平规划新城，提升城市品位

移民迁建，是千载难逢的历史机遇。我们紧紧抓住旧县城全淹重建的有利契机，坚持在移民中搬迁，在搬迁中发展，立足本土特色，找准城市定位，按照库区一流县城的目标高起点规划新城。在规划上适度超前，在理念上追求先进，全面放开规划市场，投入巨资，引进知名设计单位，按照“精品化、特色化、生态化”和建设宜居城市的要求，高起点规划新城，进一步升华了“组合化搬迁提升城市形象、花园式搬迁优化人居环境”的理念，充分挖掘人文、本土、生态等建筑元素，充分考虑了城市基础设施的全面恢复配套，城市功能的合理布局和 “山水园林风格，帅乡文化品位，滨湖城市风貌”城市总体特征的充分彰显，按照“因地制宜，量力而行，尽力而为”的原则，投入巨资，先后编制了《开县城市总体规划》、《开县汉丰湖滨水区城市设计》、《开县新县城城市风貌概念设计》、《开县新城管网综合规划》等几十项规划。围绕“山水园林风格，帅乡文化品位，滨湖城市风貌”的总体特征，在城市风貌设计、专业设施建设等方面对城市建设发展的规划体系进行了全面修编完善。在新城规划实施方案中，坚持“公建规模化、住宅小区化、单位组合化”，强化规划管理到位，做到“规划一张图、审批一支笔、建设一

盘棋、管理一条龙”，有效地解决需要与可能、移民与发展等一系列问题，既节约了土地和资金，又提升了城市形象。

（二）坚持实行开发性移民，市场运作，广筹资金，高标准建设城市，提升城市规模

我们把握移民机遇，利用移民政策，坚持“以移民启动开发、以开发带动发展、以发展促进建设”的指导思想，充分利用市场经济的运作办法，多方整合资源，谋求在移民中发展，在发展中移民。在县城迁建中，始终遵循城市化的基本规律，始终坚持从严从紧的移民政策，找准两者的结合点，大力实施市场化运作，努力化解资金问题，极大地推进了新城建设。一是利用规划提升土地级差地租、按照经济规律依法拍卖土地、将土地资源转化为建设资本。我们成功运作了一批住宅小区和商业街区，既解决了建设资金不足的问题，又提升了城市建设的档次；同时，对迁建单位超规模用地，严格收取超规模用地“一金两费”，对规划预留地块实行公开招、拍、挂，筹集一批资金。二是充分发挥政府与迁建单位各自的优势，与其他省区的兄弟县、县级迁建单位与其他省区的对应单位广结对子，通过对口支援这一平台，分级争取对口支援，及时弥补建设资金的严重不足，争取一批资金；我们的城市道路建设，一些机关事业单位的搬迁，都得到了对口支援单位和上级部门的大力支持。三是采取“引资联建”的方式，实现了迁建单位与开发联建商利益的互补，引入一批资金；我们的新世纪百货商都等，都是运作得比较成功的。四是争取开发银行贷款和BT建设模式，解决一度时期基础设施建设资金调度难题，融入一批资金。五是采取社会、移民投资建房和购房的办法，广泛吸纳社会资金注入新城建设。破解了移民资金补偿标准低的“瓶颈”制约难题。我们在建设程序上，简化程序，压缩环节，在项目实施上，科学统筹系统实施，努力避免重复开挖，实现了建成区“五通四化”（水、电、气、电视、电话通讯和道路硬化、绿化、亮化、美化），配套建设了学校、医院、市场、车站、广场，实施了城市夜景灯饰工程，以及“古树进城”、湿地建设工程等，极大地改善了群众的居住环境。

（三）围绕打造最佳宜居城市，高效能管理城市，提升城市形象

在抓好新城规划和建设的同时，我县高度重视城市管理工作，大力开展以“打造亮丽城市、共建美好家园”为主题的“城市管理年”活动，积极开展“重庆市卫生城市、重庆市山水园林城市”的创建活动，不断创新城市管理理念和工作机制。第一，抓治理，努力打造优良的人居环境。城市人居环境好坏直接关系到城市的形象。为此，我县按照“治乱为先，治脏为本”的要求，以“洁净化”、“秩序

化”、“品味化”为目标，重拳治理城市“脏、乱、差”现象。一是深入治理环卫秩序，实施全方位、全天候保洁，及时归集暴露垃圾和白色污染，做到日产日清；开展了城区污水治理和城区饮用水源专项整治专项行动，雨污混流、污水直排现象得到有效遏制。二是切实治理市场秩序，取缔了一批非法市场和流动摊点，加大了城区内马路市场、占道经营、乱摆乱放等违规行为的查处力度。三是重拳整治了交通秩序，严肃查处闯红灯、乱停放、超速超载、无牌无照、乱穿乱行等违章行为，加强了客运市场的管理，取缔了一批从事非法拉客的流动客运市场。四是有力地整治了建筑秩序，扎实开展了“防尘降噪”专项整治活动，在新县城安康片区创建噪声达标区和烟尘控制区，严肃查处了一批乱搭乱建、加楼加层的违章行为。第二，抓配套，不断提升宜居城市整体功能。人归其所、物畅其流是城市管理最为成功的标志。为此，我县着眼夯实城市管理基础、凸显城市功能，着重抓了三个方面的工作：其一是围绕“新建一批、整合一批、完善一批，促进城市形象与民生改善协调统一”的思路，合理确定了已形成市场的功能分区，加紧论证建设各种专业市场；其二是加快了一批重点公益项目建设步伐，推进了月潭公园、南山森林公园、举子广场、古树园等项目建设，启动了城周大慈山、南山的绿化工程建设，加快了森林城市建设步伐；其三是完善配套了一批市政公益设施，加速了城区道路硬化、环卫设施、路灯等市政设施的完善配套，极大地方便了群众。三是抓创建，积极营造浓厚的城市管理氛围。围绕“创建市级文明卫生城市”这一目标，充分发挥县文明办、爱卫办的牵头协调作用，积极组织开展了“城乡共建文明，提升开县形象”文明行动，组织开展了“迎奥运·讲文明·树新风”礼仪知识大赛，举办了开县首届花卉展和“县树·县花”评选活动，定期组织开展了城区万人保洁活动，积极开展了社会认养、认建活动，开通市政110热线电话，辟建开县市政公用信息网，通过多形式、多层次、广覆盖的社会共创共建活动，形成了全社会共同参与城市管理的新局面。四是坚持实行生态优先，大力实施森林工程，提升城市美育度。发展与宜居互为因果，相融并进。我县坚持生态立县、生态优先，抓住开县纳入“库区生态环境消落带治理先行区”的机遇，着眼打造15平方公里“汉丰湖”景观，按照“城在林中、林在湖中、湖在山中、意在心中”的城市定位，把城市建设与生态建设有机结合，加快实施水位调节坝工程、城市森林工程，重点实施“一湖四山”生态绿化、“九凤环翠”、滨湖“百里画廊”等项目，凸显山水园林风格、滨湖城市风貌。加快实施滨江公园、月潭公园、南山公园，体育场、举子文化广场、移民纪念广场，开州影剧院等“三园三场一院”重点项目工程，完善学校医院等功能配套，实现了1平方公里有一所小学、3平方公里有一所中学，大大提升了移民新城的形象和档次。2007年，开县移民新县城成功入选重庆“巴渝新十二景”。

三、开县新城的未来与发展

开县新城虽然在规模、档次、特色等方面都取得了一定的成效，但还需要我们进一步加强管理和完善，我们将围绕“山、湖、城”做文章，建设三峡库区以湖光山色为生态导向，以湿地公园为主要特征的安全、宜居的森林、旅游移民新城。一是全面落实市委、市政府建设森林城市的战略部署，积极创建国家园林城市。二是申报中国人居环境奖和联合国人居环境奖，争创三峡库区最佳人居环境城市。充分利用开县移民新城入选巴渝新十二景这个资源，按照标准和要求，积极开展创建活动。三是全面落实《宜居城市科学评价标准》的各项要求，实现建设“宜居城市”战略的目标。

先导在规划　重点在建设　关键在管理

——简阳市城市规划建设管理的初步探索

四川省简阳市市长　段成武

（2009年10月）

近年来，我市围绕把简阳建设为成渝走廊明珠城市的目标，坚持“合理规划、配套建设、完善功能、提升品位”的方针，从中心城区功能定位出发，以“三城同建”为载体，改造河西老城区，拓展河东行政区，拓展城南工业区。以项目建设为抓手，高起点规划，高质量建设，高水平管理。以市场经济为杠杆，发挥区位优势，吸纳八方资源，创新经营模式。探索了一条路子，积累了一些经验。

一、基本情况

简阳市素有“天府雄州”、“蜀都东来第一州”之美誉。全市幅员2215平方公里，辖55个乡镇，总人口145万，其中主城区人口20万，是全国粮油、肉类、水果生产区和四川粮经作物主产区之一，是国家农业综合开发支持新农村建设示范市（县）、四川首批扩权强县试点市（县）、四川省农业产业化龙头企业集群发展试点市（县）和资阳市统筹城乡示范市（县）。

交通区位优越。简阳处在承接成都辐射的最短半径之内，是川东、川南资源要素向成都聚焦汇集的前沿端口和成都经济区的重要组成部分，距成都市区48公里，成渝铁路、成渝高速公路、318、319、321国道交会境内，随着成安渝高速公路、成渝城际铁路、成都外环高速公路、成资及成简快速通道的建成，简阳将全面融入成都“半小时经济圈”。

工业基础较好。简阳是国家“三线建设”重要基地，已形成机械制造、橡胶化工、农产品加工、纺织服装、药业药械五大产业集群，空分、海大、南格尔、港通等一批优势企业步入全国先进行列，中国名牌产品、中国驰名商标实现重大突破。

农业优势突出。简阳生猪、山羊出栏总量名列全省前茅，省级农业产业化龙头企业数量位居全省第一，生猪三级良繁体系日臻完善，“六方合作＋保险”机制不断创新，经验在全国广泛推广。晚白桃、食用菌、冬草莓、青花椒等特色农产品享誉省内外。

三产繁荣活跃。简阳三岔湖、龙泉湖等旅游资源丰富，极具发展潜力，已被列为四川省新五大旅游区之一。“简阳羊肉汤”闻名全国，“海底捞”火锅在北京、上海、西安、郑州等市家喻户晓。

近年来，我市按照“产业品牌要响、城市名片要亮、城乡统筹要新”的发展思路，高起点规划城市，高标准建设城市，高水平管理城市，谱写了一段构建和谐城市的新篇章。目前，建成区面积达20平方公里，城市化率达34%。

二、主要做法

（一）高起点规划，构筑现代化城市框架

一是科学定位。依托简阳毗邻成都的区位优势和拥有“两湖一山”、“一江两岸”的资源优势，将简阳城市定位为“成渝经济带上的一颗生态明珠”，打造成成都周边独具特色的山水园林城市和最佳人居环境城市。

二是完善规划。以“两城一区”为城镇体系主构架，实施50平方公里大城市、三岔镇30平方公里中等城市，成都·资阳工业发展区100平方公里的“两城一区”规划，开展城市总体规划修编和“一江两岸”景观规划，高起点、大手笔、分阶段实施城市建设。

三是强化管理。通过建立规委会、城建例会、拆迁例会、项目例会、土地审批例会等一系列制度，做到每一项工程从规划审批到开工建设都严格把关；同时，对规划建设项目实施全方位监管，维护城市规划的权威性、严肃性和统一性。

（二）高标准建设，加快现代化城市进程

一是基础设施更加完善。按照“抽松旧城、拓展新区”的思路，完成了内南环线、城南大道、天成路、文化广场、城区防洪堤等重点项目建设。抓住全省建设西部综合交通枢纽机遇，推进成安渝高速公路、成渝城际客运专线、国道321线改造、成资快速通道、成简快速通道等重大交通项目建设，实现融入成都半小时经济圈发展。建成海上花园、精华逸景、河景馨城等20余个小区，人居环境得到极大改善。

二是东城新区快速拓展。围绕打造“一江两岸”城市景观，重点抓好东城新区项目建设，已完成市级机关办公楼、沱三桥、雄州大道AB段、滨江路北段、京龙江水湾、二期安置还房等项目建设。雄州大道C段、中心公园、东溪旧城改造、沱一桥、鳌山公园、市中医院、妇幼保健院、江水湾三期、雄州新城等项目建设正加快推进，东城新区城市框架拓展到4平方公里。

三是城市功能不断提升。完善旧城区商业网点规划布局，规范城南、城北农贸市场、建材市场、汽配场等交易市场，加快东城新区水网、路网、电网、气网、通信、医院、邮电、学校等配套设施建设，为经济社会持续快速发展提供了有力支撑。

（三）高水平管理，塑造现代化城市形象

一是深化改革。在四川省县（市、区）中率先成立了城市管理行政执法局，集中行使城市管理行政处罚权，从源头上解决了城市管理长期存在的多头执法、交叉执法、重复处罚等问题。整合城市管理职能，由城市管理行政执法局统一管理环卫、园林、市政等部门，改变了城市管理缺乏执法权的局面。

二是营造环境。以建设山水园林城市为目标，以城乡环境综合整治为抓手，集中开展城区背街小巷、城郊结合部、城中村、建筑工地、乡镇场镇、旅游景点等重点部位整治。由市财政每年安排城市建设切块资金3000万元，对城区人行道实行彩化、亮化、绿化。大力推行小区规范化物业管理，深入开展全市创建省级文明卫生城市工作。

三是强化管理。坚持划片包干、责任到人，实行链条式岗位目标责任制，加大市容环境卫生、园林绿化、市政工程的监察力度，对农贸市场和建材市场进行集中整治，对自发形成的影响交通、妨碍居民生活的零散市场进行“多元聚合”，安排到大市场固定摊位经营，扩大了市场规模，净化了城市街道。

三、工作体会

（一）必须坚持解放思想、更新观念，为统筹城乡发展提供思想保障和持续动力

思路决定出路，观念决定办法，思想解放程度决定着城建工作成效。如何将美好的理想变为现实，将纸上的蓝图变为流动的风景线，一切就靠一个“干”字。因此，在城市建设管理中，我们把解决想不想干的精神状态问题、敢不敢干的思想观念问题、会不会干的发展思路问题、能不能干的工作作风问题放在首位，督促各级

各有关部门破除盲目自满、故步自封的思想，增强危机意识；破除传统观念和思维定式，勇于创新，敢为人先；强化领导干部的责任心、事业心，充分调动各层面工作的积极性和主动性。

（二）必须坚持规划先行、合理布局，彰显人本精神和城市特色

在规划编制过程中，我们充分考虑简阳经济社会发展需求和未来发展趋势，留足城镇发展空间，并充分体现自然景观、地域文化和产业特色，确保规划的超前性和科学性。对于西城旧城，重点对规划区内道路、排污、园林绿地等城镇基础设施进行全面统筹规划，使地面建筑与地下设施、平面布局与立体景观、经济效益与环境质量等协调统一，做到分区科学、布局合理、特色鲜明、设施配套、功能完善、环境优美。对于东城新区，把行政办公、交通物流、教育医疗、商贸服务等一次性规划到位，建成体现山水园林特色，塑造“一江两岸”景观，展示简阳经济社会发展成果的现代化、综合性城区。对于城南新城，充分结合其交通区位、周边产业转移等要素，立足支柱产业、特色产业和主导行业配套产业进行规划，对重点服务功能设施进行超常规的建设。

（三）必须坚持创新理念、广聚财源，实现城市建设与经济发展的良性互动

在打造城市品牌方面，围绕山水园林特色深挖城市内涵，精心做好园林绿化、生态景观建设、市政公用设施建设等工作；围绕创建省级文明卫生园林城市狠抓环境综合整治和高效、长效管理；围绕工业经济大规模投入，加快园区开发、基础配套，建成了6平方公里的工业开发区。在利用城市品牌方面，最大限度地挖掘和盘活城市现有资源，以实现“以地生财、以财建城、以城引财、滚动发展”的目标，先后整合砂石资源、土地资源、规划资源等城市有形和无形资产，灵活运用公共设施经营权拍卖和BT、BOT等手段，实施了总投资达5.2亿元的重点基础设施项目。在城建招商工作中，定位于以商贸服务设施和房产开发为主体，坚持招有带动能力和发展潜力的大商。通过引进四川千驹房产、重庆九城置业等省内外知名房地产企业，打造了京龙·江水湾、逸水鼎城、阳晨·新世界等一批精品楼盘，建成了香港城、阳晨建材市场等一些大型商贸中心，带动了城市物流及相关产业发展，成为城市建设新的动力源。通过经营城市品牌，拓宽融资渠道，使城市建设与经济、社会事业互为依托，良性互动，随着城市化进程这一主线同步、和谐、健康、快速发展。

四、下步打算

当前，我市正处于加快发展的关键时期，建设成都经济区经济强市各项工作十分繁重。我们要立足实际，借鉴经验，开拓创新，努力做好城市建设管理文章，为全市经济社会又好又快地发展创造良好的环境。

（一）切实加强规划管理，充分发挥规划的龙头引领作用

规划是建设和管理的根本依据，是保障城市功能格局有序发展的重要基础。一是坚持“先规划、后实施，钢规划、铁实施”的原则，保证建设服从规划、建设按规划进行。二是加强规划实施的监督管理，实行“规划一张图、管理一本法、审批一支笔、建设一盘棋、实施一道令”，保证规划执行的严肃性。三是加强规划体系建设，在认真执行城市总体规划的基础上，把规划工作的重点放在各类专项规划、控制性详细规划和修建性详细规划的编制上，为完善城市服务功能提供配套制度。四是加强规划论证，建立技术设计、专家会审、社会公示和政府决策分级审查制度，广泛听取社会各界的意见和建议，增强规划决策的科学性。

（二）加快基础设施建设，全力打造城市建设的精品工程

我市城市建设欠账较大，特别是基础设施建设还比较滞后，城市的保障服务功能有待进一步提高。一是进一步加大基础设施建设投入，加快旧城区道路改造和新城区主干道建设，加强城市供排水、污水处理、生活垃圾处理以及停车场、广场、公厕等的建设，不断配套完善城市功能。二是按照“一江两岸”城市景观、城市颜色打造的要求，坚持高起点规划、高标准建设，突出简阳地方特色和文化内涵，努力建成山护城、水绕城、城园一体的山水园林城市。三是坚持由近到远、由城市到农村、由人口密集区到人口稀疏区开展绿化的原则，优先发展城市绿化，让市民分享城市建设成果。四是将房地产开发同旧城改造结合起来，加快旧城改造特别是“城中村”的改造，提升城市建设的档次和形象。

（三）全面拓宽融资渠道，积极探索城市资产经营的有效途径

城市建设必须坚持多元化融资方向，逐步建立以政府投入为主的多元化城建投融资体制。一是加强融资平台和诚信体系建设，积极探索城建融资的有效途径，更大程度地吸引开发性金融参与市政基础设施建设。二是放宽准入限制，积极推进市政基础设施的市场化经营。借鉴四川绵阳等地的经验，通过采取TOT、BOT、BOO等方式，吸引有实力、会经营的企业参与市政基础设施建设。三是切实发挥城投公司在政府融资中的核心作用，通过投资经营、借款、担保等方式，建立新型的城市建

设投融资体制及贷款运作机制，提高政府的融资能力。四是加强政府对土地市场的垄断管理，坚持经营性用地的招拍挂出让，努力形成土地开发利用保障城市建设的良好格局。

（四）大力推进管理创新，着力构建规范管理的长效机制

城市发展“三分建、七分管”。城市越发展，越需要加强城市管理工作。一是进一步推进城市管理体制改革，尽快实现从联合执法向综合执法、多口管理向归口管理转变。二是尽快研究制订加强城市综合管理的办法，为构建规范管理长效机制奠定基础。三是引进数字化管理的先进理念，不断探索高效管理的新途径。四是积极创建省级文明卫生园林城市，深入开展环境卫生、交通、市场秩序专项整治活动，为广大市民营造良好的工作生活环境。五是加强市民意识教育和培养，努力在全社会形成“城市管理，人人有责”的浓厚氛围。

黔南州城镇规划建设工作情况介绍

贵州省黔南州委常委、常务副州长 夏庆丰

（2009年3月）

黔南布依族苗族自治州（以下简称黔南州）是一个以布依族、苗族为主体民族，并集汉族、水族、瑶族、毛南族等37个民族大融合的民族自治州，位于贵州省中南部，南邻广西壮族自治区，北靠省会贵阳市，辖都匀、福泉、瓮安、贵定、龙里、惠水、长顺、罗甸、平塘、独山、荔波和三都水族自治县十二个县（市），州府设在都匀市。全州总面积2.6万平方公里，总人口403万，少数民族占56.7%。

黔南是贵州的南大门，面向东南沿海，背靠西南内陆腹地，处在东部与西部、西南与华南的结合部上，是通往西南与华南、华东的交通网络骨干，是我国西南地区入海最近的必经之地。西部大开发战略实施以来，黔南州紧紧抓住这一历史机遇，按照“234”交通发展格局（即荔波、龙洞堡机场，罗甸羊里、八总码头、瓮安江界河港口，贵广铁路、厦蓉高速公路、黔桂铁路、贵新公路），结合全州干线公路网的规划调整，进一步优化生产力布局和资源配置。坚持以规划为龙头，以城镇基础设施建设为重点，以房地产开发为突破口。通过规划与建设，城镇基础设施进一步完善配套，城镇辐射带动功能得到进一步增强，有力地促进了全州城镇化的发展进程。2008年黔南州城镇化水平达32.5%，比2005年增长4.5个百分点，年均增长1.5个百分点。

一、基本情况

（一）城镇规划

黔南州始终坚持以规划为龙头，加大规划编制工作力度，切实以规划指导城镇建设与开发。2005年以来，全州共投入规划编制经费1903.2万元，主要编制了《黔南州域城镇体系规划》，7县（市）城市总体规划修编和城市控制性详细规划72个，到2008年年底，已编制控制性详细规划面积占规划区面积的60%，建制镇总体规划45个，建制镇详细规划14个，风景名胜区总体规划8个和详细规划5个，各县（市）近期建设规划12个，绿地系统规划3个，工业园区规划4个。以上规划的执行，为黔南州城镇建设事业的健康发展做出了积极的贡献。

（二）城镇建设

城镇是社会经济发展的重要载体。黔南州在城镇建设中，始终坚持以市政公用基础设施建设和房地产开发为重点，加大投资和建设力度。全州城镇基础设施建设投入达9.1亿元，有力地促进了城镇的发展。2005年以来，全州新建和改造城市道路73.5公里，使市政道路总长达420公里；园林绿化建设标准不断提高，现城市绿化覆盖率已达34%，城市人均公共绿地面积已达到7平方米；环卫基础设施建设也得到进一步加强，4年多来，完成了4个垃圾填埋场及垃圾中转站、28座水冲式公厕的建设；总投资8300万元的都匀垃圾处理场已完成并投入运行；都匀污水处理厂已建成，其余11个县（市）污水处理项目厂区部分采取BOT模式建设，总投资约1.2亿元，目前投资商已确定，预计在2009年年底前全部建成。在狠抓基础设施建设的同时，全州城市房地产开发方兴未艾，保持着较好的发展势头，共拆迁危旧房屋面积达26万平方米，房地产开发建筑面积214.2万平方米，投入房地产开发资金超过26亿元；现城市人均住房面积达15平方米以上。黔南州小城镇建设取得突出成效，2005年以来，新建或改造小城镇市政道路62.1公里，新建或改造农贸市场32个；目前，全州已有100多个小城镇实现了场路分开；有195个小城镇用上了自来水，受益率达80%；全州220个小城镇已全部开通程控电话和移动电话，通信条件得到极大改善；公交客运、燃气以及各种文化娱乐设施发展较快。这些都极大地方便和丰富了乡村生活，人们的生活水平和生活方式发生了很大的变化。

二、主要做法

黔南州在开展城镇规划与建设的工作中，采取了有力措施，制定了相关的优惠政策，并逐步建立起激励机制，使建设工作取得了较好的成效。主要做法体现在以下几个方面。

（一）自觉接受人大和政协的法律监督、工作监督和民主监督

在认真贯彻落实省委、省政府和州委、州政府工作部署的同时，自觉接受人大

的法律监督、工作监督和政协的民主监督，争取各方面对城镇规划与建设工作的理解、帮助和支持，促进全州城镇建设健康有序地向前发展。

（二）加强城乡规划编制，强化指导城镇建设

规划是各级政府指导和调控城乡建设的重要手段，是一定区域和社会经济发展，推动城镇化进程的一项重要基础工作。我州主要采取以下措施：一是加大指导力度，从宏观上、微观上、政策上、技术上加强协调与指导。针对各县（市）对城市规划层面认识模糊的问题，要求执行城市总体规划时，必须编制详细规划和专项规划，通过详细规划和专项规划来体现总体规划的意图，才能有效配置资源，防止资源浪费和城镇建设布局失调。通过不懈努力，黔南州城镇规划编制工作，取得了重大的进展。城市控制性详细规划覆盖率已达60%。仅规划经费的投入就是前十年经费投入的近10倍，使规划更具有科学性、针对性和可操作性，切实发挥了规划指导城镇建设的作用。二是实行城镇规划工作目标责任制，提出量化考核指标，使规划编制工作任务落到实处。三是积极争取省建设厅规划经费的扶持，强化规划编制匹配经费的落实。四是加强督察督办。规划任务下达后，及时跟踪督察督办，对工作进度迟缓和达不到要求的县（市），及时发出督办通知，使规划编制工作顺利完成。

（三）依法行政，加大监督执法力度，促进建设水平和质量的提高

为了加强城镇规划管理，依法行政，黔南州的主要做法：一是切实推进城镇规划管理体制改革，根据省人民政府《关于深化我省城市规划管理体制改革有关问题的通知》精神，加快改革步伐，着重解决好州规划管理工作中监督机制不健全、管理职能缺位的问题，成立了“黔南州城市规划管理委员会”，由分管副州长任主任，州直有关部门为成员，并下设办公室在州建设局，切实抓好规划管理中事前、事中的监督，依法监督、依法行政。州城规委的成立，标志着黔南州城市规划管理进入一个新阶段。二是根据城市规划法律法规的规定，各县（市）结合自己的实际，按照城市总体规划要求，制定了《城市规划技术管理规定》，使城镇规划管理迈上了一个新的台阶。三是州建设行政主管部门对核发规划许可进行了认真的调研，发现在核发规划许可的过程中，违反国家有关法律法规的现象时有发生。如贵定火车站站前广场的开发建设，就是一例典型的违法案例。针对存在的原因，按照有关法律法规，制定了统一发放制度，收到了很好的效果，对出现的问题，能够及时发现，及时处理。四是严格执法。每年黔南州都要开展规划执法检查，在各县（市）自检的基础上，由州建设局抽专业技术人员和省城规委派驻黔南的督察员组

成检查组进行抽查，有力地促进了全州各县（市）规划执法工作，规划法制意识得到进一步增强。由于规划管理工作得到切实加强，在全州城市建设中为政府决策、招商引资和经营城市提供了重要的依据。五是2005年修订了黔南州于1999年7月经省人大批准的《城镇建设管理条例》，使之更具有针对性、可操作性和科学性，进一步规范黔南州城镇规划、建设、管理活动。

（四）加强市政基础设施建设

市政基础设施是城市赖以生存和发展的基础，我们始终坚持把这一工作作为重点，不断加大力度，使城市基础设施建设日趋配套完善。主要采取的措施是：（1）认真做好项目前期基础工作。根据州委、州政府对全州社会经济发展的战略部署和省建设厅的工作要求，结合各县（市）的具体情况和发展需要，深入调查研究，全面分析，并经有关专家论证，建立了全州城镇基础设施项目库，每年从项目库中优选出急需建设的项目向国家和省建设厅申报，争取扶持。（2）积极争取部、省项目经费的补助。4年来，共向部、省申报城镇基础设施项目103个，总投资3亿多元，得到国家建设部、省建设厅资金扶持8258万元，有力地促进了黔南州城镇建设的发展。（3）坚持扶强扶优的原则。黔南州采取重点建设，以点带面的原则，从区位优势、资源优势、发展潜力和建设成就等方面进行分析比较，按照“234”发展格局的要求，扶强扶优，重点扶持，重点突破，非均衡发展。

（五）抓好城镇管理，促进社会进步

城镇管理是一项庞大而复杂的系统工程，涉及方方面面、千家万户。为抓好全州城镇管理工作，各县（市）根据国家、省有关城市管理法律法规，结合自己的实际，制定了一系列地方管理规定；同时，加强执法监督，规范行政处罚行为，做到公正执法、文明执法，并在城市管理工作中，创造了许多新办法，取得了较好的成效。如都匀市针对进城农民和下岗职工在城市摆摊设点的问题，市综合执法局改变过去重堵轻疏的工作方式，在具体工作中实行“两放两抓”，即“抓大街、放小巷，抓白天、放晚上”的工作方法，使业主有序经营，从业人员增多，收入稳定增长，违章占道经营也杜绝。

三、主要对策

（一）立足州情，全面实施重点城镇带动战略

突出重点城市和小城镇建设，推进城市化，用城市化解决城乡统筹问题。黔南

州城镇建设发展要突出“431”发展格局，即敞开都匀、独山、龙里、惠水四扇门，建设贵新高速路（包括都匀、贵定、龙里、独山、福泉）、瓮福磷化工（包括瓮安、福泉）、蒙江流域三条经济带（包括长顺、惠水、平塘、罗甸），培育黔南州中南部民族生态旅游区（包括都匀、荔波、三都、平塘、独山）。按照这一发展战略，通过强化城镇基础设施和功能分区建设，增强城镇的集聚能力和辐射能力，带动区域经济增长。把城镇建设与农村产业结构调整结合起来，为“三农”提供市场空间、信息空间和就业空间，促进和开拓农村市场，搞活农产品流通，发展农村经济，增加农民收入。城镇建设要与经济园区建设结合起来，协调发展，充分发挥城镇建设的载体作用。要站在全州的高度确定城镇发展方向，特别是重点城镇建设，定位要准确，功能分区要明确，用地布局要集约，按照组团模式因地制宜地开发建设工业园区、三产园区、农业园区、旅游园区等各类经济园区，为产业发展提供空间载体，促使各种产业要素向园区集中，形成规模效应和集聚效应，以产业发展支撑城镇建设进程的发展。进一步完善基础设施，配套建设，增强功能，提高承载能力。

（二）适应城镇建设发展趋势，坚持高起点规划

规划是政府指导和调控城乡建设发展的基本手段，是全面建设小康社会的先导性和基础性工作，必须给予高度重视。目前，黔南州已编制完成《黔南州城镇体系规划》，这是指导全州生产力布局和区域基础设施布局，优化产业结构的框架性文件。根据《州域城镇体系规划》，要合理调整城镇结构和规模，将222个小城镇调整合并为100个左右，并进一步明确全州城镇职能分工，引导各类城镇合理布局和准确定位。

在州域体系规划的指导下，12县（市）虽已基本完成总体规划修编，但必须充分认识到总体规划也是一个原则性的框架文件，不能承担具体指导项目建设的任务。因此，各个城镇要在总体规划的指导下，组织编制详细规划，对重要街区、重点地段和近期发展的区域进行修建性详细规划编制，并高度注重特色，在详细规划编制工作中，要坚持“七为”原则，即以思路为纲、规划为要、环境为重、文化为魂、市场为先、特色为旗、以人为本。

（三）加强城镇基础设施建设，增强城镇辐射带动能力

基础设施是城镇赖以生存和发展的基础。要针对黔南城镇建设规模小、设施缺、不配套、功能弱的特点，根据发展需要，强化基础设施建设。特别是要积极推动城市（县城）基础设施向城乡结合部和小城镇延伸，促进小城镇建设发展，增强

小城镇吸纳农村人口，带动农村经济发展的能力。

（四）突出城镇特色，增强城镇竞争力

黔南州城镇建设要结合自己的环境区位、自然地理、经济实力、资源状况等，充分发挥自己的优势，把发展方向重点放在研究建设旅游服务型、资源依托型、历史文化型、绿色产业型、商贸集散型、交通枢纽型的城镇上，突出特色。研究黔南城镇特色还有两个重要方面：一是黔南的主要城镇包括大量小城镇，大都依山傍水而建，具有先天性与自然山水和谐共融的特点；二是要寻找研究当地的文化传统、民族习惯、民俗风情和生活方式，保护城镇的历史遗存，包括城镇格局、城镇形态、标志、历史街区风貌等，使其保存、延续、发展，努力建设各具特色的城镇，以特色增强城镇的竞争力和吸引力。

（五）坚持城乡统筹，努力建设社会主义新农村

建设社会主义新农村，是我国现代化进程中的重大历史任务。在黔南400多万人口中，毕竟有近70%左右的人生活在农村。因此，抓好社会主义新农村的建设，对黔南来讲更具有特殊重要的意义。一是要采取试点建设的方式，加强新农村建设试点的规划、建设和管理，以点带面，层层推进，整体提高；二是要加强对农民建房的指导，通过乡村规划，积极引导农民建房向片区集中，形成集聚规模，产生集聚效应；三是加强村寨环境综合整治，特别是要加强民族村寨的规划与整治，充分利用民族村寨这一资源发展乡村旅游，促进农村社会经济的发展；四是与农村产业结构调整结合起来，加强产业发展迫切需要的基础设施建设，以产业发展支撑社会主义新农村的建设。

（六）坚持以人为本，大力提高城镇管理水平，突出管理成效

城镇管理要以“卫生、整洁、文明、有序”为核心，强化综合整治，重点是车站、集贸市场、商业街区、施工现场、城区河道、背街小巷以及城郊结合部等区域，更进一步完善城镇管理的法制建设，强化管理措施，依法管城。乡镇所在地的小城镇，要增强城镇意识，改变过去“农村大杂院”的状况，做到管理观念从农村向城市转变，管理机制从“人治”向法制转变，管理方式从突击式、应付式向长效化转变。通过管理，切实提高黔南州城镇文明程度，根本改善城镇形象，促进城镇和谐发展。

城镇建设是衡量一个地区经济、社会发展和现代化水平的重要标志，是黔南州在全面建设小康社会发展目标中面临的重大问题。只要我们始终坚持从州情出发，树立和贯彻落实科学发展观，坚持城乡统筹，高质量、高水平、高速度加快城镇建设步伐，黔南州城镇建设发展就会实现新的突破。

坚持生态立市发展战略
努力实现城乡建设与经济建设协调发展

云南省玉溪市副市长 李富昌

（2009年4月）

玉溪地处滇中，素有“云烟之乡、聂耳故乡、花灯之乡”的美誉，《中华人民共和国国歌》曲作者、伟大的人民音乐家聂耳诞生于玉溪；享誉国内外、作为中国民族工业一面旗帜的红塔集团位于玉溪。玉溪区位优势突出，中心城区距昆明86公里，规划建设中的昆曼国际大通道、泛亚铁路横贯玉溪，是连接东盟国家的重要门户和交通枢纽。2003年以来，玉溪市市委、市政府坚持全面贯彻落实科学发展观，紧紧抓住国家扩大内需的机遇，坚定不移地实施生态立市战略，坚持高标准规划、高质量建设和高效能管理，协调推进城镇化和社会主义新农村建设，全市城乡建设呈现出布局更加合理、功能更加完善、特色更加鲜明、环境更加优美、社会更加和谐的特点。全市城市建成区面积由2002年的41.7平方公里扩大到2008年的55.7平方公里。中心城区建成区面积由16.4平方公里扩大到24平方公里，10平方公里生态文化区基本形成，以水为特色、聂耳文化为灵魂的生态城市初具雏形。城镇绿化覆盖率达28.1%，人均公共绿地面积达9.55平方米；城市污水集中处理率达67%，生活垃圾无害化处理率达91.2%，城市供水普及率达99%；城乡人均住房面积分别达40.6平方米和41.8平方米。玉溪跃入“中国特色魅力城市200强”，空气质量居全国109个国家环境保护重点城市第八位。红塔区、通海县被命名为全国生态示范区，华宁县、元江县、易门县被评为省级园林县城，全市21个乡镇被评为云南省生态乡镇。

在统筹城乡发展上，我们的主要做法和体会如下。

一、明确城市定位，重视规划管理

城乡规划建设是一项综合性、系统性工程。玉溪市市委、市政府始终把城市看成一种资产、把城建当做一种产业来抓，牢固树立抓城市建设，就是抓经济、抓产业、抓发展的思想意识，紧紧抓住国家扩大内需的机遇，把加快城乡建设作为工作重中之重全力抓好。2003年，率先在云南提出并实施“生态立市”战略，明确了“把玉溪建设成云南最适宜居住的生态城市”的目标，确定了中心城区“两山两河、南北分工”的城市框架，明确了“向南发展生态工业区、向北发展生态文化区、老城区发展生态商业区”的规划建设要求，进一步完善中心城区功能定位和生产力布局。按照城市的发展定位和规划要求，开展了《玉溪生态市建设发展规划》、《玉溪中心城区生态城市发展规划》、《玉溪“三湖”生态城市群规划纲要》、《玉溪市土地利用总体规划》等一系列城市发展的重大规划编制、修编工作，切实以规划为龙头，指导全市城乡建设、产业发展、生态保护、土地利用等工作。在规划制定和修编上，玉溪坚持请进来与走出去相结合，一方面，聘请许多国内外著名专家、学者对玉溪市城市总体规划和各项具体规划提出宝贵的意见和建议，借用外脑完善规划；另一方面，积极主动到桂林、广州、深圳等国内城市规划和建设取得较好成绩的城市去考察学习，取他山之石以攻玉。同时坚持开门编制各类规划，广泛征求各级各部门、社会各界的修改意见，特别是注重让市民评议，倾听民情，收集民意，为城市规划、建设和经营奠定了科学的基础。在规划的执行中，强调“全市一盘棋、规划一张图”，任何人都不得违反城市规划，建立规划管理的长效机制，确保规划的严肃性、约束性和执行力。

二、创新经营理念，破解融资难题

在城市建设中，玉溪市及时制定了促进城乡协调发展的政策和措施，在行政管理体制、投融资、土地利用、户籍制度、教育卫生改革、社会保障等方面积极探索新路子，初步形成了有利于城乡统筹发展的体制机制。确立了经营城市的理念，走开放、引进、盘活、争取的路子，积极争取中央和省的支持，引进项目和人才，盘活优势资源和闲置资产，多渠道筹集建设资金，充分利用社会资金搞建设，打破了过去城市建设由政府单一投入的模式，走出了一条政府主导、市场运作、资金筹措多样化、投资主体多元化的新路子。2005年以来在中心城区相继实施的“九大项目”建设，实现并带动市镇投资65.3亿元，其中社会性投资就达55.2亿元、占84.6%。坚持市级财政分配、产业政策、科技扶持向县区倾斜，重点项目及税收留在县区，市级管理权限下放县区，干部和人才深入农村，有效调动了县区的积极性、主动性和创造性。2003~2008年，市财政共向下辖的8县1区转移支付107.9亿元，全市共投入“三农”资金80.4亿元，增强了各县区自我发展、自我调控的能力，下辖的8县1区全部实现了地方财政收入过亿元的目标。县区特色经济的快速发展，为建设各具特色的县城和重点集镇奠定了坚实的基础。易门县突出水资源特色，在全省率先使用国家开发银行资金搞城建，打造“滇中水城”，人居环境和投资环境明显改善。近3年来引进投资上千万元的项目60多个，投资总额突破40亿元，发展步入了“快车道”。华宁县突出特色优势，实施引水入城工程，将中国泉乡、橘文化、陶文化与综合整治规划融合起来，建成泉乡广场，着力打造“中国泉乡”品牌。通海县以古城保护为突破点，采取土地置换方式加大政府性资产盘活力度，盘活国有资产7000多万元，撬动社会资金15亿元投入新区建设和旧城改造，深受群众的拥护，在3年多的改造建设过程中实现了“零上访”。新平县戛洒镇充分利用特色资源和区位优势，依托企业集团加快城镇建设步伐，2007年以来引进资金7.5亿多元，实施了景苑新区开发、中国花腰傣风情园开发、花街商业区等14个项目，成功走出了一条以镇带村、以村促镇、以工哺农推进新农村建设的路子。目前，玉溪初步形成了规模结构合理、辐射带动能力强、特色突出的城镇发展格局。

三、作好山水文章，塑造城市个性

玉溪拥有抚仙湖、星云湖、杞麓湖、阳宗海“三湖一海”，蓄水量占云南省9大高原湖泊的73%，而且湖泊之间相连或相临，具备建设三湖生态城市群的优越条件。2003年以来，玉溪紧紧抓住落实中央宏观调控政策和建设出流改道工程、泛亚铁路东线玉蒙段带来的机遇，以城市防洪水系综合整治工程为龙头，综合利用水资源，加快中心城区生态城市建设。随着抚仙湖—星云湖出流改道工程、玉溪大河防洪水系综合整治一期、出水口生态公园等重大项目的完工，中心城区已基本建成10平方公里的生态文化区，其中水面面积达1000亩，不仅提高了城市的防洪能力，还极大地改善了城市景观和生态环境，提升了城市品位，优化投资环境和人居环境。玉溪通过作活山水文章，初步打造了“景在城中，城在景中，城景交融”的城市特色。目前，中心城区已达到三水合流，共计2亿立方米优质水流经中心城区，这是中国乃至世界上少有的城市建设条件。玉溪完全有条件建设成最适宜居住的生态城市。

四、丰富文化内涵，提升城市品位

在城乡建设发展中，玉溪根据自身的历史、文化、经济、社会的特点，把文化建设贯穿于城镇规划、建设、管理的全过程，以先进的文化建设引领城镇建设出形象、出品位，增添了城市的吸引力。着眼于打造聂耳文化品牌，进一步加大投入，建成了聂耳音乐广场、聂耳文化广场、聂耳纪念馆、聂耳图书馆、聂耳演艺中心等一批重大的公益性文化基础设施；坚持举办聂耳国际音乐艺术节，与中央电视台《欢乐中国行》等知名栏目开展合作，举办了精彩的大型文艺晚会演出；邀请国内知名的文艺家、画家、诗人、词曲作家到玉溪进行创作，宣传玉溪的好山好水；以聂耳文化为主体的文化事业得到进一步繁荣活跃，更好地满足市民不断增长的文化需求，玉溪市8县1区全部成为全国或全省文化先进县；高度重视城市道路街灯、宾馆酒店霓虹灯、临街门面广告灯等照明系统建设。特别是“聂耳文化广场、出水口生态公园”周边的灯光系统建设，规格高、设计巧，为玉溪城市打造了新的亮点，营造了浪漫、温馨、美丽的夜景。

五、加快结构调整，努力形成城乡建设与经济发展良性互动的格局

经济的又好又快发展和强有力的产业支撑是城乡建设的首要前提和坚实基础。2003年以来，玉溪市市委、市政府针对经济持续下滑、生态环境恶化等问题，深化市情认识、完善发展思路、团结一致向前看、一心一意谋发展，成功迈出了经济止跌、回升、稳步发展和再上新台阶四大步。玉溪以占云南4%的面积、5%的人口，实现了经济社会的快速发展。2003~2007年，5年累计上缴中央、省各种税收564亿元，年均达112.8亿元，对中央、云南省做出了较大贡献。2008年全市经济社会发展再上新台阶，完成生产总值596.1亿元，增长13%；财政总收入236.4亿元，增长22%，地方财政收入55.6亿元，增长26.3%；城镇居民人均可支配收入13264元，增加2071元，增长18.5%；农民人均纯收入4761元，增加753元，增长18.8%。在经济快速发展的同时，坚持以人为本，统筹城乡社会事业发展，高度重视解决群众上学难、看病难、就业难、饮水难、行路难、看电视难等问题，不断改善农村水、电、路、通信等基础设施条件。实施农村民居地震安全工程，已改造3.7万户。实施村容村貌整治工程，已整治99个村。投资近10亿元，全面实施农村教师安居工程，已解决4200多户农村教师的住房难题。城乡建设的快速发展，对经济发展起到了积极的推动作用，生态建设对生产总值的贡献率达到38.7%，拉动生产总值增长8.1个百分点。房地产投资占社会固定资产投资的比重提高到20%左右，有力地促进了第三产业的发展。目前我市中心城区年销售额1亿元以上的专业市场（含超市）已达11个，年销售额近20亿元；吸引了26万多农村富余劳动力向城镇流动，向第二、第三产业转移，初步实现

了城乡建设与经济发展良性互动的格局。

事实证明：只有发展生态经济，建设生态市，才能实现人与自然的永续生存。实施生态市建设是落实科学发展观、转变发展观念、创新发展模式、提高发展质量的需要，是构建和谐社会的重要内容，是推动经济社会发展的巨大动力。玉溪将紧紧抓住国家扩大内需的重大机遇，坚定不移地实施生态立市战略，以规划为先导、产业为支撑、基础设施建设为重点、改革创新为动力、加强管理为保证，进一步推进城乡统筹发展，力争中心城区5年内基本建成最适宜居住的生态城市，“三湖四片”区10年内基本形成云南第二大城市的雏形；基本形成以中心城区为中心，县城和重点镇为骨干，小城镇布局合理，现代交通、信息联结为一体，功能互补的城镇体系，形成城乡一体化发展的新格局。

后藏明珠　古城萨迦

西藏自治区萨迦县县长 帕 珠

（2010年9月）

萨迦县位于西藏自治区西南部、喜马拉雅山北麓、雅鲁藏布江南岸，是一座历史文化名城，元朝时期曾经是西藏的政治、经济、文化、军事中心。近年来，我们坚持以邓小平理论和“三个代表”重要思想为指导，深入贯彻落实科学发展观，紧紧围绕“一个中心、两件大事、三个确保”的主题，全力以赴保稳定、聚精会神搞建设、一心一意谋发展，坚持走有中国特色、西藏特点、日喀则特征、符合萨迦实际的发展路子，大力实施“农牧稳县、劳务富县、旅游强县、科技兴县”战略，突出抓好发展和稳定两件大事，确保了全县经济社会健康快速发展。

一、萨迦县情况介绍

（一）基本情况

萨迦县地形地貌以高山谷地为主，辖域面积8126平方公里，平均海拔4400米，属高山季风型气候，年均降水量280毫米，秋春季多风沙，日照强烈，气候复杂多变，自然灾害频繁。县城距日喀则市150公里，海拔4316米。

全县辖9乡2镇，107个行政村，8606户，5万余人，县内居民以藏族为主。经济结构以农牧业为主，共有耕地11.3万亩，主要农作物有青稞、油菜等；全县可利用草场500万亩，年末牲畜存栏36.7万头（只、匹），畜牧业以饲养牛、羊为主，是以农业为主的半农半牧县。矿产资源主要有铬、铜、铁、钾等，野生动物主要有岩羊、獐子、黑颈鹤、野鸭等；药材资源有麝香、天麻、红景天等。

萨迦县是“萨迦王朝”和“萨迦教派”的发源地，萨迦寺是藏传佛教四大教派之一——萨迦派的祖寺，是国家重点文物保护单位，创建于公元1073年。13世纪中叶，萨迦派在元朝政府的支持下统一了西藏，西藏地方政权正式归属中央政府统一管理。萨迦寺是祖国统一、民族团结的见证和象征。寺庙建筑规模宏大、造型美观，现存各类文物10万余件，素有“第二敦煌”之称，是国内外游客旅游观光和科学考察的圣地。

（二）经济社会发展情况

萨迦县东邻后藏中心——日喀则市，318国道贯通县境，区位优势非常明显。在发展过程中，我们根据县域实际，将全县划分为“四个经济发展圈层”和“两条经济发展带”（即以萨迦镇、扎西岗乡为主体，建立旅游、服务业经济圈；以吉定镇、扯休乡、雄玛乡、查荣乡为主体，建立庭院经济和生态农业经济圈；以木拉乡、赛乡、拉洛乡为主体，建立高山畜牧业经济圈；以雄麦乡、麻布加乡为主体，建立圈养和特色农业共同发展经济圈）。在落实科学发展、维护社会稳定和促进县域经济发展的过程中，我们突出抓好了改善民生工作。

1. 千方百计促进群众增收

我们始终把增加群众收入，提高群众生活水平作为一切工作的出发点和落脚点。一是让群众通过项目增收，在萨迦县凡技术含量不高、农牧民施工队能完成的项目都将交给本地农牧民施工队，并明确规定县内打工的农牧民日工资不低于45元。今年项目建设直接为群众创收预计不低于1000万元。二是让群众依靠政策增收。严格落实一系列支农惠农政策，确保各项政策补贴及时、足额兑现给农牧民群众，切实发挥政策增收作用。2009年，兑现各类补贴1077万元。三是通过劳务输出增收。通过对农牧民进行专业技能免费培训和推荐就业等方式，有序组织引导群众转移就业，今年计划劳务输出2.6万人次，实现收入5800万元。四是大力发展旅游服务业，增加群众收入。2010年，我县旅游收入预计将达到1000万元。

2. 全力做好社会保障工作

萨迦县是一个典型的半农半牧县、资源贫瘠县和财政穷县，自然条件恶劣，生态环境脆弱，人口受教育程度低，基本设施和社会事业滞后，群众生活水平还相当落后。我们一是建立健全了生活救助、医疗救助、城镇低保、临时救济（救助）等社会保障救助体系和医疗保险、失业保险、工伤保险等社会保险体系，做到了应保尽保、应收尽收。2009年共落实城镇低保、农村低保、五保户供养金、城乡医疗救助金611万元。二是大力实施安居工程，累计投入21715万元，完成6180户安居工程建设，36638人搬进了新居，基本实现了“让所有农牧民群众都住上安全、舒适房屋”的目标。

截至2009年年末，全县生产总值达到28580万元，比上年增长14%；农村经济总收入达到16217万元，比上年增长13%；农牧民人均纯收入达到2621元，比上年增长16%；全年新建、续建项目34个，完成总投资1.1亿元；地方财政一般预算收入达到510万元，比上年增长16%。

二、城市建设管理情况

萨迦县是2002年中央第四次西藏工作座谈会后列入全国对口支援县的。几年来，通过国家投资、对口援助、地方财政配套等多种形式，全面进行城镇供水、排水、等级道路、电力、通信、广播电视、交通等基础设施建设。到2010年，萨迦县城总面积达34.73公顷，县城功能设施建设取得了明显成效，各功能区以其科学的规划、合理的布局、完善的设施、齐备的功能、浓郁的民族风格，为萨迦增添了一道道亮丽的风景，有效地提高了萨迦的城市化水平，城市自我发展能力进一步强化，为全面建设小康社会奠定了良好的经济和社会基础。

1．科学合理规划，点线结合布局

在城市建设过程中，我们一是突出特色，在充分调研和把握县情的基础上，确定了“城市拉动文化旅游”的建设思路，邀请上海市城市设计规划院帮助设计完成了“一心、二轴、五区”的《萨迦县县城建设总体规划》。“一心”即以萨迦寺广场为城镇中心，“二轴”即以德吉路、宝钢路构成城市发展轴，“五区”即旅游区、教卫区、工业区、居住区和行政经济管理区。二是体现广泛性，《总体规划》涉及萨迦县城建设的各个方面，涵盖了功能区划、产业发展、镇村改造、社会事业发展等诸多元素。三是注重长远，坚持与中央第五次西藏工作座谈会精神相结合，与“十二五”规划相结合，与实施科学发展战略相结合，明确发展方向。

2．连片整体推进，提升城市水平

自2002年以来，在上海市的大力援助下，多方筹集建设资金2亿多元进行城市建设。城市道路方面，建设了宝钢路等6条县城道路，总长4.5公里，形成了县城“四纵三横”的道路网络和历史城区、行政管理、农贸交易、文教卫生、旅游等功能区。基础设施建设方面，新建了城市供排水系统和城市防洪堤、大礼堂、图书馆、农贸市场、青少年活动中心、健身中心等。教育基础设施方面，新建了第一幼儿园、县中学教学楼，对县中学老校区进行了改造。旅游服务方面，新建了旅游文化广场、萨迦宾馆及农民家庭旅馆等，新修了县城到姐娌修行院、卡吾法王温泉公路，对法王温泉、冲拉山观峰台、帕措民俗村等景观进行了开发性建设。

3．打造文化名城，扩大城市影响

萨迦是一座历史文化名城。在建设过程中，一切建筑的外观都体现了当地特色。一是加强对文物古迹的保护。2002年国家投入近1亿元对萨迦南寺进行了保护性维修，对寺庙周边的宗果村群众进行了整体搬迁，对旧民居进行了维修。二是所有新建筑外观设计都依照藏式建筑风格，融合萨迦地方特色（即墙体颜色为红、白、黑相间）。三是加入复古元素，县城所有道路都建成石板路。四是在修建过程中保持原有风貌，如格桑路在穿越夏巴村时道路由12米宽缩至6米宽，八思巴路则被修成了南大北小的“丿”字形。走进萨迦县城就让人感受到强烈、浓郁、自然、古朴的高原风情。2009年萨迦县驻地——萨迦镇被评为“中国历史文化名镇”。

4．强化精细管理，打造城市名片

根据旅游城镇建设要求，我们提出了创建卫生县城的目标，一是改善城市市容环境。我县成立了环卫队和城管队，对乱搭乱建、乱摆乱放和店外经营现象及时纠正和制止，保证了县容县貌的美观、有序，并在县城新建6座公厕，缓解了城区居民“如厕难”的问题。二是抓好城市精细化管理。参照内地城市的经验做法，研究制定了《萨迦县城市管理办法》，组织实施环卫、市政、绿化、灯饰广告、城管执法、“门前三包”六位一体的精细化管理，提出了“美化、绿化、亮化、净化”萨迦的文明城市创建目标。新栽植杨树3000株对县城道路进行绿化，安装路灯180盏实施夜间“亮化”工程，对县城所有商品房标牌做了统一规划和设计，使城市形象进一步提升。三是全民参与抓整治。我们把解决县城脏、乱、差问题摆在突出位置，采取定期检查、突击检查、电视曝光、群防群治等方式集中整治，使城区内乱泼污水、乱倒垃圾、乱贴广告、乱停乱放、乱摆摊点等不良现象得到有效遏制，交通秩序、市容市貌、环境卫生明显改善。通过强化工作落实，城市管理工作进一步深入人心，成为市民的自觉行动。

5．多元化投资，促进快速发展

一是窗口服务行业大量进驻加快了城市建设进程。通过上级部门的支持，邮政、电信、移动、农行等17家单位新建了办公场所。二是对口支援力度加大加快了城市建设进程。自2002年列入对口支援县后，上海市先后投入4000万元用于城市基础设施建设，新建的政府办公楼、旅游文化广场、大礼堂、幼儿园、福利院、萨迦宾馆等项目，大大提高了城市化水平。三是给予优惠政策，吸引企业投资，日喀则地区城华建筑公司、萨迦藏密花公司投入500万元在萨迦县新建了办公场所。四是大力吸引民间资金投入城市建设，群众筹集资金200万元新建了鲁娃、善久两家农牧民家庭旅馆。

6．注重协调发展，推动城乡统筹

为保护好萨迦这座历史文化名城，我们提出了“既要金山银山，又要碧水蓝天，污染不进萨迦”的目标。一是在“造血”项目上大力发展旅游文化产业，提出了“以产品宣传文化，以文化提升产品附加值”的思路和“与现代先进工艺相结合”的道路，重点发展唐卡、哈达、面具等旅游纪念品。目前萨迦旅游文化开发有限公司的萨迦唐卡产业已初具规模，2009年实现销售1870余幅，产值124万元，与藏密花有限公司开发的八思巴牌真丝哈达一同列为日喀则地区珠峰文化节、中尼经贸洽谈会指定礼品。二是在城中村改造方面，先后对夏巴村、宗果村进行了整体搬迁，在希望路新建了民族手工艺加工一条街，集中搬迁了20户手工艺人，促进旅游产品加工业的发展。三是充分利用县城的辐射带动作用，在萨迦镇建成了松散型奶牛养殖基地、白绒山羊扩繁基地，在扎西岗乡建成了大棚温室种植基地，有效解决了因城市扩建失地群众的就业问题。

7．加强组织领导，明确相关责任

坚持把城市建设作为优化投资环境，拉动经济增长，加快脱贫致富奔小康的重点工作来抓，对每个城市建设工程都成立领导小组，确定责任领导和具体承办单位，定期召开专门会议，听取汇报，寻找差距，研究对策，解决问题。在加强宣传，促进建设单位和施工企业树立质量意识的基础上，实行严格的审批把关和工程竣工验收制度，从设计到施工，每个阶段、每个环节使工程建设全过程处于监控状态，把有限的资金花在刀刃上；同时，县委、县政府主要领导每15天、分管领导每7天督促检查一次重点项目，抓质量、赶进度，及时解决工程建设中出现的问题，确保了工程质量和进度。

三、城市建设管理中的问题

随着经济社会的不断发展，萨迦县城市建设也暴露出了一些问题。

1．城市规模小，功能不完善

萨迦县全县人口5万多，县城常住人口仅6000多，农牧民人口占总人口比重较高；早期城市规划不合理，导致布局分散、产业发展缓慢、经济集聚功能差，不能很好地发挥经济支撑、产业带动作用；县内企业规模小、数量少，形不成经济带动作用。

2．投入机制不活，基础设施建设滞后

萨迦县经济是典型的项目拉动型经济，2009年财政收入仅510万元，可用于建设的财力十分有限。城市建设主要靠国家建设项目和援藏项目，由于全国对口支援萨迦工作起步晚，多元化投入机制尚未形成，城镇供水、排水、环卫、防洪、路灯、道路、绿化等基础设施滞后。管理人才和相关技术人才短缺。

四、城市建设管理的经验

1．保护与开发并重才能建设好历史文化名城

近年来，我们结合萨迦的区位优势、资源优势，以打造历史文化名城为目标，保护与开发并重，大力推进萨迦古城建设。一是保持千年古城特色。县驻地所有新建建筑在外观、着色等方面都保持了萨迦地方特色。二是保留千年古城遗址。我们在城市规划中专门划定了历史文化遗产保护区，尤其是对萨迦寺门前的贵族居住区和萨迦北寺遗址都加大了保护力度。三是依托萨迦寺，全力推进城市建设。大力实施了"旅游强县"战略，建设了"一点两线"大旅游景区，推动了全县旅游业的大发展。

2．多方征求意见建议才能找好城市发展的切入点

在重点建设项目上实行民主决策，广泛听取社会各界的意见和建议。我们在建设旅游文化广场时，广泛征求了相关部门、专家、萨迦寺民管会、萨迦镇群众的意见，并参照《西藏自治区人民政府关于划定萨迦寺保护区范围的批复》，最后确定萨迦旅游文化广场的具体方位、建设原则、建设标准、建筑风格等内容，还根据专家组意见停止修建配套的一条市政道路。萨迦旅游文化广场的建成，为充分展示萨迦独特的文化底蕴和悠久历史搭建了一个最佳平台。

五、下一步工作打算

在下一步工作中，我县将结合"十二五"规划，依托萨迦古城悠久的文化底蕴，全力打造萨迦历史文化名镇。

1．进一步加强对城市建设的领导

一是建立一支强有力的专业管理队伍和一整套管理规章制度。二是注重抓好居民的思想教育，改变农牧民群众落后的生活习惯、思想观念，提高市民素质和文明程度。

2．强化基础设施建设

以强化中心城市功能、塑造萨迦城市形象为重点，突出抓好县城给排水完善工

程、城区水环境及水土流失治理、市政道路建设、城市防洪、环卫等基础设施建设；同时，加快城市第三产业发展，提高城市现代化水平。

3．全力打造历史文化名城

一是实施萨迦县旅游服务中心硬件建设，建设一家集餐饮、住宿、集散等于一体的综合性旅游服务机构。二是实施民族文化发掘、整理、传承项目，整理、包装、推广“萨迦索”、“萨迦强杆”等地方民族艺术。三是将萨迦北寺、乌坚拉康、卡吾温泉、冲拉山观峰台等景点推向旅游市场，拓展旅游空间。

西北地区

以"三山两河"治理为重点 加快推进延安城市建设步伐

陕西省延安市副市长 师合林

（2009年4月）

延安位于陕北黄土高原丘陵沟壑区，1997年1月撤地设市，辖1区12县、166个乡镇、3396个村委会，总面积3.7万平方公里，总人口213.5万，平均海拔1000米左右，年均无霜期170天，年均气温9.2℃，年均降水量500多毫米。2009年，生产总值713亿元，地方财政收入80.05亿元，城镇居民人均可支配收入12232元，农民人均纯收入3551元。

延安是中华民族的重要发祥地和中国革命圣地， 全国爱国主义、革命传统和延安精神三大教育基地，国务院首批命名的中国历史文化名城、中国优秀旅游城市。市内有历史遗迹5808处，革命旧址350多处，珍藏文物近7万件。延安市区三山（宝塔山、凤凰山、清凉山）环抱，两河（延河、南河）环绕 ，是典型的山区城市。近年来，我市根据延安特殊的地形特点，提出了以"三山两河"治理为重点的城市建设指导思路，围绕打造中国革命圣地、历史文化名城、陕北黄土风情文化、适宜人居的陕北现代化中心城市目标，加快中心城市建设步伐，全面提升城市品位，努力把延安建成"山在城中，城在山中，人在山水中"的美丽山城。

一、基本做法

（一）狠抓"三山"绿化，打造绿色延安

围绕陕北地区干旱缺雨、树木成活难、绿地面积太少的实际，我市把绿化工作放在了城市建设的首位。一是加大"三山"绿化力度，政府先后投入资金5450万元，栽植各类苗木39.5万株，对三山进行绿化、美化，并配套实施了凤凰山棉土沟搬

迁、中心街旧城改造、宝塔山周边居民搬迁和环境整治等项目，把凤凰山建成城市居民休闲、健身的山地公园，把宝塔山建成延安的标志性景观，把清凉山建成集革命文化、宗教文化、园林文化于一体的旅游休闲胜地。二是2007年，深入开展了“我为延安植棵树”活动，动员和号召社会各界为延安的绿化美化工作献计献力。两年来，先后有29.4万人参与这项活动，累计收到认养或造林捐款2695万元，推进了延安绿化工作的深入开展。三是以创建园林城市为契机，深入开展创建绿色单位、绿色学校、绿色小区、绿色社区活动，推进城市绿化工作。四是以退耕还林为契机，加大了对农村的绿化美化，打造绿色长廊、绿色村庄、绿色家园，推动农村绿化。

（二）强化“两河”治理，打造蓝色延安

宝塔山、延河水是延安的象征。由于以往不合理的开发，致使延河水逐年减少。为营造延安水景工程，打造蓝色延安，我市着力实施五项工程。一是实施引黄济延工程。通过实施黄河、洛河调水工程，解决延安城区今后的饮水问题。二是实施污水收集工程，改善延河水质。规划投资4亿元，铺设管网102.5公里，使城区污水收集率达90%。三是实施水景工程，打造城市水景景观。规划投资2.4亿元，建设7座水景橡皮坝，目前已建成1座，近期投资3450万元建设宝塔山下橡皮坝，力争两年内完成其余5座橡皮坝建设。四是实施河道疏浚、绿化工程，改善河道环境。投资3326万元，清理疏浚河道7.6公里，绿化河道37万平方米，加固河堤8.3公里。五是实施护栏、灯光及堤顶绿化工程，改善河岸景观。规划投资7070万元，实施河堤护栏、堤顶绿化及配套景观灯建设工程。

（三）注重旧城保护，打造“红色”延安

延安历史悠久，是国务院首批公布的历史文化名城之一，境内革命旧址和文物古迹遗存较多，自然景观和人文景观独具特色，如何在城市建设中合理有效地保护和利用好历史文化遗产，保留圣地符号，是我们着重研究解决的一个问题。为此，市政府先后编制和修订了历史文化名城保护规划，制定出台了《延安革命旧址保护管理暂行办法》，划分了绝对保护区、一般保护区和建设控制带三个层次，明确了保护范围界限，对建筑的体量、风格、高度、容积率等方面提出了不同的保护要求。一是保护历史遗迹。对历史遗迹进行挖掘修缮，建成了以历史文化和人文景观为主的一些重要旅游景区和景点，使景观能更好地为经济发展服务。二是保护革命旧址。投资5亿多元，新建了王家坪纪念馆等爱国主义教育一号工程，并对市区13处革命旧址进行维修，既保护了革命历史，增强纪念和教育意义，又使革命历史得以传承，

推动了红色旅游的深入开展。三是控制老城区建设。一方面，我们对城区内遗留下来的延安大礼堂、边区银行、边区法院等具有代表意义的历史建筑实行绝对保护，采取修缮、加固等措施，确保建筑安全，不允许在历史建筑周围新增其他建筑。另一方面，在老城区严格按照增绿、减高、中疏的建设思想，控制老城区建设项目，疏导建筑密度，降低建筑高度，控制新建高层，有效保护历史风貌和视觉景观。

（四）实施外延拓展，打造现代延安

针对延安三山环抱、地形狭长、建设土地稀缺的地理特点，我市在城市建设中，坚持节约集约利用土地，按照“中疏、西控、东扩、北进、南下”的思路，保护旧城，发展新城，拉开城市框架，拓展发展空间，推进城市由条带状向网状、团状和立体发展。“中疏”，就是疏解老城区人口和建筑密度，缓解交通压力，退建还绿，抽空还绿，保护好老城区风貌。“西控”，就是加快西北川、水、电、气、路基础设施、延安干部学院二期、延长石油集团办公基地和石油大厦、职业技术学院、西北川公园等项目建设，形成以旧址保护和科教文化为主要功能的风貌协调人口聚集区。“东扩”，就是加快姚店新区、李渠小城镇建设，逐步与主城区贯通；加快城市东区详细规划编制，做好机场迁建后机场及周边5000多亩土地的开发准备，逐步形成城市副中心。“北进”，主要以杨家岭沟、延大新校区建设为依托，逐步将河庄坪与主城区连通，远期与安塞连通。“南下”，主要是抓好黄蒿洼新区、方塔新区两个大型沟道（面积近万亩）、新机场和南泥湾组团建设，带动城市向南拓展，远期与甘泉连通；同时，我们注重打通城市内、外环线，完善城市路网框架，为城市外延拓展奠定基础。通过采取以上措施，把新城区建设为城市功能完善、富有现代风采的新都市，取代老城区的商务中心功能，使老城区成为专业化的旅游休闲服务中心。

二、基本经验

（一）坚持规划先行，做到科学发展

规划是城市建设和发展的蓝图。科学合理地编制城市发展规划是城市建设的前提和基础。在城市建设时必须做到规划先行，把规划放在城市建设的首位。在编制规划时坚持以科学发展观为指导，坚持以人为本，综合考虑水、电、路、桥、信、暖等配套设施，把地域特色与现代风格、规模拓展与品位提升、历史文化与现代符号、地下规划与地上规划有机结合起来，做到了“功能完善，适度超前，文明优

美，特色鲜明”，使规划真正成为城市建设的“龙头”。为了切实保障规划实施，我们先后出台了一系列配套制度措施，确保了规划的完整性、严肃性和权威性。

（二）坚持城乡统筹，缩小城乡差距

城乡差距是目前我国十分突出的问题，如何在城市建设中把城市与乡村同步发展，逐步缩小城市与乡村的差距，是当前各级政府面临的重大课题。因此，在集中力量进行中心城市建设的同时，我们的做法是每年安排一定的资金，加强城镇和农村建设。资金投放的重点首先是加强重点小城镇建设，发挥小城镇的集聚、辐射、带动作用。其次是大力完善村镇道路、供水、通信等基础设施，改进农村生产生活条件。最后是做好产业开发，解决农民的富裕问题。

（三）坚持建管并重，构建文明城市

城市建设是关键，管理是重点。要把城市建设和管理放在同等重要的位置予以重视。一方面加大城市建设力度，不断完善城市水、电、路等基础设施条件，改善城市人居环境；另一方面高度重视和加强城市管理，进一步健全和完善城市管理制度，形成依法治市、依法管市的格局。不断引进先进的管理理念，提高城市管理水平，加强市民素质教育，提高市民的卫生意识、文明意识、城市意识，努力培养市民热爱城市、关心城市、保护城市的意识，形成全民管理城市的氛围。

（四）坚持产业兴市，增强发展后劲

产业是城市发展的基础，是解决群众进得去、留得住、能致富问题的关键。没有产业的支撑，城市发展便是一句空话。我市按照因地制宜、区别对待、发挥优势、凸显特色的思路，结合城镇自身的经济发展水平和区位、产业、资源条件，确定城镇主导产业，形成工业主导型、特色农业型、商贸市场型、观光旅游型等特色鲜明、优势互补的产业体系，增强城镇的综合竞争力和吸纳承载力，使进城农民有业可从，有事可干，安居乐业，增强支撑能力，努力构建富裕、生态、和谐延安。

坚持以科学发展观为统领
加快建设甘肃东部区域性中心城市

甘肃省平凉市副市长 曹复兴

（2009年4月）

平凉市位于甘肃省东部，辖6县1区、102个乡镇、1529个村。总面积1.1万平方公里，总人口226万。平凉区位优势明显。地处陕、甘、宁三省（区）交会处，312国道横贯全境，宝中铁路纵穿南北。随着平定、银武、西长凤高速和西平、天平铁路的陆续建设，平凉将成为甘肃东部重要的交通枢纽。平凉历史源远流长。公元358年，前秦大将军苻坚进攻前凉，置平凉郡，取“平定凉国”之意，平凉由此得名。历史上曾出现过世界针灸鼻祖皇甫谧、唐朝名相牛僧孺等彪炳史册的杰出人物。平凉文化底蕴深厚。相传西王母降生于泾川回山，轩辕黄帝问道于崆峒山，秦始皇祭天在莲花台。崆峒山道教文化、西王母远古文化、古成纪寻根文化、皇甫谧医学文化独具魅力。平凉资源相对富集，是甘肃主要农林产品生产基地、西北重要的绿色畜牧基地和全国优质果品生产基地。探明煤炭储量34.7亿吨，占全省的40%，华亭煤田是全国13个大型煤炭基地之一。有国家5A级风景名胜区、国家地质公园崆峒山，国家级森林公园云崖寺，以及王母宫、古灵台、古成纪、龙泉寺、莲花台等历史人文自然景观100多处。平凉发展全面提速。2008年，全市生产总值完成170亿元，大口径财政收入完成20.1亿元，地方财政收入完成8.24亿元，城镇居民人均可支配收入达到9700元，农民人均纯收入达到2414元。

近年来，我市坚持以科学发展观为统领，以项目建设为支撑，狠抓规划、建设、经营、管理四个环节，城镇化建设保持了健康快速发展的良好势头。2002年撤地设市以来，全市累计完成城镇化建设投资98.6亿元，新建、拓建城镇道路108条321公里，建成了4个县供水扩建和平凉城区供水管网改造工程，实施排水工程12项，新建垃圾填埋场7座，建成集中供热工程18项，新建公共设施项目42项。至2008年，全市城镇自来水普及率达到94.7%，人均道路面积18.4平方米，人均公共绿地面积6平方米，生活垃圾处理率达到75%，城镇化水平达到29.8%。平凉跻身中国优秀旅游城市行列，崆峒山成功晋升为国家首批5A级旅游景区，我市先后被评为全国双拥模范城、省级文明城市、省级卫生城市、省级园林城市、浙商（省外）投资最佳城市和“2007中国魅力城市200强”。

在城市规划建设经营管理中，我们主要抓了以下几个方面。

一、抓领导，健全机制

市委、市政府把加快推进城镇化作为促进经济社会发展的一项大战略，以建设甘肃东部区域性中心城市为目标，进一步审视市情，厘清思路，统一思想，增强各级各部门的发展意识和服务意识，充分调动全市上下投身城镇化建设的自觉性。为了确保各项工作任务的落实，成立了市城市规划建设管理工作协调领导小组，建立了城镇化建设目标考核责任制，与县（区）政府及部门签定责任书，加强督促检查，严格兑现奖罚。各县（区）政府都成立了相应的组织机构，层层建立了工作责任制，强化协调配合，狠抓工作落实，形成了市、县、乡、村四级联动，全社会广泛参与、多方面齐抓共管的工作格局。

二、抓规划，科学引领

近五年来，全市各级政府投入4221万元，调整修编《城市总体规划》4项，编制城市《控制性详细规划》9项、区域《修建性详细规划》27项、专项规划13项；修编完善乡镇规划86个、村庄规划716个，完成了500项主要街区、重要发展地段控制性和修建性详细规划，为城镇化建设提供了科学依据；同时，建立了城乡规划评审会议制度、专家咨询委员会制度、城乡规划政务公开制度、公众参与制度及城市规划土地建设审查委员会决策制度，规划管理水平不断提高。

三、抓建设，统筹推进

坚持把城镇发展与产业培育相结合，把基础设施建设与生态文化建设相结合，把扩张规模与综合开发相结合，形成了中心城市、县城、小城镇、村庄建设梯次推进、整体提升的格局。一是中心城市功能不断完善，辐射带动作用明显增强。累计

投资54.6亿元，实施了大规模的建设工程，中心城市建成区面积扩大到36平方公里。相继建成崆峒大道、泾河大道等城市景观主干道90条251公里，新建桥梁16座，实施了平凉城区污水处理、垃圾无害化处理等基础设施和市博物馆、体育馆等公用设施项目，建成了柳湖公园、东湖公园等12处城市公园和绿地花坛，实施了崆峒山基础设施、广成山庄、崆峒古镇等一批旅游基础设施项目，对宝塔路、盘旋路等36条街巷进行了整修，完成了工农路、果园路等31条背街小巷的改造和30座公厕的建设，中心城市的综合承载功能不断完善。二是县城规模不断扩大，品位和特色同步提升。全市6个县城按照“扩容提质、做精做细、突出特色”的要求，规划建设了一批个性鲜明的城市建设项目。华亭县突出生态文化山城和绿色能源之都建设，灵台县突出历史文化名城建设，庄浪县突出山水秀美县城建设，崇信县突出生态旅游县城建设，实施了一大批城市综合开发项目，全市6个县城的建成区面积由26平方公里增加到43.4平方公里。三是小城镇基础设施日趋完善，承载功能进一步提升。小城镇支柱产业稳步提升，煤炭、建筑、建材、农副产品加工等乡镇企业不断壮大，教育、文化、体育、广播电视等社会事业协调发展，商贸、餐饮服务、商品住宅等产业迅速扩张，全市36个重点小城镇对经济的贡献率年均增长4%以上。四是新农村建设势头强劲，村庄面貌明显改观。全市村镇建设投资每年以6%的速度递增，“十一五”期间累计达到20多亿元。实施了一批道路、绿化、环卫、集贸市场等基础设施项目，完成了农村电网改造，修建了沼气池、集雨水窖，推广了节能灶和改厕技术，农村群众上学、就医、文体活动及生产生活条件有了很大改善。

四、抓经营，多方融资

一是创新城市建设运营机制。成立了平凉市城市建设投资有限责任公司，运作城市建设和市政公用设施建设资金，融资贷款。与国家开发银行甘肃分行签署了7亿元贷款合作协议，首期1.6亿元用于城市道路、排水、供热等城市基础设施建设。二是坚持政府垄断土地一级市场。坚持统一规划、统一征用、统一配套建设，将城市规划区内的土地全部纳入储备范围，通过公开招标、拍卖实现土地收益最大化，筹集城市建设资金。三是对公共资源特许经营。对城市公厕建设经营、户外广告设置、道路、广场冠名等进行公开招标拍卖。以特许经营的方式引入新疆广汇集团公司投资建设了平凉城区液化天然气城市气化工程。四是吸引社会资本投资建设。制定出台优惠政策，吸引社会资金投资，实施了一批城市便民道路和便民市场建设。广泛开展招商引资，建成了一批商贸、旅游及公共设施项目。五是统筹项目聚集建设资金。在城市项目建设中统筹了交通、电力、水利、林业方面的建设项目，最大限度地整合了资金。

五、抓管理，提升品位

以承办全国武术馆校武术比赛、全国机器人足球锦标赛、全国武术散打精英赛、全国乡企贸洽会为契机，全面加强城市综合管理。2008年，成立了城市管理综合行政执法局，理顺了市、区环卫清扫保洁体制机制，出台了环境卫生、房屋拆迁、建筑节能及停车场设置等管理办法，制定了《平凉市市民行为守则》，推进了城市规范化管理。以治理城市脏、乱、差为重点，对城市环境卫生、交通秩序进行集中综合整治。对机关、企事业单位、商业门店、住宅小区等全面落实门前“三包责任制”，持续开展以“六乱一明”为重点的环境综合整治，城市管理逐步走上了规范化、法制化的轨道。

我市城镇化建设工作中，体会最深的是：第一，科学决策、强化领导，是城镇化建设的关键所在。必须把城镇化建设摆在十分突出的位置来抓，集中领导、集中力量，超前谋划、突出重点，统筹安排、常抓不懈。第二，超前规划、严格管理，是城镇化建设的首要前提。必须超前规划、系统规划，严格执行规划，依法管理规划，才能引领城镇化健康发展。第三，突出特色、丰富内涵，是城镇化建设的核心要素。必须把项目建设与生态文化建设相结合，既要反映历史文化底蕴，又要体现时代风貌，才能彰显城镇个性，塑造城市“灵魂”。第四，综合开发、配套建设，是城镇化建设的有效手段。只有把基础设施建设与城镇综合开发结合起来，把扩张规模与培育产业结合起来，以项目建设带动基础设施配套，以产业培育增强发展后劲，才能为城镇化建设提供有力支撑。第五，上下联动、全民参与，是城镇化建设的重要基础。城镇化建设是一项社会系统工程，必须充分发挥各级政府的主导作用和部门单位的职能作用，调动社会各界参与城镇化建设的积极性，从而形成群策群力推进城镇化建设的合力。

在今后的工作中，我们将以科学发展观为指导，进一步解放思想，优化部署，加大力度，狠抓落实，全力推进我市城镇化建设又好又快发展。一是加大规划编制落实力度。经过2~3年的努力，形成规划要素齐全、城乡全面覆盖的规划编制体系。建立规划稽查、责任追究和报告备案制度，对违反城镇规划的行为进行严肃查处，减少规划的随意性。二是加大项目争取实施力度。继续加大项目建设力度，实施好中心城市道路、污水处理、热电联产、垃圾处理等项目，深入抓好县城及重点小城镇基础设施工程，优化人居环境，完善服务功能。三是加大民计民生改善力度。坚持以人为本，高度关注民生，继续抓好群众关注的道路、住房、公厕、市场等民生工程和经济适用住房、廉租住房建设及棚户区改造，着力解决困难群众的住房问题。四是加大城市经营融资力度。通过财政列资、经营城镇、借贷融资、争取投资、招商引资等多种渠道，加大融资力度，构建“财政支持、市场运作、多方融资、滚动发展”的融资格局。五是加大城市综合执法力度。突出抓好市容市貌、环境卫生、交通秩序、户外广告、规划执法管理，实施“美、洁、亮、绿、畅”五大工程，开展综合执法、联合执法，强化教育引导，提高市民素质，树立城市良好形象。六是加大政府公共服务力度。建立并不断完善城镇住房、医疗、教育、劳动就业和社会保障等制度，逐步建立农民和居民的社会保障体系，加快城乡一体化发展步伐。

深入实践科学发展观 努力提高城镇化水平 推动湟中城乡协调发展

青海省西宁市湟中县县长 陈鸿林

（2010年7月）

加快推进城乡一体化，统筹城乡发展，是贯彻落实科学发展观、构建社会主义和谐社会的重大举措，也是解决城乡发展不平衡等社会矛盾和问题，全面建设小康社会的必由之路。从湟中县发展实际出发，只有坚持科学发展观，提高全县城镇化水平，加快推进城乡一体化，才能实现全县经济社会全面、协调和可持续发展，才能实现建设富裕、文明、和谐新湟中的宏伟目标。

一、推进城镇化进程，提高城镇化水平，是解决“三农”问题的必然选择

“三农”问题是我国发展和建设的基本问题，中国的事情能不能办好，在很大程度上取决于能不能妥善处理好“三农”问题。湟中是青海省的农业大县、人口大县，农业人口占全县总人口的90%，解决湟中“三农”问题是壮大县域经济实力，提升社会发展水平，实现湟中又好又快发展的关键。按照经济社会的一般规律，解决“三农”问题的根本出路在于通过转移农村剩余劳动力，推进城镇化进程，提高城镇化水平。

首先，推进城镇化进程，提高城镇化水平，可以有效推动农业和农村经济结构的战略性调整。全面提高农业和农村经济的整体效益，增加农民收入，提高农民生活水平，是当前和今后一个时期我国农业和农村工作的首要任务。统筹城乡发展，推进城镇化进程，提高城镇化水平，能够进一步加快农村富余劳动力的转移，从而提高农业劳动生产率和综合经济效益。可以说，推进城镇化进程，提高城镇化水平

对解决现阶段农村一系列深层次矛盾，优化农业和农村经济结构，增强农村社会发展实力具有十分重要的作用。

其次，推进城镇化进程，提高城镇化水平，可以进一步开拓繁荣农村市场。扩大内需，开拓农村市场，是当前解决国际金融危机冲击影响的重要途径。推进农村城镇化，必然要建立健全农村劳动力要素市场、培育壮大农村资本要素市场、推进农村土地要素市场化，促进各类资源的合理配置。而要素市场的形成和发展，也必然会进一步拓展和繁荣农村市场。

最后，推进城镇化进程，提高城镇化水平，可以有效改善农村发展环境。当前，国家政策向西部贫困地区倾斜，农村基础设施建设、生态建设和特色经济发展投资力度不断加大。推进城镇化进程，提高城镇化水平，为推动农村产业规模化经营、农村生态环境建设、资源开发创造条件，也可以为农村调整和优化产业结构、协调产业发展提供广阔的空间。

二、推进城镇化进程的有利条件

（一）农村丰富的劳动力资源，形成了推进城镇化进程、提高城镇化水平的推力。作为青海省的人口大县，目前湟中县总人口达到49.24万人，农业人口达到44万人，有农村富余劳动力14万人，人口密集，劳动力充裕，形成了城镇化的推力。可以说，通过加快农村劳动力转移就业，能够有力地推进工业化和城镇化建设进程，促进城乡经济社会协调发展，将人口压力转化为人力资源优势。

（二）工业经济的快速发展，已对推进城镇化进程、提高城镇化水平产生了巨大的拉动作用。工业化和城镇化历来就是相辅相成的，工业化必然带来城镇化，没有工业化就没有真正意义上的城镇化。就湟中县来看，目前工业的集聚发展，已经为城镇化奠定了坚实的基础。西宁国家级经济开发区甘河工业园区和本县上新庄工业拓展区近40家工业企业的集聚发展，已累计吸纳近6000余名产业工人。据统计分析，1个工业就业岗位可以带动2~3个服务业就业岗位，由此可以推断，工业发展将带来1.2万~1.8万的服务业就业岗位，由此可以产生近5万的城镇人口，这些城镇人口的增加，可以极大地提高湟中县城镇化水平。因此，湟中良好的工业发展基础，已经为推进全县城镇化进程产生了非常巨大的拉动作用。

（三）农村改革政策的落实，为推进城镇化进程，提高城镇化水平提供了政策保障。党的十七届三中全会通过《中共中央关于推进农村改革发展若干重大问题的决定》，提出了一系列关于农村改革的政策，特别是农民承包土地经营权流转、集体林权制度改革等政策的推行，为农民进城创造了条件。近几年，省、市也相继出台了土地、投资等一系列加快城镇化发展的政策措施，提出了推进“三个集中”的发展思路，为我们推进城镇化进程，提高城镇化水平提供了良好的政策环境。

三、加快农村制度创新，为推进城镇化进程提供保障

在传统的城乡二元结构格局下，推进城镇化进程经常会遇到一些政策性和制度性的矛盾和问题。统筹城乡发展的过程，就是解决“三农”问题，消除城乡二元结构，实现农村、农业、农民现代化的过程。因此，加快推进城镇化，实现城乡统筹、平等、和谐发展，就是要积极探索，大胆进行制度创新，消除推进城镇化的体制和政策障碍，打破城乡分割，逐步建立市场经济体制下的新型城乡关系，从体制和政策上为城镇化建设创造宽松的环境。

一要深化农村各项改革和制度创新。深化改革，加快农村制度创新，是提高城镇化水平、实现城乡一体化发展的前提。城乡统筹，城乡一体化的出路就是城镇化，城镇化就是让农民进城，提高城镇人口的比例。但农民进城是有成本的，成本包括住房、医疗、教育、就业以及相应的公共服务，这个成本，政府财政拿不起，有没有别的出路？农民能不能拿？什么情况下农民可以拿？只有一条，让农民拥有资产，使农民有承担这个成本的条件。让农民拥有资产的条件就是改革和体制创新，也就是产权制度和经营权制度改革，让农民拥有农村土地承包经营权、房屋所有权、林权等，而且其土地经营权和房屋等所有权可以有偿转让，通过转让积累进城资本。当然，有了资产还要让资产进入市场，也就是盘活资产，激活土地、房产、林木、劳动力等资源，形成要素市场，在农村建立真正的市场经济。其具体的运作方式就是建立农村产权交易市场、农业发展投资公司，要建立土地经营权流转、建设用地有偿转让制度，还可以用土地承包经营权、房屋产权担保融资，使农民完成进城原始积累，积累城镇化成本。

二要深化户籍管理制度改革。突出城乡人口管理的制度创新，消除城乡二元户籍制度。按照降低门槛、改善服务、规范管理的原则，进一步改革户籍管理制度，明确政策，鼓励农民进城定居。城镇建成区内的村庄居民和城郊失地农民要有计划地转为城镇居民户口，纳入城镇统一行政管理。土地流转后的农民也要有计划地向城镇转移，实现土地向规模经营流转、农民向非农产业流转的“双流转”。农民进城落户后继续保留其原承包土地的经营权，并享有承包土地的收益和原村级集体资产收益分配的权益。另外，凡在小城镇具有合法固定的住所、稳定的职业或生活来

源的人员及其共同生活的直系亲属，根据本人意愿办理城镇常住户口，实行统一的城镇户籍，允许农民到小城镇落户。

三要完善社会保障体系。根据乡镇经济发展和农业人口向小城镇转移的实际情况，突出城乡社会保障制度的创新，按照整体规划、城乡一体、共同负担、多元筹资、分步实施的原则，引导农民自愿开展以个人缴费和集体补助相结合的农民社会养老保险，扩大城乡社会保险的覆盖面。废除各种阻碍农村富余劳动力有序流动的政策和规定，对进入城镇就业成为城镇居民的，在享受社会保障和子女参军、就业、就学等方面一视同仁。建设统一的劳动力市场，取消不合理的招工前置条件，帮助进城农民就业。

四、明确发展思路，努力提高城镇化水平

当前和今后一个时期，湟中县推进城镇化进程的总体思路是：以统筹城乡之间协调发展为重点，按照“择优扶强、集聚发展、扩容提质、配套建设”的原则，依托西宁近郊县的区位优势，连接西宁市总体规划，承接西宁城市空间的拓展外延，以县城、多巴等有条件的城镇为重点，着力建设规模有序、功能明晰、布局合理的区域城镇体系。力争到2020年全县城镇化水平达到50%。为达到这一目标需重点抓好以下四项工作。

（一）加强组织引导

积极利用甘河工业园区、南川工业园区在湟中县集中发展的良好平台，充分发挥上新庄、多巴工业拓展区的发展优势，借助工业园区、拓展区辐射带动作用，通过规划，有计划地引导园区周边城镇大力发展非农经济，转移农村人口，扩大城区面积，加快农村城镇化步伐。积极组织引导经济实力比较强，工业化、城镇化进程比较快，农业农村发展基础比较好的多巴、上新庄、鲁沙尔地区努力成为全市统筹城乡发展、推进城乡一体化的先行区。欠发达地区要把统筹城乡发展作为推进经济社会发展的强大动力，统筹做好农民培训、村庄整治、产业发展、城镇建设和劳动力转移等各项工作，走出一条城乡联动、全面推进城镇建设的新路子。

（二）坚持重点培育

推进城镇化，就是引导农民到城镇，所以要培育一批重点发展的城镇。结合县域工业经济和城郊现代农业发展，湟中县要重点培育甘河滩、拦隆口等有区位优势和特色产业支撑的中心城镇，重点建设鲁沙尔镇以旅游文化经济为主的西宁市

郊综合性卫星城镇，多巴镇以体育旅游、农产品加工为主的卫星城镇，甘河滩镇和上新庄镇以工业经济为主的工业和服务性城镇，李家山镇以硅石资源开发为主的工业经济城镇，拦隆口镇以蔬菜生产为主的特色农业城镇，其他乡镇以特色农牧业经济和农业观光、休闲旅游为主，坚持走多元化发展的城镇化之路。

（三）切实抓好“三集中”试点和推广工作

“三集中”指的是工业向集中发展区（园区）集中，走集约集群发展道路，以工业化作为城镇化的基本推动力量，带动城镇和第二、第三产业的发展，创造农村带动力转移的条件；农民向城镇集中，集聚人气和创造商机，农村富余劳动力向第二、第三产业转移，为土地向规模经营创造条件；土地向规模经营集中，进一步转变农业生产方式，提高农业综合效益，推动现代农业发展。“三集中”是省、市在新形势下推进城镇化、实现城乡一体化发展的具体安排。开展“三集中”试点，推进城镇化进程，就是要通过甘河、南川、上新庄等工业区建设和多巴安置小区建设、农村土地流转，先行试点、逐步推广。

（四）科学编制规划

城镇规划是引导城镇化健康发展的依据，也是政府调控小城镇建设的有效手段。科学编制小城镇建设规划，就是严格按照国家有关城镇规划的法律法规和标准规范，以“城市要有特色、建筑要有个性、市民要有精神”为目标，立足现实，着眼长远，坚持高标准规划，高质量建设，高水平管理，切实做到小城镇建设规划与土地利用总体规划以及交通网络、环境保护、社会发展等各方面规划的衔接和协调。突出工业小区和商业小区的规划工作，把工业区的发展与小城镇发展结合起来。从区域经济发展的角度出发，把握小城镇建设的方向和目标，对小城镇的功能和结构准确定位，规划好城镇的空间环境。

（五）进一步推动产业发展

产业发展是推进城镇化进程的根本动力，在区域城镇建设中起着决定性的作用。产业的发展、产业结构的变化及产业的空间布局均深刻地影响着城镇化的进程。推进城乡一体化，必须大力发展产业。一要在加快新型工业化中推动城镇化。依托甘河、南川工业园区的辐射、带动作用，发展园区工业产品区外加工业，承接产业延伸，大力发展区外工业经济，以加快全县工业化步伐推动工业区周边第三产业发展和劳动力转移，推进城镇化进程。二要在加快农业产业化中推动城镇化。依托省城西宁这个大市场，以青海省建设河湟流域特色农业“百里长廊”为契机，围绕保障供给，大力发展反季节蔬菜、花卉、奶牛养殖等设施农业产业，加快农副产品基地建设，逐步建设一批特色鲜明、品牌名优的专业镇，以农业产业化推进城镇化。三要在大力发展第三产业中推动城镇化。以打造塔尔寺国家5A级旅游景区为契机，加大塔尔寺周边环境综合整治，提升景区品位；加大群加国家级森林公园、南佛山景区、药水滩景区开发建设力度，以旅游景点建设促进城镇发展。规范和发展传统服务业，引导发展新兴服务业，增大城镇人口容量，增加就业岗位，吸引农民进城，促进城镇繁荣。

注重科技 综合治沙
努力构建绿色安全新中卫

宁夏回族自治区中卫市副市长 马世军

（2009年4月）

中卫市位于宁夏中部干旱带上，宁、甘、内蒙古三省区交会处，地处黄河前套之首和世界第四大沙漠腾格里的东南边缘西风口。全市辖沙坡头区、中宁县和海原县，人口114万，面积1.7万平方公里，其中沙漠面积1200平方公里，占8.1%，山地与丘陵14245平方公里，占83.6%；属典型的大陆性季风气候和沙漠气候，风大沙多，气候干旱，生态脆弱，是中国的三大风口之一（号称西风口），也是宁夏最干旱的地市之一，严重威胁着我市生态环境安全。

多年以来，特别是实施西部大开发战略以来，中卫历届党委、政府高度重视生态环境建设，把防沙治沙作为生态安全建设的重中之重，作为实现可持续发展战略的最大基础性工程，带领广大干部群众发扬"三苦"精神和"两情"作风，科学治沙，生态攻坚，同恶劣的风沙做长期不懈的斗争，先后实施了大南华水生态造林、腾格里生态湿地、美利工业区生态绿化、中冶美利纸业林纸一体化、沿黄生态湿地恢复与保护、城市生态绿化、小流域综合治理等一大批生态环境建设工程，累计完成造林面积75万亩，森林覆盖率达到9.84%，沙化面积由20世纪70年代的19.5万公顷减少到12万公顷，率先在全国实现了沙化治理速度大于扩展速度的历史性转变，形成了人进沙退的可喜局面，为全市经济社会的可持续发展提供了绿色安全屏障。我们的主要经验和做法如下。

一、因地制宜，探索新模式

中卫市地势自西向东、由南向北倾斜，地貌类型分为沙漠、黄河冲积平原、台

地、山地和黄土丘陵五大地貌单元，其中西北部为腾格里沙漠东南边缘，黄河沿岸为卫宁冲积平原，黄河南岸为山台地，南部山区为荒漠山地与黄土丘陵。针对不同区域、不同土地类型，我们结合实际，因地制宜，探索不同类型区域防沙治沙技术模式。在西北部沙漠地带，以严格控制沙化源头为主，大力实施植树造林和防风固沙工程；在市区和川区平原，以美化生态环境为主，大力实施城市生态绿化建设和农田林网绿化工程；在中部南山台扬黄地区，以发展特色生态经济为主，大力实施百万亩高酸苹果和枸杞等经果林优势产业工程；在南部荒漠山区，以严格控制荒漠化为主，大力实施小流域治理和退耕还林、退牧还草工程；在干旱少雨的黄土丘陵地区，以发展沙生产业为主，大力实施百万亩压砂西瓜产业工程，形成了五种不同模式的生态治理区域，做到了因地制宜、分类指导，加快了治理速度，提高了治理成效。

二、创新科技，提升新水平

提高防沙治沙质量和效益，关键要靠科技创新。针对不同沙化类型区，我们在实践中逐步探索不同的防沙治沙技术。从20世纪50年代开始，为保护我国第一条沙漠铁路-包兰线的畅通，中卫铁路治沙工作者总结创造出了麦草方格治沙技术，发明了卵石防火带、灌溉造林带、草障植物带、前沿阻沙带、封沙育草带“五带一体”的治沙防护体系。在铁路两侧建成了3公里宽、55公里长的绿色长廊，固定了流沙，改善了生态，保证了包兰铁路的安全畅通，解决了世界性难题，创造了人进沙退的伟大创举，被誉为“世界治沙史上的奇迹”。1989年获得国家科技进步特别奖，1992年被国家林业局列入全国防沙工程重点县之一，1994年获得联合国“全球500佳环境奖”殊荣，1996年被列为“全国生态示范试点县。中卫香山黄土丘陵地区海拔2000米左右，年降水量不足180毫米，蒸发量却高达2400毫米。当地群众利用丰富的砂石资源，在斜山坡上铺垫10~15厘米厚的片状砂砾，起到了蓄水保墒的作用，从石头缝里“蹦”出了皮脆、瓤沙、含糖高、富含硒元素的香山硒砂瓜。2005年以来，市委、政府在不到三年时间内，沿环香山地带推广种植压砂西瓜102万亩，成为宁夏第五个地理标志保护产品，又一次创造了世界奇迹，享有“硒砂瓜之乡”盛誉。此外，我们建成了中卫固沙林场、沙漠研究所、种苗场和中宁县苗木场等试验示范基地，把科学试验示范与群众实践经验相结合，采取了在干旱流动沙丘、半固定沙地实行生物固沙造林技术，在湿润、半湿润沙地实行乔、灌、草综合造林技术，创造了多项可操作性极强、易推广的配套技术，不断提高了防沙治沙水平。

三、突出产业，实现新效益

生态环境建设是一项社会事业工程。我们按照“政府引导、产业带动、企业介入、社会参与”的思路，鼓励、引导和支持社会各界参与防沙治沙，向沙漠进军要产值要效益。沙坡头以卓越的治沙成果，建立了驰名中外的沙漠旅游名胜区，带动了其他旅游业的快速发展，实现年均旅游业年收入2000万元左右。2001年以来，中冶美利纸业集团通过实施林纸一体化项目，在腾格里沙漠边缘推平了2万多座沙丘，建设废水灌溉速生林基地3.59万公顷，为中卫市构建了一道新的绿色屏障。中卫市科技部门采用“无土栽培”技术，使用新材料墙体，规划在腾格里南缘沙漠地带建设高产、高效的日光温室无公害基地22万亩，为中卫市发展沙漠设施农业闯出了一片新天地。中石油宁夏石化分公司投资20亿元，在沙坡头区吊坡梁沙漠地带启动建设集花卉、能源植物、休闲生态农业于一体的绿化观光基地项目3000亩，走出了既能改变生态环境又能取得经济效益的新路子，实现了生态效益、社会效益与经济效益多赢的可喜局面。

四、项目带动，开创新局面

近年来，市委、市政府以重点项目建设为依托，加大资金投入力度，抓生态，造环境，掀起绿化家园高潮，着力改善人居环境，改变城市面貌。一是实施大南华水生态造林工程。从2008年开始，计划利用5年时间，投资14亿元，在海原县南华山造林150万亩，再造一个六盘山。其中2008年秋季完成造林面积20.3万亩1293万株，2009年计划栽植30万亩1910万株。二是实施美利工业区生态绿化工程。2008年春季沿工业区11主干道路栽植香花槐16万株2760亩；2009年春季在生态湿地栽植各类树木23.5万株7000亩。三是实施腾格里生态湿地绿化工程。开挖腾格里生态湿地湖泊10000亩，在中石油基地、沙漠实施农业示范区、腾格里沙漠湿地治沙造林2万亩。四是实施城市生态环境建设工程。充分发挥中卫城市亲水近河的优势，建成城市生态水系30000亩，实施城市生态绿化791.6万平方米，种植草坪124.8万平方米，种植各类乔木、花灌木近494.3万棵。五是实施经济林生态建设工程。在南部山区营造建设了10万亩次生灌木林带，在南山脚下建起了5万亩高酸苹果和枸杞经果林产业带，在黄河沿岸建起了45公里长的黄河护岸林带，在引黄灌区建起了33万亩的绿化林带，营造了灌区大农田林网，形成了“四带一网”的防护林绿色长廊。此外，我市借黄河水利之便，依托沙坡头水利枢纽工程、固海扬黄工程、阿盟扬黄工程，将黄河水

引到了南部山区和北部荒漠地区，改造中低产田10万亩，实施土地整理开发5万亩，建成55公里长的“三北”防风固沙林带，有效改善了区域生态环境，加快了农民致富步伐；同时，积极探索对外合作治沙造林的新路子，先后实施了小渊基金青少年造林、日援黄河中游防护林、中德合作荒漠化治理、中日保护母亲河行动，韩援黄河护岸林等项目，完成人工造林7000公顷，封山育林8000公顷，大大促进了我市荒漠化治理步伐。

五、创新机制，增强新活力

推动防沙治沙事业又好又快发展，需要全社会的广泛参与，形成有效调动全社会参与防沙治沙积极性的新机制。近年来，我市实行“谁投资、谁治理、谁受益”的政策，对一些宜林沙荒地，将土地所有权、使用权和经营权分离，采取拍卖、租赁、承包和无偿划拨的方式，推行“四荒”拍卖，延长沙化土地承包和租赁期，调动了社会各界参与防沙治沙的积极性，引进了中冶美利纸业集团和中国石油宁夏分公司为代表的一大批企业和农户，以资本运作的方式进行生态环境开发建设，形成了多元投资主体参与防沙治沙的新局面。

六、严格执法，确保新实效

依法治沙也是做好防沙工作的重要保障。我们认真贯彻执行《防沙治沙法》，完善防沙治沙法律法规体系，加大普法力度，开展法律知识宣传教育，增强全民法律意识；同时不断充实执法监管力量，成立森林派出所、草原派出所和草原管理站等执法部门，加大对防沙治沙开发建设活动的监管力度，依法打击毁林毁草开垦，乱采发菜、甘草、麻黄草等药用植物，滥砍挖灌木和其他固沙植物等破坏沙区植被的违法行为，消除了人为干扰和破坏生态的行为，预防土地沙化，促进自然修复。

这些年来，我市生态环境建设取得了可喜的成果，虽然率先在全国实现了由“沙逼人退”到“人逼沙退”的转变，但总体上沙化问题仍很严重，森林覆盖率不足10%，生态环境仍十分脆弱，防沙治沙任务依然十分繁重和艰巨。今后，我们将继续以科学发展观为指导，巩固和扩大防沙治沙成果，运用科学的治沙方法，在今后15年内沿腾格里沙漠边缘地带植树造林150万亩，形成东西向50公里长，南北向10公里宽生态屏障带，为确保国家的生态安全贡献新力量。

以科学发展观统领地区城乡规划建设工作

新疆维吾尔自治区阿勒泰地委委员、副书记、常务副专员 刘颂东

（2009年5月）

阿勒泰地区地处欧亚大陆腹地，新疆维吾尔自治区北部，阿尔泰山南麓，东部与蒙古接壤，西部、北部与哈萨克斯坦、俄罗斯交界，边境线长1175公里。阿勒泰地区隶属伊犁哈萨克自治州，地区下辖阿勒泰市、布尔津县、哈巴河县、吉木乃县、福海县、富蕴县、青河县等六县一市，7个建制镇，41个乡集镇511个行政村。境内有新疆生产建设兵团农十师及其所属10个团场，总面积11.78万平方公里，占全疆总面积的7%，总人口63.78万，有汉、哈萨克、回、维吾尔、蒙古等36个民族。其中，少数民族33.56万人，占总人口的56.45%。现有城区面积58平方公里，城市建成区面积37.91平方公里，城区人口11.24万。阿勒泰地域广阔、水草丰美、矿产资源丰富、水资源蕴藏量大、自然景观独特。凭借这些优势资源积累形成了畜牧业、矿产业、旅游业、水能产业四大支柱产业。近年来，阿勒泰地区坚持走“农牧富民、工业强区、旅游和商贸活区”的路子，大力发展优势产业，2008年实现地区生产总值116亿元，地方固定资产投资50.3亿元，全口径财政收入18.1亿元，其中地方财政收入10亿元，农牧民人均纯收入4472元。

近年来，阿勒泰地区城乡规划建设工作，紧紧围绕“青山、绿水、蓝天”地域特色，依托当地优势资源，充分发挥城乡规划的宏观指导作用，坚持科学发展、和谐建设、统筹城乡、以人为本，各县（市）城乡面容日新月异，先后成功创建了适宜人居的“全国卫生城市”“全国优秀旅游城市”“国家旅游强县”“国家园林县城”“中国人居环境范例奖”。我们的做法如下：

一、坚持“四个到位”，夯实工作基础

近年来，我们大力实施城镇带动和大集团拉动战略，始终坚持高起点规划、高标准建设、高效能管理的“三高”规划建设理念，加快了城镇化建设，截至2008年，各县（市）全部完成了第三轮城市总体规划修编，全地区城镇化率达到38%，城镇绿化率达到37.87%。在城乡规划中，我们坚持做到“四到位”。一是组织领导到位。地区和各县（市）均成立了由主要领导任组长的城乡规划领导小组，定期召开联系会议、专题会议听取规划工作进展情况，研究解决工作中出现的城乡规划编制、建设和管理等问题。二是人员到位。地区和各县（市）均设立了专门的规划机构，在配齐专职人员的同时，我们根据各县（市）规划需求聘请了有资历的专家和从事规划工作的专业人员，充实到规划队伍中。在各乡（镇）也专门配置了专兼职规划人员，使地、县、乡三级规划人员齐全到位，确保了地区各类规划的顺利实施。三是职责明确到位。为进一步明确工作职责，地区出台了《阿勒泰城乡规划管理办法》，对地区和各县（市）规划职能范围进行了细化，明确了各级规划范围，要求各级政府规划执行中必须严格执行“一书两证”审批制度。做到规划事项共同参与，相互监督，分级审批，有效防止了规划行为不作为、乱作为等行为现象的发生。四是技术培训到位。坚持请进来、送出去的方式，邀请区内外有知名度的规划专家学者前来我区，为规划人员传经送宝、传授知识；通过外出挂职学习、考察观摩的形式分批次地将本地规划人员送出交流学习。同时，地区结合《城乡规划法》的宣贯学习，在规划评审和实施过程中，不间断地组织本地规划专家深入县（市）现场指导，以此提高了全地区规划人员的整体技能水平。截至目前，我们共培训规划人员1200余人，取得了较好的效果。

二、处理好“三个关系”，服务城乡建设

为依法落实好已审批的规划，维护规划的权威性、延续性，我们一是处理好权利与责任的关系。特别是把城乡规划管理和规划效能监察工作纳入了考核各县（市）和地直建设部门的年度责任目标中进行管理；同时，结合行风政风评议，对各县（市）主要领导落实规划情况进行民意测评，重点考核依法行政、履行职责等内容，考核结果直接与县（市）评优，职务晋升挂钩，有效增强了县（市）依法行政，文明执法意识，真正达到了有权必有责、用权受监督、违法要追究的目的。二是处理好管理与服务的关系。要求各县（市）在履行规划执法过程中，变被动为主动，经常深入施工现场巡查，从县城到村镇，从开工到竣工，纵向到边、横向到

底，实行全方位、全过程动态监控，及时掌握建设方规划手续是否齐全、是否按规划建设等情况，适时采取措施加强监管，做到手续不齐全不准建设、不符合规划不准建设。实行日常巡查制度，做到在管理中服务、在服务中管理，把重点项目、开发小区列入日常巡查的管理区，有效地遏制了城乡建设中私搭乱建、乱占滥建的现象。三是处理好处罚与宣传的关系。处罚只是一种抓落实的手段，目的是严格执行规划效果。我们要求各县（市）在处罚违规建设的同时，加大法律法规的宣传，将国家、自治区规划建设的各项法律法规，以汉文和哈萨克文两种语言文字，印成传单、编制成册，免费发放给建设单位和个人；让对方从处罚中受到教育，从处罚中学习规划建设法律法规知识。地区及各县（市）还在新闻、网络设置了规划专栏，定期展示规划成果，宣传《城乡规划法》。通过积极疏导，引导群众依法建设、按规划建房，达到了事半功倍的效果。近年来，全地区违法违规建设案件明显减少，2008年全地区仅发生1起违规建设案件，促进了城乡建设规范、健康、有序发展。

三、抓好两项重点规划，促进村镇建设扎实开展

阿勒泰地区是一个以农牧业为主，经济欠发达的偏远地区，以哈萨克族为主的少数民族几个世纪以来一直延续着依草水而居的游牧生活，现有的农牧区村庄村民居住比较分散，居住条件和环境面貌较差，治理村庄和实现牧民定居，是阿勒泰几届领导不懈努力的方向。

自2005年以来，地区按照统筹城乡发展的要求，紧紧围绕社会主义新农村建设二十字方针这个中心，采取“一个县（市）抓一个重点示范乡（镇）、一个乡（镇）抓一个重点示范村，以点带面、整体推进”的方式，在全疆率先启动村镇“新村杯”竞赛活动，并通过召开现场观摩会的形式，全面推动竞赛活动深入开展。此经验得到了自治区党委、政府及建设厅的认可和推广。在推进村镇建设过程中，我们始终坚持规划先行的原则，重点抓好两项规划。一是突出抓好乡镇总体规划和村庄建设规划。委托有资质的单位，高起点、高标准设计，高质量、高要求编制村镇规划，有效提高了规划建设的层次与质量，促进人与自然和谐发展。2005年以来，全地区投入村镇规划资金860余万元，所有乡（镇）总体规划全部编制完成，有433个村庄完成建设规划，村镇规划覆盖率由竞赛活动前的26%提高到85%。二是突出抓好牧民定居点规划。通过坚持不懈的努力，自治区已经把阿勒泰确定为牧民定居的重点地区，今年从国家下达自治区的3亿元牧民定居资金中，给阿勒泰安排了1亿元、定居4000户的任务。这意味着长期困扰阿勒泰全面发展的牧民定居问题终

于得到了国家、自治区专项政策和资金的支持，重视程度之高、支持力度之大、落实速度之快是前所未有的。为此，我们把牧民定居作为地区最为迫切的民生工程，把牧民定居与新农村规划结合起来，与推进农村城镇化结合起来，与建设现代农业结合起来，按照科学布局、相对集中、注重实效、利于发展的原则，进行科学规划和高水平建设，集中精力，克难攻坚，努力实现牧民定居工作新突破。目前《阿勒泰地区2009—2015年游牧民定居工程规划》已由自治区发改委经研院编制完成。按照以水定地、以地定草、以草定畜和“五通五有五配套”的要求，确保牧民“定得下、稳得住、能致富”。到2020年，全地区2.3万户、12万牧民基本实现标准定居，建设高标准饲草料地180万亩，牧民户均50亩以上饲草料地。在房屋建设方面，我们结合阿勒泰地区高寒特点、抗震标准，向广大农牧民提供了17套建房图纸，供农牧民建房选用，真正做到了经济实惠、安全美观，受到了广大农牧民群众的好评。

自“新村杯”竞赛活动开展以来，全地区累计投入村镇基础建设和抗震安居工程资金21.56亿元，拆除破旧围墙55400米、修建村镇道路1598公里、自来水管网227.7公里、围墙175000米，安装路灯3008盏，购置垃圾箱（池）412个，清除垃圾4102吨，改厕2221座，植树140.2万株， 涌现出一批设施配套、功能齐全、各具特色的村镇。命名挂牌地区级重点示范乡（镇）17个、示范村59个，涌现出富蕴县恰库尔图镇、哈巴河县加依勒玛乡、福海县喀拉玛盖乡3支干村等一批设施完善、村容整洁、各具特色的村镇。

四、突出“一个中心”，打造精品城市

改革开放30多年来，在自治区党委、人民政府的亲切关怀和大力支持下，阿勒泰地区经济社会发展取得了巨大成就，已进入农业化向工业化转型升级的关键阶段。推进新型工业化建设，加快发展步伐，迫切需要一个具有集聚、辐射功能的中心城市作为依托，进一步优化产业布局，加速生产要素流动，推动区域经济快速发展。从打造地区政治、文化和区域经济发展中心，辐射带动区域发展的角度出发，加快北屯建设，将阿勒泰地区行政中心迁移到北屯，具有非常重大的战略意义和深远的历史意义。北屯处于阿尔泰次区域合作经济增长“大三角”的核心位置，是新疆东联西出，连接俄、哈、蒙等国家的重要桥头堡和枢纽站，地缘优势十分明显。阿勒泰地区与周边国家资源的互补性很强，尤其是矿业资源具有较好的趋同性，在经济全球化的国际大环境中，阿勒泰发展口岸外贸经济的潜力巨大，在区域合作中的地位更加突出。加快北屯建设，有利于构建阿勒泰地区乃至新疆北疆片区信息物

流集散中心，北屯建设事关我区经济社会发展大局，是自治区人民党委、政府做出的重大战略决策。在2007年5月正式启动规划建设工作以来，我们面向全国进行了北屯规划设计招标，选定了海口城市规划设计院杭州分院编制北屯总体规划。为借鉴国外城市规划建设的先进理念，又聘请了英国巴顿—威尔莫公司、布罗—哈波尔德公司的专家进行修编。地区也专门成立了规划专家组，参与规划评审工作。从交通便利状况、与老城区的关联度，到工业园区、物流园区、铁路站点的距离、土壤肥沃性、地质地形条件、供水能力、气候等10个因素，确定了北屯建设的最终选址。目前，北屯道路等基础设施详细规划也相继完成，部分基础设施已陆续进入开工建设阶段，力争用两年时间形成城市核心区基础设施框架；同时，从北屯自然条件出发，结合地区旅游业发展，努力把北屯规划建设成别具一格、特色鲜明、环境优雅、适宜人类居住的最佳城市和典型的园林城市。

城市的品牌，出自城市的特色。一个没有特色的城市，肯定不会有永久的魅力。近年来，作为地处北疆、少数民族聚集区，阿勒泰地区各县（市）紧紧围绕历史、民族、风俗、文化、自然等形态特色，充分作好草原、哈萨克族及其他少数民族历史、文化的文章，不断强化规划与设计，打造独具特色的城市品牌。比如，阿勒泰市按照“山水宜居、生态园林、民族文化、休闲度假”的城市建设定位，着力打造中国优秀旅游城市；布尔津县依托国家5A级景区喀纳斯，在宣传“神奇喀纳斯，魅力布尔津”、“喀纳斯第一景”上做文章，着力打造“魅力布尔津”城市品牌；哈巴河、富蕴县充分发挥本地矿产资源优势，依托工业园区，积极打造“矿业生态园林城市”品牌，目前沿哈巴河、北屯、富蕴的“哈—北—富”工业经济带初步形成，已经成为拉动地区经济增长的主要引擎。其他县城也都依托自身优势，找准城市定位，坚持高起点规划、高标准建设、高效能管理，打造一批独具特色的城市品牌，进一步提高区域城市竞争力。

五、创新工作思路，营造和谐规划氛围

我区在城乡规划工作中，坚持以人为本，努力做到市民参与、全程公示，取得成果。一是坚持开门规划。各县（市）凡涉及公共利益的建设，都要通过召开座谈会、听证会，广泛征求有关专家、人大代表、政协委员和居民代表的意见和建议，让社会各界参与规划，提高规划编制的质量和水平。二是规划审批阳光化。凡城乡规划区内的建设，必须经当地城乡规划专家咨询评审，重大规划建设项目必须经地区城乡规划委审批。我们通过采取专家咨询和集体审批，有效克服了“领导

规划”、“人情规划”，提高决策水平。三是实行规划政务公开。将规划许可项目的办事程序、服务时限等上墙公布、网上公示、新闻媒体公示，发放宣传手册，接受社会监督；同时，全面推行建设制，凡城市规划区内较大的建设项目，施工放线前一律在施工现场设立“建设工程牌”，让市民和社会各界及时了解规划情况，监督规划实施。

六、坚持以人为本，提高执法水平

一是文明执法。为适应新形势、新任务的要求，我们要求各县（市）增强规划执法人员的执法意识，转变执法方式，执法人员既要勇于执法、文明执法，又要善于执法、用心执法，更要有高效处置现场的能力，实现了执法活动从事后查处到事前控制，从动蛮动粗到依法行政，从简单执法到热情服务的“三个转变”，近两年来，全地区未发生一起暴力执法和违法执法案件，未发生一起因执法粗暴或处罚不当而引起的群众上访事件。

二是执法必公。在执法过程中，地区及各县（市）全体均能严守工作纪律，坚持“对事不对人”的原则，从不优亲厚友。遇到重大问题，通过召开座谈会、听证会的方式，广泛听取群众意见。对查处的每宗案件，力求事实清楚、证据确凿、使用法律正确、处罚适当；同时，对同一性质的案件，严格使用同等的处罚标准，做到不偏不倚，杜绝有失公正案件的发生。

三是执法必严。针对城乡规划建设管理中严重违反国家法律法规、违反规划建设，经说服教育仍不及时纠正的“钉子户”，做到发现一起、严肃查处一起。通过严厉查处，既维护了规划建设的严肃性，又对有些建设单位起到了很好的警示作用。近两年来，全地区依法查处违法违规建设案件2起，解调各类规划建设纠纷42起。

考察篇

法国城市规划与可持续发展的分析与经验借鉴

——“城市规划与可持续发展专题研究班”学习汇报

2005年6月25日~7月15日，全国市长培训中心在法国承办完成了“城市规划与可持续发展专题研究班”的学习考察活动。这个研究班由中组部、建设部和中国科协共同举办，建设部副部长仇保兴任团长，17名学员均为中国各大、中城市的市长、副市长。

通过集中学习、实地参观和座谈研讨，学员们对法国城市规划的历史沿革、管理体制和地方分权以及规划的立法、城市公共交通的建设与组织管理、城市市政公用事业特许经营制度以及历史名城保护等方面的情况有了较为系统的了解，一致认为此次学习、考察和研讨很有意义，收益颇多。

学员们主要从体制层面，就城市规划、区域合作、公共交通、水务管理、名城保护等方面进行了研讨。以下汇报分别先总结我国这些方面的状况和存在的问题，接着分析法国在这些方面是怎样做的，最后指出可供参考借鉴的地方并就进一步做好我国的城市规划和可持续发展提出对策建议。

一、构建城市规划体系应注重中央和地方权力的相互协调和制衡

城市规划作为一项公共政策能否具有科学性和有效性的一个必需前提，是中央和地方之间存在合理的权力协调和制衡机制。法国的经验表明，在城市化正处于加速发展的时期，城市规划管理权限的相对集中有利于统筹协调、减少浪费。然而，我国在城市规划方面还没有针对或适应这种统筹功能的行政体系。法国自1919年第一部城市规划法立法以来到1983年权力下放以前，一直是中央集权编制、执行城市规划法，大到城市与区域规划，小到发布建筑许可的决定，都受到国家中央行政当局的直接控制。直到城市化后期和“二战”之后大建设时期过后的1983年，法国才

将城市大区的控制权下放到一级城市，而将立法权和监督权留在中央政府，执法权交给地方。这样一来，法国城市规划体系主要涉及城市规划的编制（含审批）、实施、监督检查三个方面的管理工作。中央政府和地方政府分别拥有不同的管理职权，同时也分别享有不同的管理资源。设置和实施这种双重体系，主要是为了处理和协调两个主要关系，一是中央和地方政府在城市规划管理职能或权限上的衔接，二是土地管理和城市规划的均衡。从这个体系的结构来看，中央政府的城市规划行政主管部门及其在大区和各省的派出机构组成了多层次的国家城市规划行政体系。这种体系的双重特性主要在于，大区和各省分别对中央政府负责，其组织机构的职能划分和相互关系见下表：

法国城市规划的行政体系

	城市规划行政主管部门	城市规划行政相关部门			
中央政府	装备、交通、住宅、旅游和海洋部	农业部	文化部	生态与可持续发展部	社会事务、工作和团结部
大区政府	大区装备厅		大区文化事务厅	大区环境厅	
省政府	省装备局	省农林厅	省建筑与遗产局		

在这种结构中，中央虽然集中管理和统筹协调全国的城市规划，但是在具体的规划区域和项目上，大区和省都有自己相对独立的权限。事实上，省的管理更加直接，包括可以在市镇政府的要求下，通过签署协议，与市镇地方政府的城市规划行政主管部门共同履行编制城市规划文件、发放土地利用许可证书等城市规划管理职能；此外，省建筑与遗产局（简称SDAP）和省农林局（简称DDAF）也分别参与有关建筑艺术和农村规划等方面的城市规划管理工作。

由于城市规划在空间载体上的最终依托是土地，所以分析城市规划的行政管理问题不能不考虑土地掌控对城市规划的制约因素。正因为土地管理与城市规划分属不同的职能部门，双重管理体系设置的又一个重要作用，就在于促使这两种职能的衔接以及相互制衡。在这方面，和中国各级城市规划机构与国土资源部或土地局分立的情况有所不同，法国的做法主要是从城市规划的实际需要出发，制定城市规划和土地利用在职权协调方面的相应法律。

早在20世纪60年代后期，法国的《土地指导法》就确立了由《城市规划整治指导纲要》和《土地利用规划》构成的城市规划编制体系。法国土地利用规划一般属

于国家层面的国土规划，其主要任务是根据自然资源和产业分布状况，进行全国或区域范围的人口布局。与城市规划不同的是，国土规划主要着眼于法国甚至欧洲，从促进经济和社会持续发展的角度出发，寻求资源、产业、人口布局的相对平衡，因此属于宏观规划的范畴；而城市规划则着眼于城市群或单个市镇空间资源的具体配置管制城镇土地开发行为，因此属于微观规划的范畴。这些法规规定，由来自国家和各级地方的代表共同组成专门的城市规划整治地方委员会或工作小组，分别代表中央政府和各级地方政府联合组织编制上述城市规划文件，市镇政府负责组织编制辖区的城市规划文件，并且在审批通过《城镇规划》的前提下，发放建设开发许可证书。

通过这些双重管理体系，虽然也有国土管理制度，但是市镇政府事实上具有了编制和实施城市规划的管理权限。不仅如此，法国还有一些特殊的规定，可以使各地在节约和可持续利用土地资源方面具有更多的选择，发挥更大的能动性。比如，在国土规划和城市规划中，可以用对某些地区制定（包括增加和调整）特殊规定的办法，对新的建设方案加以约束；在规划编制的方法和内容上，可以根据每个地区的各自情况确定规划需要控制的要素等。

从对行政管理双重体系的分析可以看出，行政权力在城市规划方面的运用有着结构性权限集中的特点，但是这种结构实际上是由中央和市镇两级政府构成的，大区和省级地方政府所掌握的城市规划管理权限非常有限，因此从功能上讲，具体的城市规划反而具有较大的自主性和发展空间。具体来说，市镇地方政府主要负责直接或间接组织编制当地的主要城市规划文件，在审批通过“城镇规划”的前提下发放建设开发许可证书，并且参与行政辖区内的修建性城市规划和土地开发等活动；省级地方政府主要负责编制辖区内的农业用地整治规划和向公众开放的自然空间规划等事务；大区地方政府主要负责编制和实施与区域性国土整治有关的规划；中央政府主要负责制定与城市规划相关的法律法规和方针政策，对地方城市规划行政管理实施监督检查，同时通过向地方派驻监管机构参与规划编制和实施城市规划，并对尚未编制规划的市镇发放开发建设许可证书。

二、推进区域合作应注重发挥地方联合行动的积极性

区域发展不平衡是中国现代化的一个基本现实，法国的情况虽然远不像中国那样严重，但各地方权利和区域发展之间仍存在制约与协调的问题。对此，法国采取了一种从下而上组织的区域化的地方城市管理模式，以便使城市规划在处理地方分

权与区域平衡的关系时有一个机制保证，其主要内容，就是以市镇联合体为地域单元的区域化地方城市管理。

法国的城市规划体系按照其国家行政机构的四个层次，即国家、大区、省和市镇，分别设立了9个大都市地区开发行政机构、214个市镇规划机构、35个地区规划机构和17 014个社区间发展联合体。这些规划机构共同执行法国的城市规划法律法规，并在不同层面上构成整个国家的空间规划体系。

市镇（Commune）是法国的基本行政区划单位，但是近80%的市镇是人口少于1000人的，城市规划和市政建设都受到很大的局限，而且城市的发展在功能和空间上往往都超出了市镇的行政界限。因此，国家有意识地鼓励和促成建立各种市镇间的合作 组织，如“市镇群共同体”或者“市镇联合体”。这种做法可以看成是行政管理的双重体系结构在地方城市规划中的功能延伸：其职能部门一般由市镇或市镇联合体的城市规划行政主管部门组成，而联合体本身作为市镇的合作公共机构，代表相关市镇行使部分或全部城市规划管理权限；具体的城市规划主要对市镇地方政府负责，而规划的职能部门主要对市镇联合体的决议机构负责。这种做法的法律依据主要是1992年的《共和国地域行政管理法》（ATR），它对各种市镇共同体的公共权力做了明确规定，并保证这些共同体可以具有自己稳定的税收来源。

事实上，各种市镇联合体都是由若干市镇以合作为目的联合而成的非行政单位，作为市镇的合作公共机构，它的主要目的或功能是使中小规模的市镇能够获得足够的行政和技术手段，在履行城市规划管理职权方面有更多的选择空间。根据市镇联合体所承担的职能权限，可将其划分为综合性市镇联合体和专业性市镇联合体两大类，但无论哪一类都不是真正意义上的行政区划合并，而是在自愿参加、共同负责的原则下，由相关市镇签署合约或协议形成的合作关系。市镇联合体不仅在功能类型上多种多样，而且在组织结构上也具有灵活多变的特点。例如，从成员结构角度分析，市镇联合体既可以是市镇之间的联合，也可以是市镇与省、大区乃至国家之间的联合，而且成员数量可多可少，并无一定之规；从空间结构角度分析，市镇联合体的地域范围完全不受行政边界的限制，它可能涉及相关市镇的全部辖区，也可能只涉及其中的部分辖区，而且不同的市镇联合体在空间上可以相互重叠。应该说，市镇联合体本质上是一个开放的区域合作框架，使得市镇、省、大区乃至国家能够通过合约建立起良好的合作伙伴关系，共同参与城市的规划、建设和管理，以区域方式来解决城市发展问题。

大区构成了法国的一级重要的行政区划单元。巴黎大区就是22个大区之一，也

是法国人口最多的大区。法国空间规划的核心内涵就是要以综合的观点研究国家与地区的发展，要有总体规划指导各项建设，强调地区间、产业间的均衡发展。法国目前发展中存在的主要问题是社会问题，包括贫富差异、族群歧视等。因此，空间规划中突出公平的基本理念，并通过住房、公共交通等具体规划内容进行体现，就成为近年规划内容新的侧重点。在经济领域，大巴黎的失业问题严重，如何通过空间规划有利于创造新的就业岗位，也就成为规划内容结构调整的一个方向。法国的行政管理体制适应空间规划编制与实施的需要，以确保规划的有效实施。大区行政体制的建立，有效地推进了巴黎中心城市的合理拓展，推进了产业结构的调整升级，也推进了巴黎地区城乡一体化的建设。在大区管理体制的保障下，巴黎从20纪世60年代以前的城乡分割式发展，转换为今天的大都市区协调发展。

三、发展公共交通应建立以地方规划为龙头的协调机制

在我国，城市交通最突出，也是最普遍的问题，就是如何解决道路拥堵和乘车不便。不过，这里应该看到两个基本现实：其一，解决公交问题涉及许多因素，绝不是道路建设和交通法规可以涵盖的；其二，我国人多车多的现实仍将持续下去，拿外国的标准来比照是没有必要的，甚至是错误的。所以，这里只谈法国相关做法中一个可以借鉴的普遍问题，就是公交建设的权限和责任划分。

一般来说，道路建设和交通法规当然分属不同的职能部门管理，不过在我国，车辆养路费的收入不仅是垂直纵向的，而且与其他管理部门（包括道路建设）缺乏职能性的协调机制。这样，各级政府及职能部门在推进公交优先发展的事务时，综合规划的权限和财政补助能力都很欠缺。

在法国，市镇虽然是最基本的行政单位，却具有组织和安排城市公共交通的全部责权。不过，由于大部分市镇规模很小、经济支持力不足等，城市公共交通实际上是由各种市镇共同体来规划和经营的。1980年颁布的《地方分权法》赋予了省和大区以“地方集体”的属性，与此相适应，一部分原先属于国家政府下派机构的管理权力，就对应地移交给了相应级别的议会。这一改革在城市交通管理上引起的一个主要变化是：改革前，省和大区由于不具备“地方集体”的属性，没有参加或设立“城市交通管理委员会”的合法性（该委员会管理的是纯粹地方性的事务）；而在改革后，省和大区议会不仅具有参与管理地方城市交通的合法性，而且还负担着一定的职责。1983年以后，省议会进一步成为非城市地区道路交通的主管机构，其中包括市镇之间定点公交班车的组织和管理。

尽管法国城市公共交通的组织建设与经营管理实行以市镇为主、以省和大区为辅的地方化管理机制，但这并不等于国家政府及其下派到地方的职能机构对城市公交问题可以置之不管。国家政府虽然不在投资经营管理等方面直接插手地方事务，但仍在政策层面发挥着宏观调控的重要作用。一是通过立法，制定城市交通组织的方针政策。比如，1982年法国颁布了《国家内部交通组织方针法》（LOTI），该法律的主要内容是对城市之间的公共交通组织进行地方分权改革，并提出了“人人都有交通的权利”等对城市公交发展具有深远影响的概念。又比如，1996年出台了《大气保护与节能法》（LAURE），明确了可持续发展目标下的城市交通政策，明确了城市交通编制方针。二是通过合约形式的财政激励手段，确保政策的贯彻落实。为了保证国家制定的政策方针能够在地方上得到切实的贯彻落实，自1976年起，国家政府开始对地方的城市公交基础设施建设提供不固定的财政拨款。这一鼓励性财政政策采取与地方主管机构订立合约的方式，对积极响应国家政策的城市公交建设提供财政补贴，受益的地方机构则有责任按照合约规定，在规定期限内完成承诺的任务。法国的公共交通服务采用的是所有权和经营权分开的模式，所有权为公有，由行业主管单位“城市交通管理委员会”管理，经营权则由经济形式多样的专业运营公司负责。公交承运企业与“城市交通管理委员会”之间是一种服务合同关系，不再承担基础设施建设的投资风险。

四、完善水务管理必须建立流域性的地方自治组织

在城市的规划、建设和管理中，水务是一个很重要的方面。长期以来，我国的水务管理一直存在行政权力和事务职能既各自为政又相互钳制的矛盾，对此，各地的改革措施主要是把水利局改为水务局。这就极易步入权力分配的误区。各地对于由工程水利向原水资源管理转变的认识还不够自觉和清楚，相关规划、法规、标准、监管以及工作措施等还没有健全到位，执法方面专项和综合不能有效衔接配合的问题更是依然存在。在这些方面，法国水务管理的机构设置和体制运作似乎没有太大问题。正是因为，在法国水务管理，多数是由各条河的流域的各城镇和社区自发组成的流域自治管理机构承担上下游原水资源的分配、保护、开发利用等方面的决策和资金筹集等重大问题处理，所以常规工作主要关注的是城镇安全供水和污水处理。

就水资源本身来讲，法国历来主要依靠丰沛充足的降雨量，但是，近几十年来法国的水需求量一直保持平稳增长，降雨已不再是水资源的可靠保障了。因此，法

国政府提出，保护原水资源不仅是政府机构和企业的责任，加强公众对这一问题的关注也非常重要。为此，政府和流域城镇自治联盟规定通过调整取水许可证申请费用、鼓励许可证转让、帮助提供节水技术和方案、审核供水公司发展计划等措施，促使家庭、企业等提高用水效率。

在水资源保护方面，法国全国所有人口超过2000人的市镇都建有集中式污水处理厂，城市的污水处理率目前已达到95%以上。为进一步治理水源污染，法国政府已要求所有市镇都要在2005年以前建立起符合欧盟标准的污水处理系统。对污水处理不能达标的地区，政府将不断增加征收影响水源污染的治理费，以促进这些地区尽快达标，并彻底解决水源污染。除了工业和生活用水的污染治理，广大农村的水污染治理任务也很重。研究发现，农药和化肥在农业活动中的使用，已经导致大量硝酸盐排放到水中，这样，从面积来讲，目前法国有半数地区被确定为水资源受硝酸盐侵袭地区，而且75%的水系、50%的地下含水层都有农药成分的存在。

其实，水资源的节约和可持续利用还有一个经济问题，而正是在这方面，法国的做法明显突出了规划指导下的流域城镇联盟的调控作用。在法国，农业生产占水资源消耗的68%，然而农业经营者支付的水费用还不到水务公司收入的1%。为此，法国环境部经过7年的思考终于在2005年3月宣布，将实施制订有关“水法”的计划。新“水法”草案计划将农业用水税提高到占水务公司总收入的3%，不过这笔钱将不由农民支出，而是由化肥或农药生产商支付，政府把这笔钱交给水务公司，全部用来处理污水。此外，政府还将制定其他法规，如保护河岸两边的草皮，每 5 年检查一次农药在水中的残留情况等。

五、落实名城和文化遗产保护应突出规划及其监督体系的构建

在我国，对自然遗产、历史遗产和文化遗产的保护是越来越重视了，不过由于历史名城本身具有空间方位的整体性，所以在保护方面必然与城市的现代化建设和发展产生许多这样那样的矛盾。事实上，这种矛盾是全世界都存在的普遍现象，因为说到底它反映了观念文化与物质利益之间的价值取舍问题。所以，有关如何保护历史名城的是非对错尽管可以争论，但是如果对保护的需要具有共识，最关键的就是要有合理的制度规范和有效的机制保证。

经过100多年的发展和完善，法国已经建立了一套全面的历史遗产保护体系，涵盖了从建筑单体、建筑群体、历史城区到自然风景区等各方面文化遗产保护的内容。法国的遗产保护基本上延续自上而下的管理体系，由国家负责历史文化遗产的

管理。在历史城区保护方面，法国由对历史建筑周边环境的保护，逐步发展为现在所要求的对一个完整历史地区的保护。在法国，保护区制度从1962年起实行了40多年，在城市遗产保护方面发挥了强大作用，制度也日趋完善。

与中国各地政府分别负责的做法不同，法国的保护区制度具有强大的中央集权特征，从保护区范围的界定、保护区规则的编制和审批，到保护区的建设管理，都由中央或中央的派出机构执行。保护区的管理与其他城市地区的管理完全分开，保护区内的建设管理直接隶属于国家文化部建筑与遗产司（与我国不同的是法国文化部负责建筑市场的管理），常务部门是“保护区国家委员会”，并由设于每个省的“省级建筑与遗产服务中心”作为国家的派出机构管理保护区内建设的日常审批，具体的执行者则是由国家文化部认定和委派的“国家建筑与规划师”。法国的保护区管理具有相当的灵活性，并考虑到业主的利益和实施的可操作性，依靠的是循序渐进的方式。为推进这种方式，国家建筑与规划师是保护区管理中不可或缺的角色，这些高素质的专业人员具有相当大的自由裁量权。

然而，无论怎样保护，有形的历史特征总是存在着逐渐消失的潜在可能。对于在城市发展的压力下不知不觉逐渐削弱的历史特征，巴黎采取的是在城市总体规划阶段进一步介入遗产保护内容的方法，将保护的概念扩大到整个城市和区域，使保护成为一种普遍的观念和方法。

1932年，法国通过立法，设立了巴黎大区，对城镇历史风貌保护和发展实行了统一的规划。将巴黎地区定义为以巴黎圣母院为中心，方圆35公里之内的地域范围，根据城镇建设用地现状，将各市镇的土地利用划分为城市化地区和非建设区，在非建设区严禁任何城市建设活动。1956年，又编制了《巴黎地区国土开发计划》，提出降低巴黎中心区人口密度，提高郊区密度的新观点，积极疏散中心区人口和不适宜在中心区发展的工业企业；在近郊区建设相对独立的大型住宅区，在城郊建设卫星城。1965年在《城市规划和地区整治战略规划》中提出，要建设5座新城，每座新城与巴黎的距离为25~30公里，人口规模平均为30万人，新城积极寻求就业、人口和住宅之间的平衡，以避免单一的工业城市和卧城造成的“钟摆式交通”。与此同时，在1977年及时制定了巴黎古城保护规划，在国家规划师的直接监督下，对105平方公里的古城范围实行严格依法保护，而城市的新建被安排在4公里之外的拉德方斯。通过“疏导结合”的方针，巴黎历史遗产得到了有效的保护。

六、可借鉴的主要方面和几点对策性构想

在对上述问题进行研讨分析的同时，学员们结合中国的情况提出了各自的看法。归纳起来，这些看法可分为借鉴和对策两个方面。

由于具体情况不同，技术层面的问题比较复杂，但是，在政府如何对待和管理城市规划方面，法国的一些做法是具有普遍的参考借鉴意义的。第二次世界大战后50多年来，法国城市规划政策的发展主要表现在四个方面。一是国家政府角色的转变。一方面，随着“二战”后大规模建设的结束，在各地方层面上推动国家公共政策的“地域化”，强调中央政府和地方集体组织的协同合作与整合一致，并进一步团结社会力量，发展公–私之间的伙伴关系。国家的地方政府不再直接干预地方的发展，其职能逐渐向“仲裁型”政府过渡，即监督并审查地方集体组织的行为是否符合国家法律和基本政策要求。另一方面，从国家的角度强化中央政府宏观调控的作用，通过直接投资或各种国家–大区合约的方式对大区发展进行平衡，并集中精力管理涉及国家整体、长期利益的问题，如城市遗产再利用，自然资源保护等。二是规划目标的转变。可持续发展成为各项规划的根本目标，这一目标将“社会环境发展”问题摆在了规划的中心位置。城市规划在保证经济功能的基础上，更加强调生态环境保护城市中的社会异质融合与社会团结协同。三是规划方法的转变。在规划方法上，实现了从控制性的规划发展到战略性和鼓励性规划、以“方案”代替“计划”的转变。现代城市规划理论的“区划”方法被摒弃，取而代之为多方合作和公共参与的“交流型”规划。在新的规划体系中，总体规划和详细规划这两个层次都是战略性的发展方案，只有规划范围与编制深度的差别，后者是对前者的深化。四是规划作用的转变。城市规划不仅作为一个专业部门由上而下的垂直专项政策，而且作为横向协调各部门间公共政策的综合性政策框架，是各部门间进行合作、制定统一和谐公共政策的催化剂。

比较起来，可以从以下几个主要方面来构想我们改进城市规划的对策。

1．合理划分城市规划的管理权限，建立不同职能的有效协调机制

就我国的现状来看，城市规划管理的一个突出问题，就是权限划分不尽合理。一方面，具有各种审批职权的部门并不了解或参与城市规划，因此城市规划的科学性在很大程度上制约于行政权力的条块分割；另一方面，中央政府无法监督已经批准实施的城市规划的执行情况，更无法有效地保护众多的不可再生资源，如重要文保单位、历史性建筑和街区、生态环境等。

针对这种情况，一方面，城市规划管理体制不仅应在保证国家整体利益的前提

下，鼓励各级地方政府充分发挥各自的积极性；另一方面，通过在中央政府和各级地方政府之间合理划分城市规划的管理权限，逐级下派国家规划师对不可再生的资源处理拥有否定权，以此促进在不同地域层面上实现国家整体利益与地方局部利益的相对平衡。

2．制定适用于城市联合规划的法规和政策，并在规划管理方面建立相应的城乡统筹机制

中国现在也进入了城市化加速发展的时期，新城、镇的建设和原有城区的扩张都对城市规划提出了打破行政区划局限的要求。具体来说主要有两种情况，一是大、中城市的扩张及其卫星城建设方面的统筹布局；二是伴随区域经济发展而产生的新兴城区和接续的城市群。在这种情况下，各自为政的城市规划显然已不适应发展的需要，而且很容易造成各种失误和浪费。

因此，有必要制定适用于现有行政区划联合进行城市规划的法规和办法。在这方面，仅有常规的协调是不够的，必须在各行政区划涉及城市规划的各职能部门之间建立有关联合规划和管理的运作机制；同时，针对中国城市化进程的特点，一方面要将城乡统筹作为城市规划一个重要的战略指导原则，另一方面要使具体的城乡统筹成为城市规划和管理本身的一个重要构成部分。

3．城市规划应对实施可持续发展具有导引和调控的作用，并将此作为各类项目审批以及对地方政府进行考核的重要标准

现在，我们的各种政策都强调要落实科学发展观，都说要坚持可持续发展，但是实际规划上，大部分政策法规基本上仍是一种观念性指导，缺乏具体的内容。城市规划作为可持续发展目标与手段的统一、一般政策与空间管制的有机结合，必须得到应有的重视，尽快将其作为城市政府的首要责任，其规划编制的科学性和执行的合理性都应受到上级政府的实施监督。

对此，需要进一步加强两个方面的工作，并逐步使它们制度化和规范化。一方面，除了在制定规划时就要充分考虑其各项内容的可持续发展性质及操作方式，还必须有相应的法制来保证规划实施的权威性；另一方面，制定相应的办法，将是否具有战略指导和规范调控这两个功能作为论证、审批规划以及考核规划实施的重要依据或标准。

学员名单：

仇保兴　建设部副部长
戴永宁　江苏省南京市副市长
宋增彬　辽宁省大连市副市长
王　军　陕西省西安市副市长
李洪卫　河北省秦皇岛市副市长
聂春玉　山西省吕梁市市长
张　勇　吉林省通化市市长
锡东光　黑龙江省鹤岗市副市长
郭剑彪　浙江省舟山市市长
洪建平　安徽省芜湖市副市长
汪德和　江西省新余市市长
陈　颖　山东省济宁市副市长
李海华　湖北省孝感市副市长
陈君文　湖南省常德市市长
潘大林　广东省茂名市副市长
张协奎　广西壮族自治区来宾市副市长
杨雪鸿　四川省南充市副市长
申　楚　贵州省遵义市副市长
熊清华　云南省保山市市长
卢　岐　中组部干部教育局处长
贾如庆　全国市长培训中心副主任
崔　勇　建设部人事教育司助理规划师
高　红　全国市长培训中心教研处干部

第一期赴澳大利亚现代城市管理专题研究班考察报告

中组部、建设部组织的第一期现代城市管理市长专题研究班于2006年10月26日~11月17日成功举办。本期班学员共有22人，主要是由16个地级市市长和分管城建工作的副市长组成，学员们于10月26日、27日在北京预培训两天，28日赴澳大利亚进行学习考察。本期班的研究主题是发达国家的现代城市管理经验。在澳期间，澳大利亚阿德莱德大学负责本次培训的教学组织和考察安排。10月29日~11月5日，学员们在阿德莱德大学开展了8天的学习研讨，阿德莱德大学的教授和相关政府官员就澳大利亚政府体系结构、城市的规划建设、基础设施投融资、水资源综合利用、城市废弃物管理、环境保护与生态可持续发展等专题，进行了授课、讨论和现场学习。11月5日~8日，考察了墨尔本的城市基础设施建设情况。11月8日~11日，考察了澳大利亚首都堪培拉的规划建设情况。11月11日~16日，考察了悉尼市的规划、建设与经济发展情况。

一、澳大利亚的基本情况

澳大利亚是联邦制国家，由6个州（新南威尔士、维多利亚、昆士兰、南澳大利亚、西澳大利亚、塔斯马尼亚）和2个地区（北部地区、首都地区）组成。前者为三级制：联邦、州和地方政府。后者为两级制，地区直接归联邦政府管辖。按宪法规定，联邦政府主要负责外交、国防、外贸和移民事务。州政府是权力的主体，各州制定自己的各类法律、规章和制度，有很强的独立性。各级政府都是通过选举产生，各自职责分明，直接对选民负责。

澳大利亚国土面积769.2万平方公里，人口约2070万（2006），其中90%以上的人口居住在城市，是世界上城市化水平最高的国家。在空间分布上，全国3/4的人口主要集中在东部沿海地区，主要是悉尼、墨尔本、布里斯班等大城市。而澳大利亚原住民（土著人）则主要居住在中部地区。

在自然条件上，澳大利亚虽四面环水，沙漠和半沙漠却占全国面积的35%。澳全国分为东部山地、中部平原和西部高原3个地区。澳洲内陆地区干旱少雨，年降水量不足200毫米，东部山区500~1200毫米。近几年，澳大利亚遇到了持久的干旱，尤其2006年更为严重，水资源短缺是目前澳大利亚政府和民众关心的重要问题。

二、澳大利亚现代城市管理的主要特点

通过学习与考察，大家对澳大利亚城市规划建设与管理有了比较完整全面的认识，总结了澳大利亚作为发达国家在城市发展方面的成功经验，其中三个方面给大家的印象最深。

（一）完善的规划法律法规和执行机制

澳大利亚的州和联邦直管区都有各自的规划法律法规，如南澳大利亚州的《发展法1993》（Development Regulations 1993，South Australia），维多利亚州的《规划与环境法案1987》（Planning and Environmental Act 1987，Victoria），新南威尔士州的《环境规划与评估法案1979》（Environmental Planning and Assessment Act 1979，New South Wales）等。规划的编制和执行一般由州政府和地方政府共同负责。规划法对规划的制定、修改、审批、公示都有严格的规定，同时还要遵守规划法外的其他法律规定，如环境保护法、水资源法等。对建设项目，规划法不仅有安全、健康、宜人等方面的规定，还有风貌、体例的规定。对于违反规划的行为，有专门的法庭审理，如南澳的《环境、资源、发展法庭法》（Environment，Resources and Development Court Act 1993）就规定了法庭的法律地位和执法权力。当遇到规划违法行为时，地方政府可以向法院起诉，令其拆除并按规划要求重建，还要处以罚款。总之，法规在澳大利亚的城市规划中起着至关重要的作用，特别是州政府制定的规划法案，是一切与规划相关事务展开的依据与基础。

（二）城市建设积极引入私人投资

在城市建设中，对于城市基础设施等固定资产的所有权，政府认为没有必要拥有，民众也不关心所有权归谁，他们关心的是基础设施建设能否提高城市的交通、卫生、安全等公共服务水平。所以，政府采取多种灵活的方式来建设城市基础设施，尤其是吸引私营企业参与投资建设。在项目运作上，政府采用公开招标的方式引入私人投资，主要方式有DBO（Design Build Operation）、BOOT（Build Own

Operate Transfer）、EPCM（Engineering Procurement and Construction Management）等。政府在进行招标前，都要对项目进行风险评估，并将惩罚条款写入合同，政府通过按产品质量付款的方式要求私营企业提高项目建设水平，如果不达标就以减少付款作为惩治。如墨尔本机场高速公路建设，完全是私人投资的，运营30年后移交给政府。投资者通过先进的电子收费系统来收费，企业有利可图，政府也通过合同减少了风险。公共性质的城市基础设施项目，是完全由政府投资还是私营企业投资，各有利弊。如果完全由政府投资，仅需付6%的借款利息，运行收费会比较低，但是投资建设的效率会很低；如果完全由私营企业投资，需要付13%的利息，运行收费高，但其建设周期短、维护效率高。

（三）人与自然和谐共处

澳大利亚城市的显著特点是享受自然、回馈自然。澳大利亚总体上地广人稀，在城市，由于人口密度低，除了市中心矗立高楼外，其他都以两层以下的建筑为主。虽然每个建筑的形式不同，但风格统一，并与周围的环境相协调。澳大利亚重视城市绿化，民众可以很方便地接近绿地，坐在上面休憩。便民设施考虑民众需要，如人行道、公交车站有方便的座椅供行人休憩。城市街道整齐干净，分类垃圾收集桶整齐地摆放在每家每户门前，自动操作的垃圾清运车每隔几天就来收集。

人们在享受自然环境的同时，也自觉维护环境、建设环境。飞鸟在绿地上自由地散步，享受游人的食物，不用担心受到惊扰。对每一株树苗，都有支架支撑并用塑料布围挡进行保护。在澳大利亚，可以说民众保护环境的意识已经转变为一种自觉的行动。

三、澳大利亚城市发展的主要问题

当然，澳大利亚在城市发展中也暴露出自身存在的问题，而这些问题与澳大利亚人口特点、城市化模式密切相关，也值得我们深思。

（一）蔓延式城市发展缺乏可持续性

在堪培拉，人口变化已经促使城市改变发展模式。美国规划师格里芬夫妇当年受英国“新城”设计风格的影响，规划堪培拉时也设计了若干“卫星城”，中间有大量绿地分隔。但每个卫星城仅容纳100户，出行主要依赖小汽车，出行的费用高。而且，城市人口规模与质量也发生了根本变化，如户均人口由过去的4.3人/户减至现在的2.6人/户，老龄人口数量在不断增加。这种蔓延式发展导致城市失去可持续性，这是因为人口减少导致税收收入减少，而城市面积扩大，提供同等服务就会使财政失衡。现在，政府规定不再向城市远郊发展，而是向城市中心集中，大力发展公共交通，建设绿地，吸引人口集中居住，以达到集约用地、节省能源和保护环境的目的。

（二）人口老龄化与技术工人短缺

一直以来，南澳州的人口增长缓慢，老龄人口越来越多，而且南澳的生活成本相对较低，其他地区有不少老龄人移居至此安享晚年。对政府来说，就需要不断加大社区服务的投入，提供更多的老龄看护和健康设施。对年轻人来说，南澳整体经济缺乏活力，就业机会少，因此定居的少。在南澳州的Salisbury市，当地政府官员向我们介绍，目前该市经济发展迅速，有很多企业到该市投资，工业用地价格也从5年前的24澳元/平方米涨至目前的55~60澳元/平方米，增值很快，但是由于缺少技术工人，政府担心影响企业投资。为了保持当地经济的可持续性，政府也在采取积极措施吸引人口尤其是年轻人口移居，并且鼓励生育。实际上，澳大利亚劳动力紧张、价格高是一个全国性的问题，联邦政府也一直推行积极的移民政策，但是澳大利亚人口不会急剧增加，在人才引进方面，只引进高技能熟练人才。

（三）水资源紧张

澳大利亚近几年持续干旱，2006年尤为严重，报纸甚至刊出了2006年的大旱是千年不遇，可见干旱问题的严重程度。干旱直接导致水资源紧张，各州都在采取政策和技术措施来减少水资源的消耗。在城市，一方面号召居民节约用水，另一方面广泛使用中水和收集雨水冲厕、洗车、浇花园等。对于未来的城市人口增长，水资源的承载能力是不得不考虑的问题，如大墨尔本都市区规划确定在未来的30年里新增城市人口100万，但大墨尔本现在已经严重缺水，因此，必须改变生活方式和发展方式以适应变化的社会经济和环境。在乡村，水是附着在土地上属于农户私有，存在上游大量用水灌溉，下游却连饮用水也难以保证的争水问题。在干旱的年份，用水争议越来越大，联邦政府不得不从上游农场主那里购买水权，让他们减少用水，保证下游水的供应。

四、学习与借鉴

通过学习考察，大家感到中澳城市发展所面临的问题有共同之处，市长们认为澳大利亚在城市规划建设管理上有很多值得借鉴的经验，概括为以下几点。

（一）城市的规划与建设要以人为本

首先，要进一步完善规划法律法规，严格按规划设计要求开发建设，加强规划实施的监督，对于违反规划的行为要追究法律责任，保护广大人民群众的利益。其次，要让群众广泛参与城市的规划设计，听取他们对未来城市发展的意见。如可以采取公告、召开规划听证会等多种形式，像墨尔本城市规划委员会每月都要召开会议，市民可以参与旁听并发表意见。最后，规划建设要考虑方便群众生活。在规划建设居住区时，要充分考虑配套设施建设，满足居民对购物、上学、就医、出行等方面的要求。要大力发展公共交通，辩证地看待私人小汽车的发展，尤其是大中城市，要在城市中心区适当限制小汽车的使用。

（二）城市基础设施建设要加大投入

我国正处于快速城镇化阶段，随着城镇化水平的不断提高，大量农村人口向城市集中，这对城市基础设施的承载能力提出更高的要求。长期以来，我们对城市基础设施投入不够，加上我国过去在城市建设上有很多欠账，现在不少城市出现基础设施供给不足的情况。要解决这个问题，除了做好中长期建设规划，还可以借鉴澳大利亚在城市基础设施建设投融资方面的经验。实际上，政府采取多种方式吸引民营资本、外资投入城市建设已实践多年，为城市发展做出了很大的贡献。但是，我们不能忽视其中出现的问题，比如有些城市将公交线路和设施的经营权一卖了之，放任不管；有些城市吸引企业投资供水管网，企业在获得垄断经营权后，调高水价，但服务却不尽如人意。另外，招投标过程中的腐败、豆腐渣工程等也是政府部门需要解决的问题。我们今后要进一步完善法律法规，深化改革招投标制度，完善特许经营协议，加强政府监管，促进企业提高诚信意识，更好地为城市发展服务。

（三）建设可持续发展的城市

在城市规划发展中，我们必须要考虑土地资源、水资源、能源的承载能力。当前，很多城市发展面临土地资源紧张和缺水问题，相比而言，高楼大厦、宽马路、大广场对我们的城市来说太“奢侈”了。我国的基本国情告诉我们，城市发展必须要走资源节约的可持续发展道路。与此同时，我们要把人的发展与城市的发展统一

起来。要通过宣传教育，不断提高人们的节约意识和环保意识，要改变我们的生产、生活方式，适应城市可持续发展的要求。

学员名单：

徐湘平　湖南省长沙市副市长
赵常福　河北省衡水市副市长
李秀峰　山西省吕梁市副市长
张少甫　内蒙古自治区巴彦淖尔市副市长
王树轩　辽宁省朝阳市副市长
于锡梁　吉林省通化市副市长
汤林祥　安徽省六安市市长
燕钦国　山东省滨州市副市长
范　明　河南省周口市副市长
彭明方　湖北省随州市副市长
房庆方　广东省建设厅副厅长
王占良　四川省广元市副市长
刘一丹　云南省保山市市委常委、隆阳区委书记
任　勇　陕西省铜川市副市长
李迎春　西藏自治区昌都地区行署副专员
董富奎　青海省海南藏族自治州副州长
卢　岐　中央组织部干教局处长
张　悦　建设部城市建设司副司长
马秀云　建设部综合财务司处长
贾如庆　全国市长培训中心副主任
李燕萍　全国市长培训中心干部
陆进业　全国市长培训中心干部

案例篇

案例1　大兴区F-1赛车场项目

北京市大兴区副区长 张晓林

（2005年7月）

一、基本情况

大兴区地处北京南郊，全境为平原，总面积1030.46平方公里，全区户籍人口54.5万，境内常住人口80.8万。大兴埝坛水库坐落在大兴新城西南部，水库总面积2476亩，土地使用权属于大兴区水资源局。

康驰公司是由美国汉奥托公司与北京矿务局（京煤集团）于1999年3月开始组建，2000年6月19日取得外商投资企业批准证书（外经贸京字【2000】0475号）。2000年7月24日取得了国家工商行政管理局核发的企业法人营业执照（企合京总副字第014931号），正式成立。注册资本1494万美元，美国汉奥托公司出资896.4万美元，占注册资本的60%；北京矿务局出资597.6万美元，占注册资本的40%。经营范围：F-1赛车场及健身设施等。依据1999年10月11日，北京市计委关于合资经营“中美（北京）F-1国际赛事基地”项目建议书批复（京计商字[1999]第1066号），2000年9月11日，市规划委员会“选址规划意见通知书”，康驰公司开始对F-1项目进行选址。

F-1项目将带动首都经济及相关产业的快速发展，对于北京2008年奥运会的成功举办也将发挥积极的作用，为此，大兴区有关领导及有关部门，为使此项目落户大兴，做出了积极的努力。2000年年底，F-1项目选址在大兴埝坛水库，项目用地1686.753亩。至此，大兴区正式同康驰公司开始筹建F-1合作项目。

二、资金来源

2001年11月27日，康驰公司股东北京京煤集团将40%的股权转让给北京城建集团。

2002年4月30日，美国汉奥托公司将60%的股权转让给了美国GTP公司。

2002年5月14日，康驰公司完成新股东签字工作，新股东由甲方：美国GTP公司；乙方：北京城建集团；丙方：大兴区兴碧水公司（大兴区水资源局成立的公司）三方组成。入股比例分别为甲方：出资额5952万元人民币，占48%；乙方：出资额3968万元人民币，占32%；丙方：出资额2480万元人民币，占20%。

三、工程计划

康驰（北京）国际赛事基地项目计划总投资16.8亿元人民币，占地面积3700亩，总建筑面积5.9万平方米。主要建设内容为：赛道、看台、指挥控制中心、电视转播系统、新闻发布中心，以及维修、餐饮、医疗救护等综合配套服务设施。

计划2003年6月底完成赛道（长5.168千米，76756平方米）和控制中心（6000平方米）、管理中心（5000平方米）、维修中心（1000平方米）、新闻中心（3000平方米）及救护中心（2000平方米）等工程建设，2003年8月竣工验收。

工程投资计划：赛道建安总投资108588万元（其中：建筑工程15248万元；赛道工程42548万元；市政工程24092万元；部分拆迁、征地和设计26700万元）；专用设施、设备，以及大市政建设费57900万元。

2003年工程进度计划：2002年冬季开始赛道土方和场内市政施工，进行构件预制和进口材料设备预定；2003年3月完成管理中心、维修中心结构建设，进入装修阶段；2003年4月完成控制中心、救护中心、新闻中心结构建设，进入装修阶段；2003年5月底赛道开始结构施工，6月底具备摊铺面油条件。

四、项目进展

2002年7月24日，大兴区国土房管局与康驰（北京）国际赛事基地有限公司签订了国有土地使用权出让合同（兴地出[合]字 [2002] 第133号），出让土地面积为982 013.95平方米，出让年限50年，可建设建筑总规模为59 900平方米。

为了支持F-1赛事基地项目尽快建成使用，大兴区同意康驰公司延期两年支付土地出让金的申请，双方又签订了《付款合同》，付款期限截至2004年8月31日。

2003年4月，F-1项目开始动工建设，2003年6月15日停工，只修建了地下通道220米、防渗墙300米等基础设施，实施了部分土方工程，出让的土地基本保持原状。

五、存在问题

（1）康驰公司股东三方所占股份与实际出资额不符。美方出资额多数以赛车和无形资产顶替；大兴区兴碧水公司以1686.753亩土地使用权作价2480万元人民币作为出资；只有城建集团出资3968万元人民币，也未足额到位。后来F-1项目股东三方中，已有两方（北京城建集团、大兴水资源局）明确表示退出，不再参与项目开发建设。

（2）美方GTP公司是汉奥托公司的上级公司，但没有此公司的具体材料，对此公司情况不清楚。

（3）康驰公司未按合同履行出让金缴纳的义务。康驰公司未按延期两年支付土地出让金的《付款合同》履行约定，总额2847.8405万元人民币的土地出让金一分未缴，单方严重违约。

（4）F-1项目用地构成闲置土地。依据《中华人民共和国合同法》和《北京市闲置土地处理办法》中的有关规定，项目停止开发建设连续1年以上，开发面积远不足总建筑面积的三分之一，构成土地闲置。F-1项目用地已构成严重违约，并造成土地闲置。

（5）康驰公司企业法人营业执照失效。康驰公司企业法人营业执照有效期为2000年7月24日至2004年2月20日。该公司2004年未进行企业法人年检，企业法人营业执照失效。

（6）康驰公司已不具备承建F-1国际赛车场的基本条件。上海F-1国际赛车场项目于2003年7月开工，2004年7月竣工，2004年9月26日，举办了F-1世界锦标赛2004年中国大奖赛，并获得了F-1赛事七年的承办权。因此，康驰公司已不具备承建F-1国际赛车场的基本条件。

六、项目结果

为了落实国务院及北京市治理整顿土地市场秩序的有关文件精神，充分利用闲置土地，盘活存量。根据康驰公司至今未缴纳土地出让金和土地闲置等事实。北京市国土资源局于2004年11月10日授权大兴区国土房管局解除康驰（北京）国际赛事基地项目国有土地使用权转让合同。大兴区国土房管局依照法律法规和转让合同约定，解除了与康驰公司签订的《国有土地使用权出让合同》（兴地出合字 [2002] 第133号），注销了《国有土地使用证》，收回了F-1项目用地的国有土地使用权。

点评：大兴区为发展经济，积极招商引资，心情迫切，缺乏对F-1项目的了解和认识，更没有做深入细致的调查研究，且没有此方面的专业人才。领导干部及项目部门工作人员乃至市有关部门对F-1项目都不大懂，对该项目的美方公司也缺乏足够的了解，就盲目上项目。F-1项目造成大量人力、物力、财力的浪费和土地的闲置，该项目提醒领导者和决策者，必须树立正确的发展观、政绩观，做到科学决策、民主决策。

案例2　某市城市发展方位选择

河北省新乐市市长 李锡海

（2005年11月）

一、情况

某市位于太行山东麓、华北平原腹地，南距省会石家庄市38公里，北距首都北京240公里，邻近首都经济辐射圈南部边缘。1995年制定并报经河北省人民政府批准实施了《某市城市总体规划》。

城市总体规划实施10年来，该市城市建设取得了显著成绩，城市规模不断扩大，城市功能日臻完善，城市载体和服务功能显著增强。但城市建设逐渐突破了城市总体规划范围，城市总体规划与城市建设发展不相适应的问题日益突出。从宏观来讲，十六届三中全会要求，要坚持以人为本，以全面、协调、可持续的科学发展观来指导城市建设，城市发展目标、发展方向、产业布局、空间布局以及工业土地资源配置等问题都有待调整，城市发展应寻求高效益、健康、和谐的发展模式，兼顾经济效益与自然生态系统的平衡性、可持续性。从城市发展实际来看，一是现有城市总体规划中的工业用地指标已基本用完，剩余的部分零散用地远远不能满足新上项目的需要，需进一步扩大工业用地规模。二是城区的发展趋势和重心逐步北移，东南规划的城市公园已建成森林公园，市中心地带修建了花园广场，城区北侧的伏羲文化园已纳入城市公园，突破了城市总体规划范围。三是适应城市发展需要，为进一步理顺城市管理体制，加强城市管理，撤销了原长寿镇，成立了长寿街道办事处，下设十个居委会，办事处管辖的范围与总体规划的地域存在差异。

基于以上原因，市政府经过慎重考虑，决定修编城市总体规划。经多方考察比较，聘请上海同济大学城市规划系的规划设计专家教授，按照“功能分区清晰、发展方向明确、城市特色突出”的总体要求和“城容城貌好、生态环境优、商机人气旺、文化品位高”的城市发展目标，对城市总体规划进行了修编。在城市总体规划修编时，市政府广泛征求社会各界对城市发展定位、发展方向、近期重点工作等的意见和建议。归纳大家的意见和建议发现，社会各界在城市发展方位上存有明显分歧，一种意见认为：工业应向东发展，居住和商业应向北发展（以下称A意见）；另一种意见认为：工业应向南发展，城市整体应向西发展（以下称B意见）。围绕两种意见，市政府组织专家论证会3次，组织老干部、社会各界征求意见会5次，并向社会公开征求意见建议。在深入征求专家和社会各界意见的基础上，结合某市发展实际，在城市发展方位上，最终选择了A意见，即工业向东发展，居住和商业向北发展，否定了B意见。

针对该市城市发展方位如何选择问题，社会各界给予了极大关注，市民表现出极大的参与热情。人们对该市居住和商业是否整体向西发展的优劣利弊一直有着较大争议。

二、决策

决策者认为，城市发展方位，以商业密集、配套设施完备的现有城区为核心，工业应向东发展，居住和商业向北发展，逐步形成一环四横五纵的城市棋盘式路网格局，带动和促进工业依托107国道、京深高速公路发展园区经济，居住和商业向北发展连片小区。其主要理由如下。

（一）从城市发展的客观限制条件看

该市地势西北高、东南低。京深高速公路、107国道、京广铁路、南水北调中线工程自东向西南北向穿过市区，在给全市带来便捷交通的同时，也将市区割裂开来，给城市规划发展带来不利影响；同时，出市通道主要以107国道为主，107国道在市区东部、京广铁路以东，东西向交通通道只依靠两座地道桥，东西交通不畅。市区北部5公里左右有大沙河、南部3公里处有木刀沟横亘东西，局限了市区的长远发展。

（二）从城市发展实际看

上一轮规划实施10年中，市区基本形成了“东部以发展工业为主，北部以发展办公和商住为主，中部以发展商贸、餐饮为主，各功能分区又相互交叉”的格局，铁路以西地区已经形成了南北方向以礼堂街和鲜虞街为主线和东西方向以新开路为主线的城市公共活动轴线，以“两纵一横”公共活动轴线为骨架形成了布局完整的居民生活区。

（三）从城市发展空间看

向北发展的空间相对较大。距北侧村庄约有3公里的发展空间。而且北侧的村庄小而散，动迁或改造成本相对较低。北部地势平坦，村落分散，交通便利，可利用开发的土地较多，发展空间较大。北部已形成功能齐全配套的居住小区和一些公共设施，适宜发展商业、居住、办公，城市基础设施建设成本增加较少。

（四）从城市交通干线和建设成本看

市区铁路东部地区形成了以新化公司为代表的重工业区。向东南方向，围绕高速公路、107国道发展工业，便于产品的运输及工业污水的排放，这样体现了以人为本和可持续的发展观。城市北部有两条主要交通干道，以此为依托，进一步发展城市交通成本较低。南水北调纵贯市区西北，能为市容市貌增加景观要素。

（五）B意见存在不足之处

（1）向西发展存在两个村的改造问题，村庄基础设施差，动迁费用高。（2）城市的主要对外交通包括107国道、京广铁路在内的多条高等级公路为南北方向，向西扩张造成与城市主要对外交通联系方向不一致，增大了东西向交通压力，给公共设施布局选址和服务带来了很大困难，也增加了城市各部分联系成本。（3）如考虑城市的发展远景，城市西侧为南水北调河渠，发展空间受限，如果沿河渠两侧发展，势必要架设2~3座跨河大桥，将大大增加城市建设成本。（4）在市区的西侧存在110千伏高压线，会对将来城市发展造成分割。

总之，决策者认为：城市住宅和商业中心向西北发展，有利于减少发展成本，实现全面、协调和可持续发展。工业中心向东南发展，紧临省级道路无繁公路，西侧靠高速路出入口，向南为通向石家庄机场的道路，交通便捷，便于招商引资；基础设施完善，而且大部分设施可以与北侧卫星化工厂共享；地质条件优越，均为沙荒地，可以减少用地审批条件。所以，最终决策该市城市住宅和商业中心向西北发展，工业中心向东南发展。

三、争议

持不同意见的人士总认为，城市西部即将开工建设的南水北调河渠，将为未来城市带来难以想象的发展空间，城市整体向西发展，可以沿河渠建设居住小区，借南水北调资源，塑造城市全新形象，提升城市品位。归纳持不同意见人士的想法，主要有以下几个方面。

（一）可以有效增加城市公共活动空间，改善居住环境

城市发展现状一个明显不足就是公共空间少，市区森林覆盖率仅为28%，供市民生活活动使用的公共空间也十分缺乏，仅有人民广场和市政府广场两处，而且绿地和公共空间的条件很差，不能满足城市发展和市民生活需要。城市中心向西发展，可以延续上次规划，与正在建设的南水北调工程相衔接，受南水北调明渠的影响，有效增加绿地和公共活动空间，大大提高生态系数，营造适宜人居的城市环境。

（二）便于城市污水排放

地势西高东低，向西发展便于城市污水的排放。

（三）可以减少工业发展成本

工业向东发展，可能造成生产区与居住区分离，生活及运输通道受高速公路只有一个通道口的限制，物流不畅。工业向南发展，可以避开高速公路，也可以提高土地开发强度。

（四）A意见存在不足之处

（1）北部现存有几个小型化工厂，污染不严重，但需要动迁或防护。（2）向北发展居住可能造成远距离的工作通勤交通，增加居住成本。（3）北部地势平坦，地价较高。（4）市区西北高、东南低，向西北发展供水、供热难度较大。（5）城区基础设施跨过高速公路向东延伸，成本太高。

四、结果和补救措施

当人们还在争论城市整体是向西还是向北发展时，该市新修编的城市总体规划中采取了城市住宅和商业中心向西北发展、工业中心向东南发展的方案，摒弃了城市整体向西、工业向南的发展方案。按照这一城市发展总体思路，该市牢固树立并落实科学发展观，坚持“以人为本”，遵循市场经济规律，针对确定方案的不足之处，自觉运用市场经济的观点、方法采取了一系列的补救措施。

（一）遵循市场经济规律谋划城市发展，畅通物流

城市区域中心的形成一般是以物流的形成为基础的。为引导城市中心向西北发展，某市集中有限的资金，优先建设了北环路和北环路跨107国道、京广铁路高架

桥，畅通了城市又一个东西通道，一下子将城区向北延伸了2公里，创造了城市北部巨大的发展空间。2005年，又规划了新华路立交桥，向北延伸了育才街、礼堂街，为城区北部搭建了四通八达的路网。

（二）坚持以人为本的原则指导城市发展，汇集人流

城市区域中心的发展一般是以人流的汇集为前提的。坚持以人为本，加快了城市功能设施建设，不断完善居住环境。完善的路网形成了便捷的交通，便捷的交通吸引了大量的人流、物流向城区北部聚集。随着元亨家园、滨河小区等一大批居住小区的开发建设和近1000多户居民的入住，以及随后占地180多亩的伏羲小区的开发，在城市北部必将形成一个大规模的现代化居住区。

（三）按照统一规划、分步实施的原则进行城市建设，每年重点解决一批事关城市发展的重点问题

随着城市发展速度的加快，该市对影响向北发展的几个问题采取了一系列的补救措施，对几个小型化工厂正在采取转产或增加防护绿地的方法加以解决；在城区北部，修建了日供水6万吨的二水厂，以解决将来城区北部的供水问题；规划建设了总投资4.5亿元的石家庄新乐东方热电二期工程，解决了城区北部集中供热问题。

目前，城市路、电、水、暖、信等基础设施日趋完善，市区“一环四纵四横”的路网格局基本形成，实现了集中供水、供热、供电、供气和治污。供水，建有日供水能力6万吨的自来水厂两座，实现了城区全覆盖；供热，建设了新乐热电厂，城区集中供热达到了100%；供气，利用国家西气东输工程，建设了城区范围集中供气工程；供电，全市有22万伏变电站1座、11万伏变电站2座、3.5万伏变电站11座，电力充裕，是河北省首批电气化达标县市；公交，有城市公交公司和出租汽车公司，实现了石市、邻县以及城乡之间通公交车；通信，实现了村村通电话，城乡电话普及率达到每百人24部，小灵通业务全面铺开，移动电话用户达10万部，互联网用户1.5万户。城市载体和服务功能日益增强，建成区面积发展到26平方公里，城市人口达到16万人，城市化水平达到了25%，中等城市框架基本形成。

五、感慨

城市发展方位的确定，是城市规划编制中需要确定的极其重要的内容，它不仅涉及一个城市的发展定位、城市形象、发展速度和发展成本等，还涉及一个城市所有居民和企业的切身利益，是城市规划的核心内容之一。在城市总体规划修

编中确定城市发展方向时，应该如何坚持以人为本，应该如何体现科学发展观，如何把规划理论与城市实际相结合，如何促进经济社会全面协调可持续发展，如何构建和谐社会，是一个值得深思的问题，更是一个需要在实际工作中不断探索、不断创新、勇于实践的问题。

案例3　运城市改造穿城千年古渠——姚暹渠

山西省运城市市长　胡苏平

（2005年7月）

2004年9月17日，运城市人民政府第65次常务会议决定，对穿越中心城市城区的千年古渠——姚暹渠城区段进行改造，工程由市政府全额投资，总造价4500万元。

一、背景

姚暹渠始建于北魏正始二年（公元505年），渠名为纪念当时任都水监的姚暹而得。全长86.56公里，其中城区段6.68 公里，设计泄洪量为15立方米/秒。历史上，姚暹渠是为了保护运城盐池（距今已有4000多年开发历史的内陆盐湖，面积132平方公里，位于中条山北麓运城盆地最低处。历史上是国家税收的重要支柱，目前仍是我国最大的无机盐化工原料基地）防洪安全而开凿的人工河渠。主要功能：一是向下游输送由中条山来的洪水；二是拦截由涑水河经城区西北部的杨包滩绕流而来的洪水。同时，还要接纳市区渠道两边近30平方公里范围的城市降雨洪水。这种集渠道和堤坝于一身的水利设施，承担着保护盐池和城市防汛的双重使命，必然成为城市建设和发展的关键部位。

20世纪上半叶，由于洪灾频繁，姚暹渠多次决口。但随着气候的变化，特别是近年来持续干旱，姚暹渠排洪功能日渐弱化。20世纪60年代以来，姚暹渠再也没有进行过大的整修。沿渠群众的防洪意识逐渐淡漠，一些企业、单位和居民私自围占渠堤，甚至在渠堤上取土挖洞，使渠堤遭到严重损坏。尤其是随着城市规模的不断扩大，姚暹渠的位置变成了市区中心。原运城市（2000年改为盐湖区）在市政建设中竟没有为姚暹渠以北的8万多居民建设排水出路，沿线居民和单位不得不将污水排入渠内，致使渠内污水横流、杂草丛生、垃圾成堆。每到夏季，蚊蝇滋生，臭味刺鼻，成了市区的“龙须沟”，严重影响到周边居民的生活、工作和身体健康，影响到运城对外开放的形象。市民反应强烈，多次呼吁要求进行改造。2000年10月运城撤地设市后，姚暹渠治理更是成为全市上下关注的热点。

二、决策

姚暹渠治理涉及城市安全、盐池保护、市容市貌、人居环境诸多方面。如何能够取得最佳治理效果，是对政府决策能力的考验。20世纪80年代以来，曾几次研究过治理改造方案，由于意见分歧，一直没能付诸实施。

方案一：改道。即把渠道的城区段改到城外，彻底解决市区环境污染问题。但会加长渠线2~4公里，多占耕地，且不利于排洪，实质上等于转移灾害。如果城市规模进一步扩张，不久的将来又会成为“市中渠”。

方案二：改造。就是在现有渠道基础上进行较彻底的治理。意见有两种：一是主张进行拓宽防渗，污洪合流，达到防洪标准；二是主张全部加盖封闭，将污染密封于地下，上面搞开发。如果急功近利，拓宽当然省事；如果单纯考虑经济效益，封闭比较合算。但这两种意见的实施，都不能从根本上解决问题。1997年，曾对姚暹渠城区中段进行加盖封闭，但经过8年使用，渠道内的污泥淤积厚70厘米。密封尽管基本解决了臭水污染问题，但清淤难以进行，造成渠道的防洪能力逐年下降。

到底什么样的治理方案才算科学合理？本届市政府多次听取水务、城建等职能部门汇报，先后召开了十几次专家论证会、市民听证会。决定采用“暗涵排污水，明渠流清水，污洪分流，集泄洪、排污、生态景观于一体”的综合治理方案。

三、实施

姚暹渠是一个人工防汛工程，其施工有着特殊的要求。首先是工期短。只能在当年的汛末开工，次年的汛前完工。为了确保工期，不仅要昼夜作业，而且冬季必须采取有效的增温防冻措施。其次是管线多。因为渠道横穿市区，多年来，地上、地下形成了纵横交错的管线网络，涉及煤气、供水、强电、弱电等十几个单位，协调任务十分繁重。最后是水的影响，这是最大的难点。一是上游来水，流量在1立方米/秒以上。二是渠北的生活污水和工业废水，有40多个出水口，每天流量在2万立方米以上。三是地下水的顶托。由于市区地下水位较高，加之姚暹渠长年渗漏，渠底部呈稀泥状。为了解决好这些问题，技术人员分别采取了拦、排、抽、扎（止水袋）等办法，确保工程进度；同时，还必须保证渠道以北8万居民正常的生产生活。

施工时，拉土进料大部分在晚上进行，主干桥梁施工采用了半幅作业。

四、效果

经过10个月的紧张施工，姚暹渠以全新的面貌呈现在人们面前。同改造前相比，其功能和景观都发生了根本的变化。

一是排洪能力提高。明渠渠宽15米，平常渠内清水水深1米多，当洪水水深超过1.8米时，渠道西端设置的反板闸自动泄洪，行洪水深可达2米以上，排洪标准由改造前不足5立方米/秒，达到15立方米/秒以上。

二是排污功能完善。姚暹渠上游以及周边居民、企业排放的生活污水和工业废水全部进入明渠北部的排污暗涵，彻底解决了污水下渗和臭气污染问题。

三是生态效应凸显。改造后，增加水面4万平方米，增加水体6万立方米，可起到明显的增湿、恒温、降尘的效果，渠周边地区可增湿2%~3%，夏季降温1~2℃，对市区气候的调节作用十分显著。

四是满足了人们休闲娱乐。改造后的姚暹渠从整体上达到亮化、绿化、美化的要求，两侧均设置汉白玉护栏、路灯，护栏板上雕刻着运城历史名人典记。渠道北侧是绿化带，成为开放式的渠堤公园，成为人水和谐相处的现代城市景观。

五是带动了渠道周边房地产的增值。随着姚暹渠改造工程的竣工，渠边地价已由改造前的每亩20万~30万元，上升为100万元左右。渠北侧的一些高层建筑正拔地而起，华北地区最大的家具集散中心——鑫源家具城也正抓紧建设。

山西省梁滨副省长视察了姚暹渠后说：姚暹渠改造方案科学，决策正确，变水害为水利，有效增加了城市水面，起到了恒温、增湿，增氧、降尘的作用，符合现代城市的发展要求。驻运省人大代表视察后，对姚暹渠改造方案和工程建设给予了高度评价。广大市民更是由衷欢欣。有的市民在拆迁时，不计报酬，无条件服从政府安排；有的市民主动承担义务工程质量监督员；有的市民自发集资要给市委市政府送匾立碑。

五、思考

之一：运城市财力紧张，基本上是“吃饭财政”，姚暹渠改造又是政府必须抓好的公益性建设项目。如果适当运用城市经营的手段，即政府在渠堤北岸控制更多的土地，将土地升值部分用于姚暹渠改造，则可以减轻财力压力。

之二：姚暹渠作为一条千年古渠，随着自然条件的变化和生产力水平的提高，其对盐池和城市的防洪功能正在弱化，而作为风大土多、夏季气候炎热的北方城市，生态脆弱，应考虑在保持该渠道防洪排污功能的同时，重点强化它的生态功能，使其在改善人居环境方面发挥作用。

之三：应对城市水系进行整体规划设计，通过姚暹渠把市区目前的人民公园湖水、南风广场池水以及市郊八一水库、安邑水库的水连为一体。同时，可将正在建设的污水处理厂的中水回流到姚暹渠内，供城市绿化之用，大幅度提高城市水的利用效率。

案例4 “以煤代木”试点工程进展缓慢

内蒙古自治区根河市市长 郑富旭

（2005年11月）

一、实施“以煤代木”试点工程的背景

某市地处大兴安岭北段西坡，是我国最北部的林区城市，属寒温带湿润型森林气候，无霜期平均70天左右，年平均气温-5.3℃，极端最低气温达到-49℃，取暖期长达240天，是全国平均气温最低的地区。全市总面积2万平方公里，辖五镇一乡3个办事处。森林资源是全市的主体资源，森林覆盖率达到87.2%。森林采伐和加工业是根河市的主导产业，约占经济总量的60%。2004年年末，该市实际完成地区生产总值200800万元，受国家财税政策影响，财政总收入只完成7191万元，城镇居民人均可支配收入为6572元，比全国平均水平9422元低2850元。全市总人口18万人，其中市区人口7万多人，林业人口约占总人口的80%。

对在某市开展“以煤代木”工作，从国家到地方各级党委、政府都非常重视。2001年4月，在全国林业厅局长座谈会上，国务院主要领导要求大兴安岭森工集团就此项工作提出具体意见，并上报国家有关部门研究解决。2002年1月，自治区党委主要领导在视察该市时，作出了“某市要加快实施以煤代木工程，力争在两年内有突破”的重要指示。自治区党委、政府和地方党委、政府各位领导也为落实好这项工作多次提出具体要求、给予及时指导，并由相关部门专门成立了“以煤代木”工作领导小组帮助该市做相关工作，为工程实施创造条件。

二、决策的争议

对于在这样一个高纬度、高寒冷、经济社会发展欠发达的纯国有林区实施“以

煤代木”试点工程，社会各界给予极大关注的同时，也有诸多争议。

决策者认为：实施“以煤代木”工程不仅是改变林区居民传统的生产生活方式，还是解决林区经济和社会发展中突出矛盾的一件大事，也是该市的一项紧迫任务。理由是：

1.“天保工程”实施以来，该市的木材年产量已由原来的182万立方米减少到目前的87万立方米。但在生产性木材消耗不断减少的同时，林区群众“烧拌子”的现象仍然比较普遍。多年以来，林区居民生活燃料一直以木材为主，一年烧掉的木材折算起来约为76万立方米，其中仅市区一年就烧掉木材27万立方米。如果不采取有效措施减少生活性木材消耗，那么，为保护天然林资源所付出的巨大努力就会达不到预期效果。特别需要强调的是，“天保工程”实施后，一方面林区普遍加强了林政管理，杜绝了入山“拉拌子”的现象，另一方面林业企业大力发展木材深加工项目，过去的造材剩余物（枝丫、板皮、锯末等）已经变废为宝，得到了有效利用。由于林区大部分居民收入较低，买不起煤炭，居民烧材紧张的状况比较突出，如果“以煤代木”工程不抓紧实施，有可能引发资源保护与群众生活之间的矛盾。

2.大兴安岭林区是额尔古纳河及嫩江水系的发源地之一，哺育着松嫩乃至整个东北平原，庇护着呼伦贝尔大草原，是一道天然的绿色屏障，对全国甚至东亚地区的生态平衡都发挥着重要作用。目前我国生态形势日益严峻，在国有林区实施“以煤代木”工程，保护珍贵的原始森林资源，显得尤为紧迫。据测算，仅该市区实施“以煤代木”工程后，每年可减少木材消耗27万立方米，相当于新增原始森林面积3402公顷（蓄积按78立方米/公顷计算），将产生巨大的生态效益和经济效益。

3.实施“以煤代木”试点工程，不仅可以减少大量的木材消耗，保护珍贵的森林资源，产生巨大的生态效益，而且能够推进该市平房改造工程，有利于城市建设，提高城市品位，增强城市的竞争力和吸引力，为打造生态旅游城创造有利条件；同时在该市区“以煤代木”的试点经验，将对整个大兴安岭林区实施“天保工程”产生重大而深远的影响。

持不同意见的人士认为：实施“以煤代木”工程固然对保护生态、提高人们生活质量起到积极作用，但是也存在问题：

一是存在买不起房和买得起住不起房的问题。该市住宅楼售价与居民收入水平之间存在着较大差距。该市人均可支配收入水平偏低，而且各系统（地方、林业、铁路、电业等）之间收入差距较大。占全市总人口25%的中直和地方系统职工，年均工资收入为1万元左右；占全市总人口65%的林业系统职工收入仅为4500元/年左右，且多为单职工家庭，生活水平处于最低生活保障线的边缘。此外，还有占全市总人口10%以上的下岗职工和处于低保范围的贫困居民。据入户调查分析，林区群众住房经济承受能力在500~600元/平方米之间，而目前该市住宅售价每平方米1000元以上，林区职工根本无力购买。即使买了住房，一年的费用也是林区职工所承担不了的（长达8个月的取暖期，3元/平方米的取暖费，加之物业费、液化气、水电等费用2000元以上）。这样作为此项工程的直接参与者和受益者的广大居民特别是中低收入阶层，如何"买得起"、"住得起"住房就成为实施"以煤代木"工程难度最大的问题。

二是认为天然林资源保护工程实施后，木材采伐量大幅调减，企业由采运向营林转变，林场实行封育保护，散居的居民只能从事一些季节性的抚育造林工作，这给居民就业、购物、医疗、子女教育等带来了困难，同时居民的日常生活也对生态环境造成了破坏。为此，驻该市区的森工企业9个林场的2.2万居民也将逐步向市区转移。这些低收入居民迁入市区，将给城市集中供热、城市基础设施等增加了很大压力。

尽管"以煤代木"试点工程存在着争议，但是该市通过调查论证，按照上级批示精神，制定了平房改造规划，完善城市建设和改造开发优惠政策，积极筹措资金，于2002年实施"以煤代木"试点工程。

三、完善实施方案

几年来，某市"以煤代木"试点工程取得了阶段性的成果，建成住宅13.5万平方米，集中供热面积已达到近70万平方米。但是，目前林区正处在"二次开发、二次创业"的起步阶段，驻在企业举步维艰，加之国家财税政策的调整，地方财力更加紧张；同时由于近两年建筑材料价格上涨，住宅售价已经超出林区职工的购买能力，加之由于进入市区人员的增多，给城市基础设施的承载力带来压力。

因此，尽管该市做了大量工作，但"以煤代木"试点工程的进展还是不够理想。为加快"以煤代木"工程实施进程，该市采取积极措施，协调上级有关部门，希望能够在项目、资金和政策等方面得到支持，以保障工程顺利推进。

（一）根河市热网扩建工程

目前，该市供热能力已经达到满负荷，如不尽早进行热网扩建，将严重制约"以煤代木"工程的实施和城市的进一步发展。在上级部门帮助下，已经完成《某市集中供热可行性研究报告》，扩建后供热能力将达到210万平方米，现在前期工作已经准备就绪，正在协调有关部门争取建设资金。

（二）推广浅层地能开发和利用技术

浅层地能广泛存在于大地近表层的恒温带中，其能量主要来源于太阳能，是一种取之不尽、用之不竭、可再生的资源。目前，该市市政府已与某科技发展有限公司达成协议，计划引进该公司的高科技成果来解决本地区采暖问题。

（三）城市配套基础设施建设工程

随着林场居民的陆续迁入，使城市集中供热、基础设施等已经不能满足城市发展的需要。因此，在实施“以煤代木”工程，抓好热网建设、浅层地能开发的同时，必须同步建设好给排水、垃圾和污水处理、路网建设、液化气供应等配套基础设施。目前《某市垃圾处理工程可行性研究报告》通过专家审查论证，已经完成了垃圾场的道路和车库等建设，由于资金不足，该工程尚未续建。已经编制《某市区排水工程可行性研究报告》，并申报立项。另外还有全长14.03公里、总面积146278平方米的11条道路亟须改造。

“以煤代木”是一项复杂的社会系统工程，仅靠该市自身努力无法实现，同时由于许多配套的经济政策和措施没有落实，加上该市经济发展的实际情况和林区居民传统的生活方式，给项目实施增加了许多困难。目前该市正积极培育接续产业，加快经济社会发展步伐，力争通过自身的不懈努力和争取上级的支持，全力抓好“以煤代木”工程的实施。

案例5　欠发达地区城市污水处理厂如何走出困境
——以四平市情况为例分析

吉林省四平市副市长　隋鹏飞

（2005年7月）

一、污水处理和城市建设管理的关系

温家宝总理在政府工作报告中指出："要积极实施可持续发展战略，按照统筹人与自然和谐发展的要求，做好人口、资源、环境工作。加大执法力度，强化生态环境监管，严格控制主要污染物排放，抓紧解决严重威胁人民群众健康安全的环境问题。"

改革开放20多年来，我国国民经济取得了突飞猛进的发展，在发展经济的同时，有些地方和企业，特别是经济欠发达地区，片面地追求经济效益，而忽视了社会、环境效益，造成了环境特别是自然水体的严重污染，若长此发展下去将严重威胁人民群众的生命安全。

国家环保局披露，全国七大流域面临最严重的问题是水体污染和水资源短缺，主要河流有机物污染普遍，主要湖泊富营养化严重，特别是"辽河、海河、淮河、滇池、太湖、巢湖"流域的污染尤为突出。为实施可持续发展战略，国家加强了对各大水系的污染治理，国务院于1996年下达了对"三河、三湖"流域综合治理的决定。

四平市位于松辽平原中部，地处辽河流域，是吉林省重要的工业城市。近年来，各项事业飞速发展。按照吉林省经济发展战略和全市总体规划，四平将建设成以工业为主，经济繁荣、功能齐备、社会文明、对外开放的新兴工业城市。随着四平市社会经济的发展和城市建设的不断深入，工业废水及生活污水的排放量日益增大，污水未经处理直接排入辽河，对辽河水质造成了直接污染，成为辽河流域的一个不可忽视的污染城市。因此，四平市必须建设污水处理工程，不但使城市污水得到处理，同时也使城市功能得到逐步完善。

二、四平市各污水处理厂建设情况

从1999年开始，在国家的大力支持下，四平市先后建成了四平市区、公主岭市、双辽市、梨树县四座污水处理厂。

四平市污水处理厂是国有重点项目，概算投资为18258万元，工程设计规模为日处理9万吨，采用活性污泥法处理工艺，所应用的主要设备是利用波兰政府贷款从波兰进口的。污水处理厂2000年年初开工建设，现已达到生产的程度，并于2004年9月进行了通水运行。四平市污水处理厂的资金来源为：国债资金9530万元，利用波兰政府贷款500万美元，地方自筹资金4578万元。现在实际到位资金13987万元。建成后属国有企业，根据设计要求初步估算污水处理厂吨水运行费用为0.80元，年需运行费用2518万元。目前的收费标准为：居民用水0.15元/吨，工业用水0.30元/吨，特殊行业用水0.50元/吨。市政用水户由自来水公司收取，自备水井用水户由建设局收取，上缴财政后拨到污水处理厂。从2001年开始收取污水处理费，截至目前共收取567万元，其中307万元已经拨到污水处理厂，另外370万元被自来水公司占用。由于收取的排污费满足不了正常运行的需要，四平市污水处理厂目前处于停产状态。

公主岭市污水处理厂设计规模为日处理污水10万吨，一期工程5万吨，总投资12 000万元，土建工程按10万吨规模建设。污水处理厂从2000年6月开工建设，2002年10月竣工并投入试运行。该厂与江苏鹏鹞集团有限公司合作建设。公主岭负责土建，鹏鹞集团以出租形式提供设备及安装和工艺管道工程建设，建成后承包给鹏鹞集团经营管理。吨运营费用为0.45元，承包期15年，合作期间双方分成，并在6年内还清设备投资；合作期满后，对方将污水处理设备以1元的价格卖给公主岭。2004年该污水处理厂共运营了183天，占全年应运营天数的50%。每天处理污水近3万吨，共计处理污水549万吨，运营支出约190万元。处理后的水质基本上实现了达标排放，设备运营良好。公主岭市污水处理费由污水征费处和桑德水务集团代收，收费标准是：民用水0.50元/吨，公用水0.60元/吨，特业用水1.50元/吨。按此标准全年应收694万元（70%收费率征收），2004年实际收费129万元。该污水处理厂目前处于半停产状态。

双辽市污水处理厂属“三河、三湖”流域水污染治理项目，由北京环境科学院设计，设计总规模日处理污水5万吨，其中设备部分先期建设2.5万吨，其余的厂房、附属设施按5万吨规模建设，设计总投资8808万元。现厂区工程完成投资3300万元，利用国债资金3100万元，管网改造工程完成投资3800万元，为地方配套资金。双辽市污水处理厂从2003年5月开工建设，2004年10月竣工并投入试运行。2005年计划投资1700万元，拟申请国债资金1000万元。建成后为国有企业。该厂采用水解—改进SBR工艺，自2005年6月起正式投产运行，从运行情况看，工艺运行良好，设备运转正常，达到达标排放标准。目前也因运行费用过高而处于亏损状态。

梨树县污水处理厂也是国家“三河、三湖”水污染治理项目，设计和建设规模为日处理污水5万吨，分两期建设，一期、二期各2.5万吨。一期工程概算投资8813万元，完成投资8358万元，其中国债2150万元，债转贷1950万元，企业自筹458万元，目前一期生产线已经完成，设备试车合格，达到了设计能力与生产能力。梨树县污水处理费征收办法是：镇内自来水用户由自来水公司征收，自备水源由县水务稽查大队征收。征收标准：居民用水0.30元/吨，机关、工企0.50元/吨，特业用水1.50元/吨。排污费从2002年7月开始征收，累计征收45.5万元，到目前为止，只拨付污水厂17万元。该厂现处于停产状态。

三、目前污水处理厂运行和城市发展不相适应的原因

造成污水处理厂停产和半停产的主要原因是污水处理厂的运行费用不足。1999年国家发改委、建设部、国家环保总局发布了《关于加大污水处理费征收力度建立城市污水排放和集中处理良性运行机制的通知》（计价格[1999]1192号），文件规定：向用水户包括居民收取污水处理费，用于污水处理厂的建设和运行；所征收的污水处理费标准应达到排污管网和污水处理厂的运行维护成本。我市的污水处理费是从2000年陆续开始征收的。目前，市区及各县市区的污水处理标准都非常低，收缴率也都非常低。

《水污染防治法》及计价格[1999]1192号文件对污水处理费的收缴问题都有明文规定，造成污水处理费收费标准低收缴率低的主要原因：一是地区经济发展落后，居民人均收入水平比较低，经济承受能力比较弱，很难使污水处理费的收费标准达到一个适合的水平。二是水务市场混乱，使自来水公司占用污水处理费。由于过量开采地下水，使用地表水的用户越来越少，市区自来水公司每天售水量仅为3万吨

左右，使企业经营举步维艰，迫使自来水公司占用污水处理费；同时，中水回用机制没有建立起来，达标排放后，本可以重新利用的水资源白白流入下游，导致本来就非常缺水的城市，无论是工业用水还是生活用水都直接占用天然水资源。三是人们对于环境保护的重要性认识还很低。人们普遍认为污水处理项目是下游受益的项目，本地区的人们没有眼前利益，所以参与的积极性都很低。

四、欠发达地区污水处理厂的现状引发的思考和对策

像四平市这样经济欠发达地区搞好污水处理事业任重道远。一方面水污染非常严重，水资源严重匮乏，搞好污水处理迫在眉睫。另一方面由于地区经济发展不平衡，经济水平制约污水处理事业的发展。结合四平市的实际，我认为必须在国家和省里的大力支持下，逐步探索适合北方欠发达地区实际的工艺、工程技术和建设方式、运行办法，才能真正使污水处理事业健康发展，造福人民，促进发展。

一是采用新技术建设污水处理厂，降低建设投资，降低运行成本。结合各地的实际情况，研究实施那些处理效率高、能耗低、技术比较简单的污水处理技术，以及工程投资较低、运行费用较低的，用得起、用得好的新工艺。选择污水处理工艺技术时应十分注意环境效益、社会效益、经济效益的统一，以经济效益与环境效益俱佳为目标。近几年来，我国的污水处理技术发展较快，也在不断地引进外国的新技术，取得很多的成果。有些工艺可以大大降低建设投资，降低运行成本。

二是转换建设和运营机制，采取BOT或TOT的方式建设和运营污水处理厂。由于欠发达地区经济比较落后，很难拿出资金来建设污水处理厂。因此，污水处理行业投资主体多元化已成为必然趋势。BOT的方式就是投资者或者运营商投资建设污水处理厂，建成后运营管理，经营一定年限后再移交给业主。TOT的方式就是投资者或者运营商以竞争的方法取得已建成的污水处理厂的经营权，经营一定年限后再移交给业主。这两种方式均可达到降低建设投资和降低运行成本的目的；同时采取多渠道、多层次、多元化的资金筹措体制。除中央及地方财政和收取的污水处理费外，鼓励吸纳国际金融机构、外国政府、国际民间、国内民间等外部资金。

三是国家要给予一定的扶持政策。污水处理行业属于公益事业型行业，在电价上要给予优惠，国家已有这方面政策，但是国家的政策可操作性比较差，无法落实。要真正做到政策落实，真正使污水处理厂得实惠，我们认为要把污水处理行业用电和民用电在电费上等同处理，要适当提高污水处理费征收标准。目前虽然各省市已全面征收污水处理费，但费用普遍偏低（仅为0.2～0.6元/立方米）。对一个二级

处理厂而言，实现污水处理厂“保本微利”的经营目标，污水处理费至少应0.6～0.8元/立方米，加上管网至少应0.8～1.2元/立方米。

四是搞好污水回用工作。城市污水处理的目的不应该只做到达标排放，还要考虑到污水处理后的再利用。处理污水回用，不仅能达到重复利用水资源，也是深层次减少水环境污染的措施，使污水处理逐步实现环境目标和水资源再生利用目标。特别是在严重缺水的城市，由于水资源匮乏，造成自来水价格很高，污水回用具有广阔的市场，也可以创造出很高的经济效益，来弥补污水处理费的不足。以四平市为例，四平市是严重缺水城市之一，地表水源是靠远距离引水来解决，成本加大，使自来水的价格居高不下，工业用水的价格已经达到3.8元/吨，这也从一个侧面制约着经济的发展。而在现有的污水处理厂条件下，建设一座处理5万吨水的回用水厂，投资约为8900万元（包括供水管道），水处理成本为0.70元/吨，由此可见回用水的经济效益。

五是整顿供水市场，使供水市场步入良性发展的轨道。四平市现在每天用水量为9万吨左右，使用地表水源的仅为3万吨/日，其余均为地下水，由于地下水的过量开采，已使城区出现了“漏斗”，同时也使供水企业处于经营亏损状态。要做到有步骤地关闭地下水源，尽可能多地使用地表水源，使供水企业的经济状况逐渐好转起来。由于污水处理费也是供水价格的组成部分，因此，供水企业经济状况好转也能带动污水处理费收缴率的提高。

案例6　阜阳市实施沟河塘治理工程案例

安徽省阜阳市市长　刘庆强

（2005年7月）

一、背景

安徽省阜阳市是一座历史悠久的河滨城市，襟带淮河，怀抱西湖，淮河的重要支流沙颍河、汾泉河穿境而过，在城市中心呈“Y”型交汇，将阜阳城区分成河东区、河西区和泉北区三个分区。西清河、中清河、东清河、一道河、二道河、二里井河、七里长沟等河流纵横交错。另外，还有慧湖、瑶池、西城内河、八中塘等分散的水面，形成阜阳特有的风景线。

历史上，欧阳修、苏轼等名臣在阜阳做地方官时，都对这里的水系景观赞叹不已，留下许多佳句。苏轼的“大千起灭一尘里，未觉杭颍谁雌雄”，是对颍州西湖的由衷赞誉；欧阳修的“清河两岸柳鸣蝉，直到焦陂不下船”，则形象地描述了当时阜阳城内沟河相通、风光旖旎的盛况。历史在总体上推动城市发展的同时，也总会留下一些遗憾。1938年，国民党在花园口炸开黄河大堤，洪水奔腾南下，夺淮入海，使阜阳城遭受灭顶之灾，河流湖泊淤积，使昔日“淮北水上城市”的风光不再，并且留下易发生洪涝灾害的“顽疾”。

解放后，虽经历届政府的多次治理，但由于缺乏科学规划，收效并不明显。加之多年城区水系不畅通、排水设施不配套，沟河塘淤积严重，缺乏治理，河底高程发生无规律变化，违法填垫沟河塘建房现象时有发生，导致水面逐步缩小，水体污染严重，变成了污水沟、臭水塘。城区水系存在的许多问题直接影响到人民群众的生活质量和身心健康，群众对此反应强烈，也影响了我市的投资环境，已经到了不治不行、非治不可的地步。2002年6月以来，阜阳市下决心实施阜城沟河塘治理工

程，按照“河水净化、河坡硬化、河岸绿化”的总体要求，分步实施，并着手实施了一期工程，即“活水工程”。

二、对策及落实情况

1．加强领导，广泛发动

市里成立了高规格的阜阳城区沟河塘治理工程指挥部，由市委书记、市长分别任政委和指挥长，市直有关部门、市辖三区党委、政府的主要负责同志为成员，指挥部下设办公室，并成立8个工作组，切实强化对沟河塘治理工作的领导；同时，加大宣传力度，营造浓厚的舆论氛围，新闻媒体开辟了“活水工程”大家谈专栏，广泛宣传“活水工程”的重要意义和有关法律法规、工程实施方案等，做到家喻户晓，人人皆知，广泛动员干部职工，献计献策，各项决策问计于民。

2．编制规划，分期实施

我们确立了坚持“沟通水系，改善水质，先活后净，美净结合，总体规划，分期实施”的指导思想。主要目标是：近期通过疏通河道，沟通水系，初步改善城区水质。远期对河道进行截污、硬化、绿化，使水体符合城市景观水质要求，即“先活、后清、再美”。首先实施沟河塘一期工程即“活水”工程，利用泉河正常水位高于内河水位且水质优于内河的自然条件，沟通城区水系，通过对下游华桥沟、阜颍河、二道河、东清河、二里井河、南城河、东城河等河道的清淤疏浚，让水“活”起来，排掉城区劣质水，从西城河电力排涝站引进泉河水，冲释内河水，使死水变活，降低污染，初步改善城区水质。根据财力逐年投入清除城区河道内淤泥，拆除沿河建筑，对河岸进行绿化、硬化、美化，改善城市生态环境，创造良好的人居条件。

3．沟通水系，疏浚河道

一是实施沟通水系的奎星楼涵、刘公祠、五中塘等顶管工程；完成了阜颍河上生产便桥和华桥沟节制闸工程建设。二是实施了东城河清淤工程及华桥沟、阜颍河、二道河、东清河、二里井河、南城河等清淤疏浚工程。三是改造城区排水涵闸，提高城区抢排内涝的能力。结合颍、泉河治理，投资1400多万元，动工兴建了七里长沟和西城河排涝站，改变了过去外河水位高，顶托时关门淹的状况。在清淤疏浚的同时，对二里井河、南城河、东城河等部分地段沿岸实施了拆迁、护坡、绿化和污水截流工程。已完成了林带路游园、文峰公园、东城河游园等建设工作，完成了东城河和二里井河沿岸的污水截流干管工程。

4．配套设施，完善功能

以新建改造城市主次干道的排水干管为突破口，逐步完善城市排水网络。先后新建改造颍州路、清河东路、莲花路、颍上路、河滨路、人民西路、向阳路、颍河西路和二环路等城市主次干道的排水干管，总长56千米；同时，新建改造小区排水设施，使之和排水干管相连接。2003年，我市投资1.98亿元的污水处理厂建成投入运营，为提高污水处理率，去年以来加大了配套管网、泵站建设的力度，目前64千米的污水管道铺设已经完成42%，6个泵站的建设已完成50%。

5．加强管理，标本兼治

制定发布了《关于整治阜城沟河塘沿岸违法建筑的通告》，控制一切违法建设，坚决拆除在建的违法建筑，杜绝填垫和向沟河塘内倾倒垃圾。为做好重点治理工程地段的拆迁工作，制定了《阜阳城区沟河塘治理一期（活水）工程拆迁安置实施方案》，以及实施拆迁安置的具体办法和措施，并及时研究解决拆迁中的难题，为沟河塘治理工程的实施提供了有力的保证。

三、初步成效

经过不懈的努力，我市沟河塘治理工作取得初步成效，实现了一期工程的预期目标，并发挥了很好的社会效益。主要表现在以下几个方面。

1．城区排涝泄洪能力明显增强

随着华桥沟、阜颍河、二道河、东清河、二里井河、南城河等几条河流清淤疏浚工程的完工，河道的排水能力明显增强，城区遇强降雨积水能及时排放。2003年夏季，我市遭遇了百年不遇的洪涝灾害，阜阳城区24小时降水达100毫米左右，二环路以内没有明显积水，过去经常出现水灾的商厦、三里湾、莲池新村、桃园新村等也未出现积水现象。2004年7月的一场大暴雨，阜城也平安渡过，大大减少了内涝带来的灾害；同时，城区水面也得到了有效保护，居民的生活、居住环境得到了明显改善。

2．城区沟河塘水质明显改善

随着沟通水系的顶管工程和节制闸的投入使用，现已可通过谢公闸引泉河水来冲释改善内河水质，城区主要沟河流水潺潺、河岸空气清新，一改过去死水一潭、恶臭难闻的局面，群众比较满意。

3．市民生活质量明显提高

过去，由于水系不畅，城区内小雨小涝，大雨大涝，不雨则腐气难耐，一些群

众苦不堪言。现在河通了、水净了，沿岸还建设了林带路游园、东城河游园、文峰公园等，广大市民休闲观光、娱乐、健身，大大改善了市民的生活质量。

四、存在问题

1. 建设资金不足仍是制约沟河塘治理工程实施的瓶颈

阜阳城区沟河塘按照建设滨水生态园林城市的目标要求，就必须坚持长期治理，逐年加大建设资金的投入，估计整个工程实施下来要4亿元左右，而我市的财力十分有限，其他融资渠道目前也远远不能满足要求。

2. 对沟河塘的日常管理难度较大

为加强对沟河塘环境卫生的管理，巩固治理成果，我市成立了沟河塘管理办公室，专司其职。但是，由于沟河塘遍及阜城，点多面广，管理和保护的难度非常大。目前仍然有向河道内倾倒垃圾的现象，只有全社会共同参与，齐抓共管，才能管理和保护好现有沟河塘。

3. 受内涝灾害的隐患依然存在

近两年来，汛期期间，城区虽未出现明显的内涝，但由于阜城南部地域高于城区，城区奎星路，地面高程为28.5米，而城南地面高程在30.5~31.5米，遇强降雨通过三条清河向城区倒灌，特别是五道河汇集阜南公路两侧农田积水，汇水面积流量大，通过中清河向城区排水，城区内涝排水的压力依然很大，加之目前城市抢排涝能力仅为20立方米/秒，严重不足，若遇24小时降水量达150毫米以上，仍会受内涝之灾。

五、今后目标

根据阜阳城市沟河塘治理专项规划，我们编制了阜阳市沟河塘环境综合治理工程一期项目，总投资1.14亿元，并向银行申请争取了贷款。按照建设计划，2005年着重抓好南城河治理工程，主要是对沿岸10~20米范围内实施拆迁安置，高标准做好护坡、绿化和美化等工程；其次是实施二期活水工程，即开挖疏浚二道河（东清河至西清河）、沟通三条清河，对中清河、西清河的南城河至二道河段河道进行清淤疏浚，在东清河建设节制闸，使从西城河电力排涝站引入的泉河水，途径西城河、南城河，流入中清河、西清河和二道河，让中西清河的水也活起来。今后一个时期疏通水系、治理河道的任务还十分繁重。亟须实施的有以下工程：一是五道河沟通水系工程。即从阜王路八里松，向东疏通开挖部分河道与华桥沟连通，新开挖河道

2.6千米左右，使汛期的城南区域的来水直接通过五道河进入华桥沟，排入颍河。二是建好节制闸工程。分别在东清河、中清河、西清河建设节制闸，有效地控制郊区积水向城区倒流，减少城区内涝积水来量，缓解城区内涝积水抢排的压力。三是新建排涝站。将华桥沟现有涵闸改建成规模在22立方米/秒流量的排涝站，解决外河水位顶托时的排涝问题，既可排除城区内涝，又可排出城南部农田积水；在东城河北端黑龙潭新建双向翻水站一座，内涝时可组织抢排，也可引泉河水冲释改善内河水质，让东城河死水活起来，创造良好的城市生态环境。

案例7　信丰拦河坝究竟如何

江西省赣州市副市长 林泽华

（2005年10月）

一、决策时的争议

某市城区内，有信、丰两条河流穿城而过，构成“两江三岸”的城市风貌。近年来，该市提出城市建设中要发挥自然生态优势，充分“显山露水”，打造园林城市。以此为指导思想，决定在城市规划区的信丰河下游兴建拦河坝，形成城区景观水面，同时利用拦蓄的水能发电。

对信丰拦河坝建设，该市社会各界给予极大的关注。人们对拦河坝给城市带来的利弊影响有着争议。

决策者认为：拦河坝建设将大大改善城市环境和提升城市品位，体现了以人为本的科学发展观。其理由是：

（1）拦河坝的建成，可以调节城区小气候，特别是炎热的夏季，大面积水面对改善城市的热岛效应有积极意义。

（2）可以大大提升城区主体水面景观的美学价值。水坝建成后，即使在枯水期，城区水面面积也能达743万平方米，可在主河道和两条支河上形成总长度1740米、宽400~500米（局部可达宽800米）的主体水面景观，波光粼粼的河水将使城市充满灵动之气，城市品位得到大大提升。

（3）为创建园林城市打下良好的基础。根据该市的《山水概念规划》，拦河坝蓄水后，下一步一方面将重点加大滨河、滨湖绿化带的建设，把握好绿化的整体效果，建设一定宽度的绿化带，充分发挥环境效益和生态效益；另一方面突出以居民密集、位置重要的游园、绿带为重点，精雕细刻，建成风格各异的园林景观，从而建成一个以河湖水面为中心，滨水绿化带、亲水景点为主题的城市园林体系，城市面貌将焕然一新。

持不同意见人士则认为：拦河坝建设忽视了河流的生态价值和综合环境价值，将破坏区域的可持续发展。其对现时兴建拦河坝提出了诸多疑问。

有的认为：流水在静止时所经历的化学、热力和物理变化，会对河流的水质产生严重影响，进而对坝区和下游的河流造成污染。在大坝后面储存了数月甚至几年的水，对大坝以下几十公里远的河流生物来说是致命的。水坝在截留沉积物的同时，也截留营养物质，因藻类大量生长导致坝区的水富营养化，使水质不适合饮用和工业使用。水坝蓄水后，被淹没的植被和土壤的分解以及腐烂的有机物会大量消耗水中的氧气，并释放沼气和大量二氧化碳，同样导致温室效应。

还有的认为：筑坝蓄水后，坝以上水位上升，河水自然更替受限，水体自净能力将会大幅度降低。由于该水坝以上地段存在污水处理空白、污水处理设施不完善、截污不完全的问题，水坝蓄水后，将直接加剧该区段饮用水源的水质恶化。目前在该坝以上城区段尚有饮用水源取水口有5个，各类排污口36个，其中17个为自然排污口，19个为人工排污口。特别是在该河两岸尚有一个工业园区，还有一些有污染的企业，甚至是比较重污染的企业，这些企业中有的还没有按照规定实现工业废水的零排放；同时，该河沿岸县城、乡镇均未建设污水处理厂，沿岸一些地方随意倾倒建筑和生活垃圾的现象也不为鲜见。所以，以目前R城的污水处理和垃圾处理水平现状看，蓄水后坝内的水质恶化可能性很大，届时城区水面对城市环境将产生负面影响。

还有的人尖锐地指出：拦河坝建设在给今天的城市带来美化的同时，也给这个城市的明天埋下了祸害。由于水坝所带来的综合性损害是不可逆转的，将破坏生态进而带来某些物种的消亡，一旦形成就无法恢复；同时，水坝对长期的、整体的经济、环境和社会效益的损害，使得以后的政府不得不拿出比现在水坝建设所获价值多得多的钱来进行河体的维护和恢复。这项不能实现长远的、根本的、可持续的工程，破坏了经济上的有效性、社会上的公平公正性和环境上的可持续性，这对后代是不公平的，是不符合科学发展观要求的。

尽管人们对信江拦河坝工程该建与不该建众说纷纭，但该项目于2001年5月完成了可行性研究，同年7月，召开了该水利枢纽工程可行性研究报告咨询会。2002年12月，领导拍板，计委批复，同意兴建信丰拦河坝工程。为促进工程尽快开工，市政府将该水利枢纽工程作为2003年度十大重点工程之一。目前工程进展顺利，即

将下闸蓄水。

二、下闸前的补救

随着工程建设进入尾声，不同层面的反应仍然十分强烈，特别是该市下辖的某县在建了拦河坝后，由于污水排放和处理设施的滞后，现已出现河水严重变质、发臭情况，影响了市民群众的身心健康，从而引起了新任市委、市政府领导的高度重视和极大关注。市政府多次召开信江拦河坝蓄水环保问题协调会，充分预期信江拦河坝蓄水后将带来的环境问题，采取了一系列的补救和防范措施。如在一期污水处理工程完成的基础上，正在紧锣密鼓地抓紧进行二期污水处理工程的建设；对工业园区和工业走廊的工业废水处理，坚持点源治理和集中治理相结合的原则，对重污染项目进行了整治；在该水利枢纽工程竣工蓄水之前，蓄水区域河道进行了一次全面清淤，并对饮用水源保护区的陆域、水域环境进行综合治理。近期，市政府决定，在一两年之内，将饮用水源保护区向东上移十几公里，在上游的两河交汇处设置取水点，建设日供水20万吨自来水厂，撤除目前的5个取水点。

自古以来，人们对江河就饱含着无限的深情，甚至把黄河比做母亲，给予了非常高的尊重。世界上的许多国家、民族，在他们的神话传说和宗教信仰中，也都把江河看成是生命和生育的维系者。在以可持续发展为主旋律的今天，关于水坝的争论已经越来越多，当人们津津乐道城区主体水面景观的美学价值时，往往忽视了河流维护和改善城市生态这一更加重要的作用。或许真如一位学者所讲：“也许没有什么东西比水坝更像一把双刃剑，我们在享受它带来的利益的同时，也不得不承受它给我们的自然和社会造成的负面影响。”

当人们充分了解了这些情况之后，又会如何看待那城那河那坝呢？一切都得让实践来检验了。

案例8　青龙涧河治理——城市规划建设管理案例

河南省三门峡市副市长 赵光超

（2005年7月）

青龙涧河是黄河的一级支流，发源于陕县境内，由东南向西北，经三门峡市区西南缘流入黄河。该河全长40.38公里，其中流经三门峡市区12.4公里，总流域面积478平方公里，多年平均流量为0.3平方米／秒，历史上最大洪峰流量2740立方米/秒，多年平均径流量5581.3万立方米，属季节性河流。

青龙涧河市区段过去因无固定河岸，形成的河漫滩及一级阶地为行洪区，虽几经筑堤治理，却均被冲毁。最严重的是20世纪80年代初一场洪灾，让城市损失之惨重令三门峡人至今难忘。经过市委、市政府连续多年的艰苦努力，昔日恶臭熏天、蚊蝇乱飞、荒草蔓延的河滩，如今已筑起两道长堤，营造出美丽景观，成为三门峡市的绿色走廊、黄金地段。有人吟诗曰：“柏油马路笔直行，万棵杨柳舞蹁跹；簇簇松柏环绿带，座座新楼耸云天；一湖碧水动光影，行人流连乐忘返……” 这也是三门峡市在资金有限、耕地紧张的现实面前，打破传统观念，在城市建设特别是经营城市方面进行的成功探索。

解放以来，青龙涧河先后进行过三次治理

首次治理。1975年冬，原三门峡市委组织市直机关、各大厂矿企业、学校和交口、崖底两公社的社员群众，自上游入湖滨区境处到下游六峰路涧河桥下2公里处的河段，全用沙石堆成坝堤，按照单位人数分配任务。日出工1.4万人。到1977年春，[①] 共

① 注释：本案例取材于三门峡市城市建设实践，属于城市规划建设案例，案例中提到的个别数据未经进一步核实。

投入工日33万个，完成土石方94万立方米，堆筑沙砾石河堤长4万余米。由于1977年夏季大雨，山洪暴涨，90%以上河堤被冲毁。

第二次治理。1977年冬，原三门峡市委在总结第一次筑堤失败教训的基础上，改干堆沙砾石堤为浆砌沙砾石堤，上游河床底宽40米，下游河床底宽50米，河堤基础均深2米，堤均高2米，宽1.5米，坡比为1：0.5。自1977年冬动工，到1982年春，共筑堤长2.99万米，垫地5500亩。1982年8月2日，连降暴雨，加之上游水库失控，洪峰流量高达2024.48立方米/秒，将已建成的浆砌石堤冲毁2.61万米，占总建堤长的87.2%，冲毁耕地5391亩，冲毁水利工程26处，洪水涨至六峰路涧河桥上35厘米。二次治理所筑河堤唯有上游交口乡南梁村2000多米河堤没有被冲毁，堤内的120亩土安然无恙。

第三次治理。按50年一遇防洪标准，河道底宽140米左右，投资3.5亿元，先后共分四期，历时10年，对三门峡市区段12.4公里涧河主河道实施综合治理。1996年6月，一期治理工程开始，东起六峰桥，西至209国道涧河大桥，长3200米；2001年开始实施二期治理工程，西起六峰桥，东至九孔桥，长1300米；2002年开始实施涧河三期治理工程，西起九孔桥，东至陇海铁路贺家庄桥，长1500米；2004年开始实施四期治理工程，东起连霍高速公路三门峡出口，西至陇海铁路贺家庄桥，长4800米。在对涧河主河道进行综合治理期间，2002年在青龙涧河入黄河口处修建青龙涧河大坝，建设天鹅湖景区，总投资9000万元，增加常年水面5000亩，库容700万立方米。

（一）一期、二期治理工程

1996年6月动工，2001年年底竣工。治理范围东起九孔桥，西至209国道涧河大桥，南至金昌路，北至五原路，部分地段向北扩展到虢国路，东西长4500米，南北宽约600米，总投资12400万元。一期治理启动时，三门峡市本级财政十分困难，每年可用于城市建设的资金不到1000万元。为筹措治理资金，市政府专门出台文件，规定"用于河道治理及土地征用、青苗补偿的资金，主要靠涧河治理后土地的升值及财政拨款和银行贷款解决"，"动员市区的单位和个人义务劳动和捐献"，为缓解资金压力，文件还规定"征地款三年付清，其中第一年付清赔青款，其余两年付清。到时未能付清，按银行有关规定加付利息"，施工单位"在工程施工中发生的费用，除付给生活费、机械用油及部分材料用款外，其余工程款项以地抵顶"。一期、二期治理面积340万平方米，除去河道、绿化、道路用地外，新增可利用建设用地60万平方米，累计实现土地出让收入14400万元，扣除工程投资12400万元，财政净收益2000万元。

（二）三期治理工程

2002年8月动工，2003年6月竣工。治理范围西起九孔桥，东至陇海铁路贺家庄桥，南起金昌路，北到虢国东路，东西长1500米，南北平均宽355米，总投资5200万元，其中征地费用1840万元，工程费用2900万元，其他费用460万元。涧河三期总占地54万平方米，其中河道用地21万平方米，绿化用地3万平方米，道路用地6万平方米，新增可利用建设用地24万平方米。三期治理资金按照“以地换河”的思路，全部由投资商筹集，政府将治理后新增的土地出让收益全部留给开发商。预计土地出让收入5450万元，扣除工程投资5200万元，项目尚能结余250万元。

（三）四期治理工程

2004年10月动工，预计2005年年底竣工。治理范围东起连霍高速公路三门峡东出口引线东300米，西至陇海铁路贺家庄桥，南至金昌路，北至崤山大道，东西长4800米，平均宽395米，总投资1.7万元，其中征地拆迁费用5600万元，工程费用1.1万元，其他费用400万元。涧河四期总占地190万平方米，其中河道用地76万平方米，绿化用地24万平方米，道路用地20万平方米，新增可利用建设用地70万平方米。预计土地出让收入10 500万元，与投资相抵，项目预计亏损6500万元。四期治理资金全部由政府筹措，主要利用工程承包商垫资、财政投资和开发银行项目贷款。项目亏损部分财政全额予以补贴。

（四）青龙大坝工程

2002年9月1日正式开工，坝体工程2003年4月竣工，天鹅湖景区工程2005年4月竣工。主要对209国道桥以西至青龙涧河入黄河口处的下游河道进行整治，筑坝、拦湖、造景。青龙大坝为坝桥两用工程，坝长1060米，平均坝高9.5米，顶宽14米，坝闸门段200米，矗立着30个桥墩，总投资3270万元；天鹅湖景区配套建设投资5730万元，形成湖面5000亩，已成为白天鹅重要栖息地。建设资金来源全部为政府投资。

青龙涧河治理有效缓解了城市居住用地紧张的状况，也为城市建设提供了新的空间，开辟了一条利用非耕地发展城市经济的路子。昔日污水横流、沟沟岔岔、蒿草比肩的涧河乱滩，今日已矗立起一排排规划整齐、别致漂亮的各式楼房，“扎”起的几道橡胶坝，使整个涧河下游河道碧波荡漾，如同一条玉带佩在三门峡市的胸前，辽阔的湖面上成千上万只白天鹅或悠然嬉戏，或展翅飞翔……向乱石滩要地，让荒滩变“金”，青龙涧河治理改善了三门峡市民的生活环境和城市景观，为城市发展创造了新的空间，已经产生了巨大的经济效益、社会效益和生态效益。

案例9 王运宏不服市建设委员会房屋拆迁裁决案

湖北省随州市市长 祝金水

（2005年7月）

2001年3月，某市人民政府决定由锦榕房地产开发公司（以下简称锦榕公司）对城区解放路西段危旧房屋按照规划统一实行拆迁改造，扩建道路，建设高标准住宅小区。锦榕公司依照有关法规，在实施房屋拆迁前，办理了房屋拆迁批文，取得了《建设用地规划许可证》、《投资许可证》、《房屋拆迁许可证》，报批并印发了《房屋拆迁补偿安置方案》，于2001年3月16日实施房屋拆迁。

居民王运宏，在拆迁范围有一间建筑面积为99.85平方米砖木结构的平房，其《房屋所有权证》核定的用途为住宅，面积为87.05平方米，另12.80平方米无任何报建手续，属私自搭建的违章建筑。该房建设较早，土地使用权系无偿划拨方式取得。房屋的前半截被王运宏私自改为营业用房，出租给他人做医药商店，后半截为住房。整间房屋占道路“红线”面积70.17平方米，占规划拆迁改造面积29.68平方米。（含违规搭建的12.80平方米）

在房屋拆迁实施过程中，拆迁人锦榕公司与被拆迁人王运宏因房屋拆迁补偿安置费发生争议，王运宏要求房屋拆除后，在原址按拆除房建筑面积还一楼门面营业房，且被拆除房屋吊顶的面积要按正规房屋的价格补偿。后经解放路西段拆迁改造指挥部和锦榕公司反复做工作，才同意将其房屋先行拆除，但拒绝签订补偿安置协议。王运宏房屋被拆除后，锦榕公司开工建设商品房。期间，因王运宏未与锦榕公司达成补偿协议，王运宏及其亲属多次将锦榕公司在拆迁原址砌的围墙推倒，强行阻碍施工。锦榕公司认为王运宏所提补偿要求过高，不能接受，故申请行政裁决。市建设委员会依据国务院《城市房屋拆迁管理条例》第14条的规定于2001年8月16

日作出该市建行裁字 [2001] 21号《房屋拆迁补偿安置裁决书》，裁定补偿金额为59442.40元。王运宏不服裁决，于2001年10月24日向市中级人民法院提起行政诉讼，该院于2001年12月21日作出一审判决：维持市建设委员会行政裁决。王运宏不服，于2002年1月13日向湖北省高级人民法院提起上诉，省高院于2003年7月21日以[2003]鄂行终字第28号行政判决书作出终审判决：认为某市建设委员会“裁决行为认定事实清楚，且符合法定程序。但是，被上诉人作出的某市建行裁字 [2001] 21号裁决书仅引用了《城市房屋拆迁管理条例》第14条、第15条和第20条规定，而上述条文并未对拆迁补偿的具体标准作出规定。因此，认定被上诉人裁决上诉人补偿59442.40元无相应的规范依据，该裁决依法应予撤销”。并责令某市建设委员会对王运宏与锦榕公司拆迁补偿争议重新作出裁决。

建设委员会接此判决后，对原裁决进行了重新审核，认为王运宏的房屋不属于可进市场交易的商品房，只能作为私人住宅，既不能按营业房作价补偿，也不能实行房屋产权掉换，其拆迁补偿不应含土地价值。根据《城镇国有土地使用权出让转让暂行条例》第47条“无偿取得划拨土地使用权的土地使用者，因迁移、解散、撤销、破产或其他原因停止土地使用的，市、县人民政府应当无偿收回其划拨的土地使用权”的规定和国务院法制办印发的《城市房屋拆迁管理条例》释义“房屋用途是指被拆迁房屋所有权证书上标明的用途”的解释以及《某市人民政府关于印发城市房屋拆迁管理实施办法的通知》第16条“被拆迁房屋的权属、结构、建筑面积、用途等基本情况的确定，以市房地产管理部门核发的《房屋所有权证》为准”的规定和《湖北省城市房屋拆迁管理实施细则》第34条“出租给他人使用的私人非住宅房，按住宅安置”的规定，以及《某市物价局关于确定九六年房屋基准重置价格的通知》规定，重新裁定如下：

（1）对拆除占道路红线内70.17平方米的房屋面积，每平方米按670元作价补偿47013.90元；（2）对拆除道路红线面积后，剩余16.88平方米沿街面房屋，每平方米按2300元作价补偿38824元；（3）对违章搭建的12.80平方米的住宅房，每平方米按420元作价补偿5376元；（4）对87.05平方米的房屋简易吊顶，每平方米按50元作价补偿4352.50元；（5）水、电开户依据供水部门和供电部门收费标准，按2500元补偿；（6）搬家补助费按S政发 [1991] 31号文件的规定，补助200元。合计补偿98266.4元。

此裁决书下达后，王运宏仍不服，向市中级人民法院再次提起行政诉讼，该院一审判决维持市建设委员会行政裁决。王运宏继而上诉至省高院。

王运宏上诉称：（1）房屋拆迁主管部门是市房产管理局，被上诉人市建设委员会不是城市房屋拆迁主管部门，无权作出房屋拆迁补偿安置裁决；（2）被上诉人市建设委员会适用《城镇国有土地使用权出让和转让暂行条例》的规定对被房屋占用的土地不予补偿，用1996年的房屋重置价作为房屋补偿依据，适用法律错误。裁决将房屋分为红线内、外两部分，用不同标准补偿没有法律依据。请求撤销一审判决及市建设委员会的裁决。

省高院审理认为：1991年发布的《城市房屋拆迁管理条例》第14条第（1）款规定：拆迁人与被拆迁人对补偿形式和补偿金额、安置用房面积和安置地点、搬迁过渡方式和过渡期限，经协商达不成协议的，由批准拆迁的房屋拆迁主管部门裁决。被上诉人市建设委员会是批准市解放路西段旧房拆迁的行政机关，且该市编委《关于设置市建设委员会及其直属机构等问题的通知》已确定被上诉人S市建委是该市房屋拆迁的主管部门。因此，市建委有权对该市的拆迁安置补偿纠纷进行裁决，上诉人认为该市建委不是城市拆迁行政主管部门的理由缺乏事实根据。上诉人房屋所占有的土地属国有土地，其要求在拆迁中对土地价值进行补偿缺乏事实和法律依据。1996~2001年，该市的房屋基准重置价格未作调整，且调整基准重置价不是该市建委的职权范围。被上诉人市建委裁决中的补偿标准，是《解放路西段旧房改造房屋拆迁安置补偿方案》所确定的标准，已在大幅度高于该市1996年房屋基准重置价的基础上，又将上诉人临时建的房屋按住宅房补偿，实际上照顾了上诉人的利益，上诉人认为被上诉人市建委是按1996年的重置价确定补偿标准与事实不符。《某市城市房屋拆迁管理实施办法》是该市政府根据《湖北省城市房屋拆迁管理实施细则》的授权并结合当地实际情况制定的规范性文件，该《办法》对红线内和红线外被拆迁房屋的补偿标准有不同的规定，被上诉人该市建委以此依据作出裁决，并未违反法律规定。综上所述，上诉人提出的上诉理由因无相应的法律依据，均不能成立。原审判认定事实清楚，适用法律正确，审判程序合法。依照《中华人民共和国行政诉讼法》第61条（1）项的规定，判决如下：驳回上诉，维持原判。二审案件受理费2000元，由上诉人王运宏负担。本判决为终审判决。

省高院[2004]鄂行终字第82号判决书下达后，拆迁人锦榕公司通知王运宏领取该市建设委员会裁定的98266.4元拆迁补偿费，王运宏提出补偿费不能低于25万元，否则决不允许锦榕公司施工。锦榕公司则坚持按判决书执行，并请求该市解放路西段拆迁改造指挥部协调判决书的执行，而该指挥部认为稳定压倒一切，要求双方各退一步，王运宏“少要一点”，锦榕公司“花钱买平安”。

至今，王运宏被拆除房屋旧址上依然是一片废墟，在某市繁华亮丽的解放路上形成了一条独特的“风景线”。

案例10　复兴的土地整理与新农庄建设

四川省成都市副市长　邓全忠

（2005年7月）

复兴是成都市下辖蒲江县的一个较偏僻的乡。这里经济发展水平并不算高，耕地利用系数低，农田田块小、田埂宽大，农民人均宅基地较多（人均宅基地216平方米），土地后备资源丰富。2004年7月经四川省国土资源厅批准立项，成都市选择在此实施城市建设占用耕地占补平衡项目。土地整理项目整理区位于复兴乡场镇南面，属小五面山丘陵地区，涉及复兴、广东、彭河、李营、鸳鸯五个行政村40个村民小组，1560户，5096人，劳动力2819个。总面积23535亩，其中耕地8638亩，占36.7%，农村居民点及工矿、交通、水域、园地、林地、未利用地、荒草地14896亩，占63.3%。预期通过实施土地整理，增加耕地3700亩，新增耕地率15%以上。

一、提出问题

在成都市委、市政府关于统筹城乡经济社会发展，推进城乡一体化战略的指导下，蒲江县对这次复兴乡土地整理项目的实施，寄予了新的期望：即在坚持"保护耕地，服务三农"宗旨，大力加强农业综合生产能力建设，确保耕地增加面积达到规定要求的前提下，跳出单纯就土地整理说土地整理的传统模式，创新思路，把土地整理与统筹城乡经济社会发展，推进城乡一体化相结合，充分利用项目区等土地后备资源丰富的优势，科学规划，高标准建设，力求做到把土地整理与改善农村生产生活条件，促进农民增收相结合。坚持用统筹的理念，通过对项目区田、水、路、林、房的综合整治和电力、给排水、光纤、电话等配套基础设施建设，努力改善农业生态环境，增强农业抵御自然灾害的能力；推进土地规模经营，大力发展农业产业化；改善农民居住条件，加快新农庄建设。

二、主要做法

（一）坚持规划先行

规划是龙头和基础。复兴土地整理和新农庄建设以规划为指导，有关部门多次深入项目区实地调绘，现场勘测，充分把握基本情况，找准基础数据，特别是项目区存在的主要问题，同时广泛征求国土、建设、交通、环保、卫生、农发、水利、林业等方面专家和广大群众意见和建议，以此为基础，编制了土地整理规划和中心村与聚居点、生活配套设施、居民房屋风貌、中低产田改造、农田水利整治、村社户田道建设、旧宅基地复垦、防护林建设、小流域综合治理、养殖小区等详细规划，为土地整理项目和新农庄建设的实施提供了科学翔实的依据，力求做到科学化、规范化、标准化、法制化建设。

（二）做好群众工作

土地整理和新农庄建设涉及项目区农民的切实利益，农民的认识程度、支持程度、参与程度直接影响项目建设的成败。由于此前没有规模土地整理的范例，农民心中没底，预期茫然。复兴乡采取用事实说话的办法，先进行试点，让群众看到实实在在的效果；再辅之深入细致的思想工作，全面推行“一区（党员干部责任区）两卡（党员服务卡、干部为民服务卡）一员（政务监督员）一站（流动信访接待站）”工作制度，广泛宣传土地整理的重要性和必要性，使农民逐步理解、支持和参与。项目区广大群众充分认识到了土地整理带来的好处，支持率达100%，土地整理和新农庄建设成为共识，并转化为农民积极协助和参与项目区建设的自觉行动。

（三）严格招投标工作

为了把项目建成“廉洁工程”，复兴乡土地整理切实按照国家和省市县招投标有关规定，坚持公开、公平、公正的原则，采取委托招标组织形式，对招标代理机构进行了公开比选；采取无底价方式，对所有建设工程进行了公开招标；全力推行建设工程监理制，对工程的每一个环节的施工工艺、进度、质量等进行全面监督；对建设施工单位实行建设工程承包合同、廉政合同、安全合同“三合同”管理，确保把土地整理项目建成满意工程、安全工程、文明工程、廉洁工程。

（四）各方通力配合

土地整理工程的实施，需要各个方面的专业技术人才，需要国土、建设、农发、水务、交通、农机、林业、电业、电信等相关部门和乡村的协调配合。为了保证工程的顺利实施，相关部门和乡镇紧密配合，在人员少，自身工作也十分繁重的

情况下，分别选派了3~6名专业技术人员和骨干力量，由一名领导带队，脱产到土地整理办公室工作，土地整理办公室按照各自的职能和专长，分别组建土地开发、水利、道路、林业、小区建设等专业指导组和宣传协调组，负责土地整理相关工作的具体组织实施，明确分工，落实责任，严格考核，奖惩过硬。

（五）高标准建设

为了把土地整理和中心村、聚居点建设真正建成群众得实惠“满意工程”，实施中严把施工单位资质，要求必须三级以上，并对施工队伍进行岗前培训，促使其操作技能更加规范有序。把握好总体建设，注重细节流程，努力使建设工程的每一个环节、每一个细节都完美无缺。在坚持质量优先的前提下，加大项目建设力度，倒排工作时间和工程进度，努力做到又快又好地建设。严格项目监督，特别是加强项目实施过程的监督，确保项目建设经得起群众和历史的检验。

三、取得成效

通过对项目区田、水、路、林、房的综合整治，不仅达到新增耕地面积，为工业经济和城市发展提供资源保障的目的，还切实有效地改善了农田耕作条件和农民生产生活环境，提高农业综合生产能力，实现农田增产、农业增效和农民增收，同时还达到推进城乡一体化的目的。

（一）极大地改善了农田水利基础设施，促进了农田增产、农业增效、农民增收

通过坡改梯、田块平整归并、田埂沟渠裁弯取直、未利用地开发、宅基地整理复垦等措施，新增耕地3796.35亩，净增耕地率达16.13%；通过对排灌渠、山溪堰、山平塘、蓄水池、水毁河堤等水利设施的建设和改造，提高了灌溉和排洪能力，改善和新增灌区3200亩，改造下湿田1400亩；通过村社道路和农田耕作的整治和新建，形成了村社通水泥路（油路）、户通碎石路、农田300米内通泥结碎石道的交通网络；通过沟渠、道路的绿化，基本建成了完整的农田林业防护体系。以上农田水利基础设施工程的实施，大大改善了农田耕作条件，有效提高了农业综合生产能力。据初步测算，土地整理后，项目区农田复种指数由2提高到2.5，特别是1400亩下湿田复种指数由1提高到2.5，土地流转租金由每亩50~300元上升到每亩200~600元，加之新增耕地的产出，预计项目区仅农田就人均增收上千元。

（二）加快推进了土地的规模经营，促进农业产业化的快速发展

通过土地整理项目区农田耕作条件极大改善，促进了土地流转加快。该乡以土地整理为契机，由政府牵头成立土地流转中心，大力鼓励土地流转，推进土地向规模经营集中。项目区充分利用土地整理的优势，大力开展以地招商、项目招商、网上招商，目前已引进蔬菜规模种植业主5个，流转土地700亩，签约猕猴桃种植加工项目1个，流转（种植）面积1.5万亩（首期3000亩），投资1.2亿美元。土地租金由整理前普遍300元左右提高到600元左右，土地整理新增面积作为集体土地，全部进行流转，预计年租金达200多万元，壮大了集体经济。有效促进了“一辣（辣椒）一果（猕猴桃）一香（茉莉花），富民兴乡”经济发展思路的实施和“川椒第一乡”、“猕猴桃之乡”、“茉莉花之乡”的快速发展。建成了川西第一大辣椒专业市场，并以市场建设为龙头，大力发展以生猪、茉莉花、蔬菜（主要是辣椒）、猕猴桃等为主的适度规模特色产业。

（三）改变了农民的居住方式，推进农民向城镇和聚居点集中

按照统一规划、统一设计、统一风貌、统一建房补助（每人2500~3000元），农户自愿和自建的原则，对项目区散居农户进行搬迁，高起点规划了柳溪小区（农民新村）和李营、彭河小区（农民聚居点），并投入1200多万元集中配套水、电、路、沼气池、绿化等。为解决小区居民生产、生活用水，新修两口深井，建无塔高压供水设施，对小区居民进行集中供水；为解决小区居民养猪问题，集中建设4600平方米的生猪养殖区，实现了人居和畜牧养殖功能分区；为解决小区能源和生产、生活污水问题，集中修建了1000余立方米的沼气池，对人畜排泄物和生活污水进行集中处理，产生的沼气又集中供气；同时抓好垃圾处理、路灯、体育设施、闭路电视、电话和邮箱以及卫生医疗站等配套设施建设；并对紧邻小区的复兴场镇和周边自然村落的621户农房进行以“一池（沼气池）五改（改水、改房、改厨、改厕、改圈）”为主要内容的生态家园建设和川西民居特色的风貌整治，村容镇貌焕然一新。目前已聚集农户412户1522人，占项目区总户数的26.4%。得到实惠的农民骄傲地说：祖辈们日思梦想的“沟端路直树成行，条田机耕新农庄”现在真正实现了。

案例11　咸宁市环卫局管理体制改革历程的案例分析

湖北省咸宁市副市长 张建平

（2005年7月）

一、咸宁市环卫局体制改革历程简介

咸宁市环卫局于1999年成立，在册职工225人，其中行政管理人员39人（收费人员近16人），清扫清运人员186人。主要承担全市环卫行业管理和咸宁温泉城区市容环卫执法和主次 13街道近100万平方米的清扫、清运、保洁和洒水等工作。

咸宁是一座发展中新兴中等城市，随着经济建设的快速发展，城市规模不断扩大，城市面貌焕然一新。为适应咸宁城市经济和城市现代化发展的要求，市环卫局解放思想、大胆探索，从实际出发，按照“以市场为取向，管理法制化、作业企业化、运行市场化”的目标，逐步建立事企分开、管干分离、调控有力的现代新型管理体制和适应市场经济需要及符合市容环境卫生事业发展规律的运行机制，于2000年开始对原由政府统管包办、事企业合一，管理和作业职能不分，经费投入渠道单一的传统管理体制进行全面改革。逐步形成“事企分开、管干分离”和“企业化管理、社会化服务、市场化运作”的新型管理体制和现代运行机制。

由于我国城市市容环卫事业改革没有固定指导模式可遵循，自2000年开始进行体制改革以来，咸宁市环卫局管理体制改革发展历程可谓一个循序渐进、不断探索、不断完善，由量变到质变的曲折改革发展过程，期间历经两次大的管理体制改革阶段：（1）2000年“管理体制机构调整”的改革阶段。随着咸宁市经济快速增长和城市规模不断扩大，传统计划经济体制下形成的事企合一城市市容环卫管理体制所暴露出来行政管理和环卫作业职能不分，作业服务水平不高，岗位不到位，环卫干部职工责任心不强，缺乏必要竞争和工作激励机制，“大锅饭、铁饭碗”工资分配制等一些问题，市环卫局开始有针对性的内部管理体制改革，这个阶段改革的重点主要体现在三个方面：一是人事用人制度上的改革。将全局14个中层班干部岗位全部放开，在全局内实行公开选拔，竞聘上岗，使一批德才兼备、年富力强的同志充实到管理层上来，增强了干部队伍整体素质。二是实行管干分离。全局将机构进行重新设置，共设置办公室、财务科、环卫管理科、执法大队、清扫大队、清运中队6个科室和二级单位，将当初全局193人的身份进行明确，其中从事管理人员精减到39人，作业人员154人，改变原来管理和作业职能不分，人员职责不明的状况，形成分工明确、职责清晰的管理体制。三是制定环卫工作经济目标责任承包制。对执法大队、清扫大队、清运中队负责人实行岗位经济目标责任承包制，通过定任务、定经费、定质量、定奖惩“四定”方式，打破“铁饭碗”，增强各部门主观能动性，提高工作效率和环卫作业及管理水平。（2）2005年“管理体制全方位”的改革阶段。随着国家对推进全国城市市政公用行业市场化进程一系列政策措施的出台，面对新形势的要求，咸宁市环卫局在原来的改革基础上，对现行管理体制进行全方位、深层次的改革；这个阶段的改革主要体现在事业单位转制、产权结构调整和作业市场培养等诸多方面，具体为：一是实行事企分开。将原清扫大队和清运中队改制为清扫公司和清运公司，对部分人员进行身份转换；彻底实现事企分开、管干分离。二是将清扫和清运推向市场。将所承担的城区十四条主次街道清扫、清运、保洁、洒水等环卫作业任务，对外公开招标，卖断到人，每条街道设置一名街长，由街长与环卫局签订承包合同（一年一签），并负责所辖街道清扫工作调度、任务安排、下属人员工资发放，按合同要求，保证街道日清日扫，24小时保洁。三是实行收费招标制。市环卫局经费主要来源于政府财政投入和环卫费收入两个部分，由于咸宁市属经济欠发达城市之一，政府财力有限，只能解决一部分环卫经费，另一部分靠环卫部门通过征收环卫费来解决经费的不足。环卫费征收工作主要由环卫部门采取上门征收的方式，部分单位和市民环卫意识不强，欠费少费现象严重，征收工作十分艰难，加上部分收费人员责任心不强，收多收少一个样，因而，环卫费难以收足收齐。实行收费招标制，将任务与资金挂钩，保证了环卫费征收工作的正常开展。

5年间改革历程，有力地推动了咸宁市市容环境卫生事业发展，使城市环境卫生质量有了大幅度的提高。

二、咸宁市环卫局管理体制改革历程案例分析

咸宁市环卫局管理体制改革发展历程，有以下几个明显特点：一是管理体制改革经历由“里”到“外”，由“点”到“面”的过程。2000年的管理体制改革，为浅层次、局部性的改革，主要属内部管理机构重新整合，虽然表面上实现管干分离，但是本质还是政企合一的传统管理体制；2005年的管理体制改革，是较为深层次、全方位的改革，此阶段的改革实行了政企分开、管干分离。成立了两个企业，实现大部分职工的身份转换，但不是环卫作业市场化管理体制改革，缺乏一定的市场竞争机制。二是其改革模式对经济欠发达城市市容环境卫生管理体制有一定的借鉴作用。在经济欠发达城市中，普遍存在政府财力不足，环卫固定资产不多的问题，要在近期内完全实现城市市容环境卫生作业走向市场化，政府必须拿出一大笔资金用于企业改制、原有职工身份转换，显然是不现实的。因此，环卫管理体制改革必须结合实际，符合自身特点。三是咸宁市环卫局现行管理体制改革中尚存在问题主要为：对市容环境管理缺乏长效管理机制的探索；对环卫相关费用收费上缺少政策性保障措施的研究；从改革过程来看，对环卫作业市场培育不够；环卫改革的相关配套制度和政策法规有待进一步研究。

三、几点启示

从咸宁市环卫局管理体制改革发展历程来看，给人们的启示主要如下。

1．城市环卫管理体制改革必须不断摸索、逐步完善

城市市容环境卫生管理体制改革是一个复杂的系统工程，它涉及政府职能转换、管理机构设置、事业单位转制、产权结构调整、作业市场培育等诸多方面，还要考虑到职工利益保障、改革承受能力、思想观念转变和改革配套等问题，必须处理好改革、发展、稳定三者的关系。在实施环卫管理体制改革中，要“全面规划、分步实施、重点突破、整体推进”；要“因地制宜、实事求是、不断探索、循序渐进”。衡量城市市容环境卫生管理体制改革成功的基准点，主要看改革是否达到三个“有利于”，即是否有利于市容环境卫生管理的长效水平提高；是否有利于环卫作业单位内部管理水平提高；是否有利于城市环境卫生事业持续健康发展。

2．现代城市市容环卫管理体制应当为政（事）企分开、管干分离

社会主义市场经济体制和城市现代化发展，要求城市公用行业管理必须废除传统计划经济体制下形成的政（事）企合一的管理体制，实现行政管理与作业分离。

城市政府市容环境卫生行政主管部门，应从长期以来直接组织市容环境卫生作业服务，逐步转移到对城市市容环境卫生进行宏观管理和对环境卫生作业服务市场的间接调控方面来，着重抓好政策法规、行业规划、标准规范、市场管理、监督调控、行政许可和宣传教育方面的工作，依法加强市容环境卫生行政管理，不断提高城市环境卫生管理的整体水平。切实转变思想观念和工作作风，引入竞争机制、培育市容环境卫生作业服务市场，按照企业化经营、社会化服务、产业化发展的方向，加快企业化转制步伐；积极鼓励各种所有制企业参加市容环卫作业服务体系，逐步形成国有、集体、私营和外商投资等城市市容环卫作业多元化市场主体。只有实行政（事）企分开、管干分离的管理模式，才能全面提高城市环境卫生质量，创造最适宜人类居住的城市环境。

3．加大环卫经费投入是实施城市市容环卫作业市场化的必要条件

从咸宁市环卫局管理体制改革发展历程来看，环卫经费不足严重制约咸宁市环卫管理体制改革发展步伐，实行收费招标制来解决经费不足，并不是环卫管理体制改革的内容，这个现象在我国经济欠发达城市普遍存在。城市市容环境卫生是一项公益性极强的事业，要建立完善以财政投入为基础，政府、企业、社会、外资等多元化投融资机制，健全和完善有偿服务价格体系，全面推进环卫价格体系的改革，实行“谁排污、谁缴费、谁收益、谁付款”，加大环卫有关费用的征收力度，将环卫作业全面推向市场投资的稳定来源，在不断增加政府财政的必要投入外，研究制定价格政策及相关优惠政策，积极鼓励各类所有制经济积极参与投资和经营，逐步建立与社会主义市场经济体制相适应的投融资及运营管理体制，实现投资主体多元化、运营主体企业化、运行管理市场化，形成开放式、竞争性的运营格局。加大环卫收费价格体系的改革，建立有偿服务价格体系，实行“谁排污、谁缴费，谁受益，谁付款”，实行收费方式的改革，建立有偿代办、有偿服务、有偿使用等制度。

4．建立和完善政府执法与监管体系

建立健全城市市容环境卫生监管体系，加强政府监督，将市容环卫管理工作纳入政府目标管理体系，实施目标考核和奖惩；加强市容环卫执法监督，督促管理部门依法行政，严格办案程序，提高市容环境卫生执法水平；加强社会监督，接受广大群众和新闻媒体监督。

5．建立和完善改革的相关配套制度和政策

（1）实行“以费养事”政府市场采购制度。在市容环卫作业服务走向市场的改革进程中，应相应改革长期以来实行的财政拨款制度，将“以费养人”的拨款制逐步变为“以费养事”的市场采购制。政府应以环卫作业定额和合理的成本、利润与税收为依据，确定各类环卫作业“服务商品”的指导价格，并按照招标市场竞价产生的实际价格采购作业服务。实际价格与指导价格的差额，应留作支持环卫事业发展之用。

（2）建立市容环境卫生作业服务市场准入制度。通过制定《环卫作业服务单位资质管理办法》等法规，规定市场主体的准入条件、服务内容和相关的行为规范，以利于市场有序动作。特殊的服务项目还可以制定优惠政策吸引国内外投资主体加入。

（3）完善税收政策。事业单位转制为企业后，承担社会公益性的市容环境卫生作业服务的，应继续享受事业单位的税收政策；对政府采购市容环境卫生作业服务的，财政应给予价格补贴，可实行税费征收和合理提高政府采购价格的平等增长方式来减轻作业服务单位的税费负担。

（4）建立相应的社会保障政策。事业单位转企改制后，应允许参加执行国企改革的相应支持政策；应研究制定市容环境卫生职工特殊的社会保险政策和再就业政策；应全员实施养老保险、失业保险和医疗保险制度。有些福利待遇，可按照“老人老办法，新人新办法”处理。

案例12　独具特色的维吾尔少数民族传统民居的改造与保护

新疆维吾尔自治区喀什地区行政公署副专员 高建军

（2005年7月）

喀什位于新疆维吾尔自治区西南部，为新疆境内唯一一座国家级历史文化名城。喀什老城区是我国目前保存下来的唯一一处具有典型古西域特色的传统历史街区（以下称历史街区），喀什的传统民居、高台民居主要集中位于历史街区，其“传统历史街区的典型性、多元历史文化的独特性、伊斯兰传统建筑的艺术魅力、民族文学艺术的影响”对于研究古代西域文化发展史，研究古代西域城市变迁史和新疆发展史具有无与伦比的价值。

一、　背景与方案

历史街区保留了完整的土木建筑、清真寺建筑和传统民居，其街区形态、建筑形态与中西亚诸国的历史古城十分相似，与摩洛哥、萨那、巴格达、突尼斯、巴姆等城市比较可谓异曲同工，形同媲美。街区具有完整的庭院式和尽端式街巷，形成狭窄深邃的步行空间，连续而互相渗透，外粗内秀，适度宜人，适合当地自然气候环境和民俗风情；街区民居和高台民居多以土木、砖木构成，大多已保存80~150年，最古老的民居已有360余年历史，历经沧桑而存其原貌，是研究新疆少数民族生活习俗和建筑特色的重要物证。

历史街区面积约4.25平方公里，占市区面积的12%，常住人口13万，居民 25160户，平均每平方公里人口密度3万~3.5万，局部密度达4.93万，这样的人口密度在国内其他城市也是罕见的。街区人口居住密集，基本上每户居民都在房顶上有两层到

三层的居房，“自来水墙上挂，垃圾靠风刮，污水靠蒸发，房顶建厕所”恶劣的人居环境就是其真实写照。

喀什为地震多发区，地质为湿陷性黄土结构，透水性极强，又处于六大构造体系的交会部分，其构造运动和地震活动十分频繁，是高地震烈度区；在“文革”期间“深挖洞”，历史街区挖掘地道近24公里，未经任何修复处理，在街区巷道不具备排放雪、雨水条件的情况下，经30多年震压侵蚀和雪、雨水浸泡，不时发生塌陷事故，造成大批民房倒塌、开裂、倾斜，危及居民生命和财产安全。

历史街区街巷有28条，街巷道路最宽处仅有6米，窄处不足1.5米，大部分地段机动车无法通行，公共交通十分困难。由于巷道曲折狭小，在发生火灾等各种灾害需要紧急救助时，救助车辆和设施都无法进入，一旦遭受灾害，其后果不堪设想。

历史街区与历史遗迹、历史文物一样，具有独特悠久性、特质性、脆弱性和不可再生性，保护历史街区的文化特色和古老建筑以及极大改善人居环境，成为刻不容缓的历史任务。鉴于此，迅速降低街区人口密度，有计划地外迁、疏散部分人口，对街区民居进行必要的抗震加固，对部分基础设施进行改造是以人为本、构建和谐社会的重要举措，对提高街区居民的生活水平，保障人民的生命财产安全，维护社会稳定，促进地方经济发展具有重要意义。

1999年4月中旬，国家地震局、计委、经贸委和信息产业部联合赴新疆检查地震应急工作情况，提出了喀什老城区（历史街区）地震灾害隐患严重，急需采取措施加以解决的意见。意见得到了时任国务院副总理温家宝的高度重视，并批示“请建设部牵头，计委、地震局、宗教局、文物局参加，会同新疆维吾尔自治区政府，研究提出喀什市老城区改造意见，此项工作涉及地震问题，比较敏感，要周密考虑，讲究方式，注意内外有别，避免引起群众思想波动，确保社会稳定”。1999年8月，建设部与国家计委根据调查评估情况向国务院提交了《关于解决新疆喀什市老城区抗震防灾与历史文化名城保护问题的请示》。1999年11月按照“统一规划，因地制宜，先急后缓，分期实施”的十六字方针，以及“资金跟着项目走，项目跟着规划走”的原则，组织编制了《新疆喀什市抗震防灾及历史文化名城保护项目建议书》。2000年10月，编制完成了该项目的可行性研究报告；11月，通过可行性研究报告的现场调研和评审；12月，国家计委批复可行性研究报告。

国家批准的项目工程方案的主要内容包括：一是降低老城区人口密度，从原有的常住人口25160户中除需要拆后重建和加固处理的危房23597户外，需要外迁5000户居民，其中搬迁1784户后腾出的占地用于历史街区疏散主干道的市政基础设施改造，外迁3216户属于疏散居住密度搬迁户。二是规划建设2个（1号小区、2号小区）内外配套基础设施齐全、环境优雅的外迁安置小区用于5000户居民的拆迁安置，总建筑面积36.02万平方米；拆迁采取对搬迁户经济补偿置换小区住房、小区住房价款不足部分由搬迁户向银行按揭贷款的安置方式。三是历史街区典型民居、重点文物加固及防空洞回填和护坡的加固。喀什市政府自2001年9月以来，把此项工程作为市政府极为重要大事来抓，严格按照项目工程方案精心组织实施。

二、问题与原因

到2003年，规划建设的2号搬迁安置小区住房3000多套如期完工交付使用，该小区环境优雅，各项服务设施配套。在小区户型设计上采取了户型各异，面积大、中、小不等，适应不同生活收入和经济水平的搬迁安置户多种户型选择的方案。搬迁置换到小区的住房核算价格按照低于实际房屋建设成本价提供。建设环境优美，设施齐备的两个搬迁安置小区的目的，是彻底改变历史街区少数民族民居和高台民居恶劣的居住环境，减少因灾害造成的人员和财产损失，体现党和政府对少数民族群众的关心和爱护。

但在动员实施搬迁时，事与愿违，与项目工程规划方案要求达到预期的实施效果产生了一定的距离。国家批准的方案是，在搬迁安置上采取政府向搬迁户进行搬迁经济补偿置换搬迁安置房，不足部分由搬迁户向银行按揭贷款的方式。在实际操作上，出现了居民不愿意搬迁的情形，产生了抵触情绪。到2004年年中，5000户搬迁居民当中，在2号小区3000多套住房中只安置了419户，造成了大量的搬迁安置住房的闲置。又由于不能按时搬迁，因资金回笼原因，造成1号小区建设延后，老城区基础设施不能正常实施。

出现搬迁难的主要原因：一是历史街区的绝大多数居民是传统手工业者，无固定收入，靠做小买卖和制作小手工艺品取得收入，相当部分靠政府最低生活保障救济生活，收入水平比较低，在搬迁安置小区居住，按规定需要缴纳物业管理费和冬季取暖费等服务费用，实际收入和实际支出差距拉大，严重影响其生活问题。二是在搬迁安置小区居住，改变了居民其原有的厅院式和传统的生活习惯和习俗。三是政府补偿搬迁与小区置换住房价差部分由银行按揭贷款解决，由于银行的按揭贷款是直接面向拆迁安置居民的，收入的不稳定和收入水平问题，造成按揭贷款无还款保障，加之国家目前压缩固定资产投资规模，严格贷款程序及紧缩银根，更为该项目工程争取银行贷款增加了难度。

在此情况下，2003年年底，市人民政府向自治区人民政府提出改变原搬迁安置方案，采取对有一定经济条件的拆迁户将拆迁安置费折算为安置小区的住房面积，补偿给外迁户，让其购房；对最低收入家庭和政府最低生活保障户在补偿其安置面积后仍无力购置住房的，把安置住房作为廉租房向其出租，租金根据国家《城市最低收入家庭廉租房管理办法》确定，从应支付的拆迁安置费中逐年抵扣。新方案的实质是把国家补助的建设资金通过住房和租金的形式补偿给外迁户，至少可以在发生地震时不出现墙倒屋塌造成居民生命财产重大损失，同时扭转大量新建住房闲置的尴尬局面。到2004年年初， 采取新方案后，以廉租房的形式在搬迁安置小区安置了523户，而这些以廉租房形式安置的居民和已经搬迁的住户一样，大多数不愿意缴纳物业管理费和取暖费等应缴纳的费用，产生费用拖欠，严重影响小区管理的正常运转。

以廉租房的形式搬迁安置，已经改变了原搬迁安置方案，造成了资金回笼困难、短缺和其他基础设施改造和危房加固工程不能尽快实施的不利局面，外迁进度依然缓慢，工作难度仍然较大。在此情况下，市政府依照少数民族传统生活习惯和收入水平等因素，采取了因地制宜、加快推进搬迁的办法，以重新划地安置的形式安置了720户，居民取得搬迁补偿费后自行安置了120户。但这样实施同样又造成了安置资金的转移和工程资金的缺口。

虽然采取了各种方式的灵活性措施，到2004年年底总计搬迁了急需搬迁的1784户，占应拆迁户的35.68%。到今年年初，搬迁安置资金转移和资金短缺新问题没有解决，老问题仍然存在，剩余需要动员搬迁的3216户居民抵触搬迁的情绪仍然很大，2号小区还有2175套住房闲置。

三、措施选项

在老问题和新问题不断出现的情况下，需要认真研究如何更好地把做好历史街区少数民族传统民居和高台民居的改造和保护与加快人居环境建设的速度有机结合得更紧密、更切合实际、更体现和谐发展的历史要求。对下一步工作，各方面都比较关心和重视，提出了许多建设性意见和建议，归纳起来主要有以下几方面。

（一）要求不仅要把历史文化名城保护与抗震加固及基础设施改造之间的矛盾处理好，更重要的是保护其历史文化名城的原有建筑风貌、风格和布局

国家批准的方案中，外迁5000户腾出的空间就是要拓宽部分街巷，建设疏散广场，实施基础设施改造（供水、消防、排水、电力、电信、环卫设施等改造），这些

措施突出生命和财产保护，同时要求对其他的民居和高台面积要进行抗震加固或改建，提高其抗震防灾能力，体现了保护传统建筑和文化特色，重视人居环境建设。

2003年8月，国家文物局、自治区文物局、世界遗产考察组在向自治区人民政府提交的报告中，对喀什市历史文化遗产保护情况提出了重要意见：喀什市的城市发展面临着一些问题。老城区历史街区的居住比较拥挤，街道狭窄，目前正在进行改造，一定要考虑到历史街区的重要性，否则这种文化的特点就会消失，申报世界遗产没有喀什是不可想象的。

专家的意见和建议核心内容主要是从重视保护历史文化遗产的角度提出的，如何处理和协调好保护与改造、保护与改造的度，并能在具体实施中体现，是个现实问题。

（二）解决土地资源，以现金补偿的方式直补给搬迁居民，划地建房安置

持这种意见的同志认为，从2004年动员搬迁的实践经验来看，自行安置的居民十分有限，小区安置工作难度比较大且带来了诸多问题，而采取划地搬迁安置的工作难度相对较小，搬迁的速度比较快，划地安置又比较适合少数民族的居住和风俗习惯。按照这种意见，存在有利因素和不利因素两个方面的问题。有利因素方面，一是加快了搬迁进度，及早减少灾害隐患和安全压力；二是加快历史街区部分基础改造的进度。不利因素方面，一是国家对该项目可行性报告批复中未包括拆迁安置费，造成项目总投资中拆迁补偿费事实上漏项，3216户居民采取划地安置，再加上已经划地安置和自行安置的居民其拆迁安置费缺口越来越大，需要国家补助；二是给予了搬迁居民更多搬迁地点的选择权，但2175套搬迁安置住房闲置，造成资金占压；三是需要申请划地安置土地资源，在国家严格的土地政策下，需要申报征用农业用地，此意见与国家批准搬迁安置方案矛盾突出。

（三）将闲置的住房以经济适用房形式出让，同时采取廉租房安置、划地安置和小区搬迁安置并举的措施，以利于改变目前的被动局面，回笼资金，加快历史街区市政基础设施改造和危房改造及加固步伐

保护好历史传统文化特色，特别是保护好我国目前保存下来的唯一一处具有典型古西域特色的传统历史街区，确实是历史任务，国家和自治区给予了高度重视。但在实施改造与保护时，确实遇到了各种困难和问题，需要梳理和研究。

目前，市人民政府正采取廉租房安置、划地安置和小区搬迁安置并举的措施，计划拆迁安置居民1071户。在2004年已实施抗震加固817户的基础上，2005年计划拆除危房1686户进行原址重建，加固处理987户。

案例13　对我市第一起行政强制拆迁案件的思考

河南省鹤壁市副市长　陈凤喜

（2005年7月）

近年来，随着城市建设步伐的加快，由拆迁引发的问题日益增多，拆迁也成为突出的信访问题。一说到拆迁，便会让人想到在一片断壁残垣的废墟中一户或几户人家在缺水断电的条件下艰难生存的场面。湖南嘉禾拆迁、因拆迁到天安门自焚的朱正亮，几乎有关强制拆迁的报道矛头都是指向政府的，认为政府与开发商沆瀣一气，野蛮行政。在这种大舆论环境下，6月8日，市拆迁办向市政府提出了行政强制拆迁申请，这是我市第一起行政强制拆迁案件，以往此类案件都是申请人民法院强制执行，但今年5月，省高院下发文件，要求各地法院不再受理强制拆迁案件，按照《城市拆迁管理条例》，只得向市、县政府申请强制拆迁。

市政府该如何对待强制拆迁？强制拆迁会引起什么样的后果？从主管市长到具体办理的工作人员，每个人心里都在认真思考着。市政府接到申请后，主管城建的市长立即组织相关科室对申请进行审查，要求对当事人的资格、行政裁决程序、补偿安置协议等逐项审查，详细了解情况。初步认为该案件符合强制拆迁条件。但是接下来该如何操作？法院在强制执行过程中有一套完整的程序供使用，而对于行政强制拆迁，《城市房屋拆迁管理条例》只规定了“被拆迁人或者房屋承租人在裁决规定的期限内未搬迁的，由房屋所在地的市、县人民政府责成有关部门强制拆迁”。以致以何种形式责成有关部门、有关部门是谁、如何将强制拆迁决定告知被拆迁人、被拆迁人的救济途径如何保障等一系列问题接踵而至。市政府法制办公室、市拆迁办多次研究，并向省政府法制办、省建设厅、郑州市拆迁办、市中级法院等单位咨询、沟通，市政府主管城建的领导也多次听取汇报，要求将每一个细节考虑周全，对每一个步骤都进行反复论证，保证市政府的行为合法、合理、准确无误。强制拆迁决定作出后，又对可能引起的后果进行充分分析，制订多种方案，防范强制拆迁时被拆迁人的过激行为。最终被拆迁人经过了解法律政策，反复权衡利弊，相信了政府的公正处理，在规定时间内主动搬迁，我市第一起行政强制拆迁案件以政府、当事人均十分满意的结果告终。

反思这起案件，被拆迁人在强制拆迁之初，态度十分抵触，声称要与宪法同在，以宪法保护自身权益，誓不搬迁，到最后自觉配合搬迁工作，这种转变让我们深刻认识到，行政强制拆迁工作并不意味着野蛮执行，怎样在加快拆迁速度的同时又依法维护人民群众利益，达到政府、当事人双赢的目的，需要政府在处理此类案件时认真思考。笔者认为，在行政强制案件中，要注意以下几点。

一、要以人为本，维护人民群众的合法权益

拆迁工作政策性、社会性、群众性很强，涉及广大被拆迁群众的切身利益，直接关系到党和政府在人民心目中的形象，在拆迁过程中能否切实维护人民群众的利益，不仅影响到城市建设进度和目标的实现，也影响到社会稳定的大局。《城市拆迁管理条例》等一系列法律法规以“三个代表”重要思想为指导，拆迁工作也要以科学的发展观和正确的政绩观为指导，就我市而言，新区风景如画，为了使生活在破旧、脏乱旧城区的几十万人民也有个良好的环境，市政府下决心对旧城区进行改造，拆迁工作正是建立在加快城市建设步伐、维护人民群众利益的基础之上，处处以人为本，把“三个代表”重要思想落实在具体工作之中，才保证了我市拆迁工作的顺利开展。

二、要以理服人，坚持深入细致的思想工作

拆迁法律法规只是原则性的规定，要真正体现出党和政府对人民群众利益的维护，还要求每个部门在吃透政策法规的基础上，坚持执行政策的原则性，讲究具体实施过程中的灵活性，从各个工作环节入手，急群众所急、想群众所想，真正将维护群众利益落到实处。要进行深入的调查研究，了解被拆迁居民带有普遍性的困难，在遵循现行拆迁法规的前提下，结合具体民情，依法制定切实可行的拆迁实施方案。对于拆迁法规中有明文规定的，一定要坚定不移地贯彻执行，而对于现行拆迁法规中未作出明确规定的，可以针对具体情况制订可行的方案，以争取到更多的拆迁居民支持拆迁工作。在严格遵循拆迁法规的前提下，要善于机动灵活地处理好

拆迁矛盾。尽管拆迁政策可能十分优惠，但总会有一小部分不愿搬迁的居民，对这部分居民要区别对待。对于其中生活确有困难，被拆迁后难以达到现有居住水平的拆迁户，要立足于反复的法规宣传和思想政治工作，并真心诚意地为其出谋划策，在拆迁法允许的情况下，最大程度地为其解决困难。对于提出无理要求的钉子户，也要像对待困难户一样，立足于政策宣传，切忌简单粗暴的工作方法。要相信被拆迁居民绝大多数是通情达理的，在出现群众不搬迁的情况时，首先要反思政府的工作是不是到位。在拆迁过程中，我市对被拆迁人的思想工作从未停止过，如对这起案件的被拆迁人，从开始拆迁到最后自觉搬迁，拆迁人、拆迁办的同志先后与其协商过十几次。尽管市政府的强制拆迁决定是公正合理的，但如果没有温润如雨的思想政治工作，效果也会大打折扣的。

三、依法拆迁，正确履行职责

拆迁工作必须在法制化和规范化的轨道内进行，《城市房屋拆迁管理条例》、建设部《城市房屋拆迁行政裁决工作规程》等都是拆迁工作的执法依据。在实际工作中，规定不十分明确时，更要严格规范政府行为，多为百姓考虑。强制拆迁虽然是拆迁工作的重要手段，但动用法律手段强制居民拆迁，应该慎之又慎，市政府在作出行政强制拆迁决定前，要对程序进行严格审查，把握住几个关键环节：一是拆迁当事人是否向行政机关申请行政裁决。行政强制拆迁的依据是生效的行政裁决，所以适用行政强制手段拆迁的前提条件是拆迁当事人向行政机关提出了行政裁决的申请。只有在当事人将纠纷提请行政机关来解决，行政机关依法做出强制拆迁的决定之后，行政强制拆迁才可能发生。二是行政机关是否受理当事人的申请并依法进行了调解。当事人向行政机关申请裁决的，经行政机关审查决定受理以后，进行调解。调解是行政机关作出行政裁决的必要程序。行政机关在调解中要充分听取当事人的意见，对当事人提出的事实、理由和证据进行复核；对当事人提出的合理要求应当采纳。房屋拆迁管理部门不得因当事人申辩而作出损害申辩人合法权益的裁决。拆迁当事人拒绝调解的，房屋拆迁管理部门应依法作出裁决。行政调解的作用是进一步化解拆迁当事人之间的矛盾，缩小行政强制的适用范围。三是是否已经落实了补偿安置。“拆迁人未按裁决意见向被拆迁人提供拆迁补偿资金或者符合国家质量安全标准的安置用房、周转用房的，不得实施强制拆迁。” 四是是否已经依法组织了听证。房屋拆迁管理部门申请行政强制拆迁前，应当邀请有关管理部门、拆迁当事人代表以及具有社会公信力的代表等，对行政强制拆迁的依据、程序、补偿安置标准的测算依据等内容，进行听证。房屋拆迁管理部门申请行政强制拆迁，必须经领导集体讨论决定后，方可向政府提出行政强制拆迁申请。五是强制拆迁的裁决是否已经通知被拆迁人，被拆迁人拒绝自行搬迁。依据强制拆迁决定实施行政强制拆迁，房屋拆迁管理部门应当提前 15日通知被拆迁人，并认真做好宣传解释工作，动员拆迁人自行搬迁。这里的15日可以视为行政机关给予被拆迁人的最后搬迁期限，也可以视为被拆迁人进行复议或诉讼的期限。六是是否已经进行了现场公证和证据保全。行政强制拆迁应当严格依法进行，强制拆迁时，应当组织街道办事处（居委会）、被拆迁人单位代表到现场作为强制拆迁证明人，并由公证部门对被拆迁房屋及其房屋内物品进行证据保全。由于房屋拆除后，房屋及房屋内的财产状况都无法确定，如果引发诉讼将无据可查，所以进行现场公证和证据保全是十分必要的。

案例14 延安市丽融大厦建设项目征迁案例

陕西省延安市副市长 师合林

（2005年7月）

一、基本概况

丽融大厦是宝塔区政府在旧城改造中引资建设项目。该项目位于延安市中心繁华商业区，项目总投资1.7亿元，总占地15.52亩，项目动迁总人口1673人，涉及被拆迁人171户，其中单位17户，个人154户；共需拆迁房屋540间，面积10285.29平方米，其中住宅5095.18平方米，营业房5090.11平方米，该项目征拆迁工作自2000年5月29日开始至2000年6月29日结束。

二、拆迁措施

2000年4 月 16 日宝塔区政府和延炼工贸公司签订了丽融大厦引资建设协议，由区政府负责于2000年6 月29日前完成全部征迁任务，达到三通一平。由延炼工贸公司投资建设商住综合大楼，鉴于该项目商业面积仅9746平方米，住宅14437平方米，不具备就地安置拆迁户和返还营业房面积的条件。

面对以上情况，结合延安拆迁实际，采取的主要拆迁措施：

一是对拆迁户进行一次性作价补偿，不再另外安置；对拆迁的营业房不予就地返还，一次性作价补偿；对国有企事业单位拆迁房屋不予补偿，其人员由所属单位自行安置。

二是鉴于该项目位于延安市区繁华商业地段，且属商业性开发，因此在拆迁补偿中充分考虑区域因素，适当提高房屋重置价等补偿标准。该项目按我市城市规划一类区房屋补偿，其重置价分别为：砖混结构平房473.61元/平方米，砖木结构瓦房

330.42元/平方米，土木结构瓦房289.79元/平方米。除按重置价结合成新给予补偿外，对住宅房屋另外给被拆迁人增加50%的奖励补偿，营业用房给予被拆迁人增加100%的奖励补偿。具体补偿标准是：住宅房屋最高补偿760.42元/平方米，最低补偿484.69元/平方米，平均补偿622.55元/平方米；营业用房最高补偿1255.22元/平方米，最低补偿887.58元/平方米，平均补偿1071.40元/平方米（包括搬家补助费）。

三是采取联合执法，由市拆迁办牵头，公检法等有关部门单位和宝塔区政府配合，深入进行宣传动员，进一步加大拆迁力度，对个别拆迁户采取强制拆迁措施，确保了拆迁按时完成。

三、被拆迁人信访反映的主要问题

经过以上方法，虽然在一个月时间内，该建设项目顺利拆迁完毕，但有一些遗留问题，群众不断上访。群众主要反映：一是房屋拆迁补偿的重置价格过低；二是对附属物给予补偿；三是对土地使用权给予补偿；四是要求重新进行产权安置；五是要求增加补偿过渡费。

四、解决拆迁信访问题的具体措施

针对群众反映的拆迁问题，在2004年市政府进行了专题研究，出台了《关于丽融大厦拆迁遗留问题的处理决定》，对该建设项目拆迁遗留问题进行了研究解决。

（1）重新对拆迁户进行安置。市政府统一在泽子沟修建安置小区，对拆迁户进行重新安置，由市政府补贴使安置房屋售价低于经济适用房屋售价。

（2）提高房屋拆迁重置价格补偿标准。将原砖混结构重置价提高8.64元/平方米，砖木结构重置价提高59.79元/平方米，土木结构重置价提高23.71元/平方米。

（3）纠正对附属物不予补偿问题。在房屋拆迁时，未给被拆迁人进行附属物补偿的，按被拆迁房屋的合法建筑面积每平方米补偿40元。

（4）增加临时安置补助费。按两年每平方米补助180元补足临时安置过渡费。

（5）对被拆迁人合法土地使用权进行适当补偿。根据被拆迁人的合法建筑面积，每平方米补偿300元。

（6）对拆迁营业用房给予补偿安置。对原拆迁的房屋，经认定为营业用房的，严格按照原条例规定，在重置价结合成新的基础上奖励100%给予补偿，并按六个月补助营业损失费。

拆迁政策调整后住宅用房平均补偿标准为1162.98元/平方米，每平方米平均提高补偿费566.06元；营业用房平均补偿标准为1618.64元/平方米，每平方米平均提高补偿费581.42元。

五、分析

丽融大厦建设项目拆迁工作总体上符合《拆迁补偿条例》要求，但在实施过程中也存在一些问题。一是拆迁补偿项目不全，如附属物补偿等未单独考量，不符合条例要求。二是补偿中考虑区位因素不够，区域补偿差别不明显，虽基本符合条例要求，但在实际拆迁中阻力较大。三是未充分考虑被拆迁人的安置要求，一刀切地采取了作价补偿方式，未给被拆迁人选择补偿方式的权利。四是由拆迁办组织实施拆迁，政企不分，不符合条例要求，既容易引发矛盾，也不利于拆迁行业的健康发展。

在今后的拆迁活动中，要切实注意依法拆迁，严格执行305号令的规定，进一步规范拆迁程序、主体、补偿、安置等，才能维护群众利益，实现平安拆迁。

案例15　四川省达州市旧城改造的做法与启示

四川省达州市副市长　高梅生

（2005年7月）

达州属内陆欠发达地区，人均财力十分低下，城市建设投入严重不足，规划严重滞后，建筑密集，道路狭窄，交通拥挤，“路不平、灯不明、街不洁、人乱窜、车乱停、摊乱摆”等问题和现象在几年前十分突出，广大市民怨声载道，这无疑严重地制约和影响着达州对外开放和跨越式发展的进程。近两年来，市委、市政府采取有力措施，狠抓城市规划、建设与管理，按照“高起点规划、高质量建设、高水平管理”的要求，集中财力、物力、人力加大旧城改造和城市综合整治力度，中心城区以管线入地埋设为突破口，以亮化、美化、净化、绿化为切入点，奋力打造城市新形象，取得令人瞩目的成效，城市面貌迅速改观，城市形象明显提升。

一、做法与措施

我们根据达州的自然地理、历史人文等实际，以彰显个性特征，打造城市品牌，整治人居环境、培育商业氛围，提升城市竞争力为目标，以“花小钱办大事、办老百姓急需的事”为指针，以管线下地为突破口，以净化、绿化、亮化、美化为着力点，量力而行，因地制宜，大力实施旧城改造。

一是找准突破口，全面实施管线下地。纵横交错、杂乱无章的电力、通信、供水、供气等各类“空中蜘蛛网”曾是达州“脏、乱、差”的重要方面，也是城市建设与管理的重大难题。为尽快扭转达州形象，我们在深入调查研究、认真剖析、反复对比的基础上，把净化城市空间、消除空中管线作为强化城市建设与管理的突破口来抓，制发了城市管线下地的实施意见，切实加强了组织领导和舆论宣传，强力推进了管线下地工作的实施，打响了旧城综合改造和整治的第一枪。在组织领导

上，市委、市政府成立了市容综合整治指挥部，办公室设在市建设局，将之纳入各级党政班子“一把手工程”，严格考核奖惩，明确要求主要领导亲自挂帅，加强组织指挥和统筹协调。在目标责任上，采取“定任务、定责任、定目标、定时间、定进度、定奖惩”的办法，立“军令状”，严肃纪律，确保政令畅通和目标任务的落实。在分工合作上，按“统一规划、统一挖沟、统一铺设、统一验收”四统一的要求，由市建设局负责组织开挖综合管沟，并统一组织指挥和协调各管线单位按统一规定要求实施管线下地埋设。在工程进度质量上，按照“抢抓快干、倒排工期、确保进度和质量”的要求，组成督察工作组，现场跟踪督办，定期通报。在资金筹措上，采取“政府出一点、单位贴一点、市场筹一点、经营补一点、规费免一点”等办法多途径筹集，我们用经营城市收益投入7000余万元，带动管线单位投资1.2亿元，为管线下地工作顺利实施提供了资金保障。由于市委、市政府决心大，措施有力，各方面积极支持配合，一年来，旧城共修筑综合管沟48.6公里，实施了城区三条主要进出口通道及33条主要街、路管线下地埋设，基本消除城市“蜘蛛网”，为旧城综合整治打下了坚实的基础。

二是以管线下地为契机，实施了城市街路综合改造。在实施城市管线下地的同时，我们先后对城市18条主要街路进行了综合改造和加宽，施工总长度20余公里，重新铺筑沥青混凝土路面近200万平方米，铺筑人行道彩板100余万平方米；充分运用主要街路撤换的灯具、行道板、行道树等材料，对70余条小街小巷实施了生存性改造和整治。

三是大力推进市容环境综合整治，着力实施城市“四化”。按照“统一指挥、全民参与、重点突破、整体推进”的要求，纵深推进了市容环境综合整治，全方面实施了城市“四化”建设。亮化上，对重要节点、标志性建筑物、临街房屋实施了分层面立体亮化，着力打造达州独特的山水园林城市景观（夜景），先后对仙鹤游园、滨河路、州河大桥、红旗大桥、通川桥、火车站、塔沱广场等几十个重点地段进行了重点亮化，按一街一景的要求，在朝阳路、大北街、翠屏路、通川中路等主要街路安装槐花灯、双桃灯、投光灯等各类景观灯1600余柱，组织动员城区407家单位自筹资金实施了临街房屋立面亮化。净化上，对城市街路巷及公共场地实行了全天候清扫保洁，牵头组织了大规模专项整治，取缔原煤销售点137处，拆除各类煤灶2850个，治理纠正营业性油烟排放场所980余处，关闭搬迁污染环境工业企业23个；加快建设了垃圾处理厂，建成了日处理能力8万吨的污水处理厂，建设了10余公里城市防洪堤，加大了州河的综合治理，净化了达城“母亲河”。绿化上，移（栽）

植黄桷树、小叶榕、棕树等乔木2390余株，灌木球、花灌木18.6万株，新植草坪1万余平方米，因地制宜大力推行山地、庭院绿化，加大了凤凰山、翠屏山、莲花湖、人民公园等处园林绿化保护与建设，着力打造“青山环抱、绿水绕城、园在城中、城在林中”的山水园林城市格局。美化上，针对临街房屋立面破损及不规范设置防护栏、广告牌等有碍观瞻的现象，实施了市容环境综合整治，先后拆除防护栏38000余个，雨阳蓬3万余个，立面附着物5000余个，广告牌1.3万余个（重点进行规范设置），交警亭、垃圾亭等建（构）筑物1600余个，摊点3500余个，组织督促临街980余幢房屋产权单位或业主自行对楼房立面进行了重新包装或粉饰。

四是坚持以城兴商，培育了人居和商业氛围。大力实施“兴城活商”战略，在城市改造建设中，充分利用达州商贸流通独特区位及人气、商气旺的优势，按照功能分区布局，着力打造达州核心区商业圈，初步建成了三圣宫美食文化一条街、柴市街服装一条街、文华街通信一条街、珠市街小百货一条街、柴市花园步行一条街等商业街，并加大招商引资，先后建成通洲商厦、华夏春天百货、北山超市、双狮商城、塔沱农贸批发市场、时代天成批发市场等商贸市场，达州正向秦巴区域商贸中心的目标加速迈进；同时，为提升城市品位，增添现代都市气息，先后重点打造了滨河路、仙鹤游园、中心广场及市政广场，为市民及外地客商提供了观光旅游及休闲娱乐的场所，营造了良好的人居环境。

二、成效与启示

打造达州城市新形象是我们践行“三个代表”重要思想和落实“执政为民”理念的重大实践，通过城市形象的打造，我们用较少的投入办到了群众强烈要求办的事，用较短的时间解决了城建中的诸多难题。其效果突出体现在四个方面：一是完善了城市功能，提升了城市形象；二是提高了市民素质，锻炼了干部队伍；三是扩大了招商引资，促进了房地产业；四是增强了城市竞争能力，带动了城乡发展。我们深深感到，搞好城市建设和管理特别是旧城改造工作是一项综合性极强的系统工程，必须把握规律性、体现时代性、富于创造性。

启示一：“以人为本”是核心。坚持“以人为本、执政为民”的执政理念，是加快达州跨越式发展的根本方针。从旧城改造来讲，就是要把市民“高兴不高兴、满意不满意、拥护不拥护、赞成不赞成”作为工作的最高准则，顺民心、合民意，努力打造舒适的城市环境，让市民受益，让市民得到更多的实惠。正因为我们坚持了这一点，所以尽管我们只是做了一些力所能及的事情，却受到了人民群众的一致

好评；尽管在旧城改造、城市综合整治期间给广大市民带来了诸多不便，却没有一人有半句怨言；尽管少数群众眼前利益受到了一定的影响，却没有一人上访闹事。实践证明，“以人为本”是城市建设与管理工作的根本出发点和落脚点，是建设事业顺利推进的力量源泉。

启示二：“三个转变”是动力。理念是“金”。科学的理念是发展的先导。“三个转变”核心是市场配置资源，为我们运用市场机制破解城市建设资金“瓶颈”难题开启了思想的闸门。由于我们认真落实“三个转变”，创新理念，树立“一切城市资源皆可经营”的理念，实现了由“有多少钱办多少事”向“有多少事力争筹多少钱”的转变，搞活城市经营。实践证明，“三个转变”是发展理念的与时俱进，是推动城市建设发展的“金钥匙”。

启示三：因地制宜是根本。在推进城市建设的实际工作中，我们牢固树立和落实科学的发展观和正确的政绩观，按照“指导思想求实、工作作风务实、工作效果讲实”的“三实”精神，把打造城市新形象的基点放在立足城市自身实际上，立足达州是一个欠发达城市、经济实力不强、建设资金匮乏这一实际，立足达州城市建设滞后、历史包袱沉重、长期发展缓慢这一实际，立足达州地形复杂、城市用地紧张、建设成本高这一实际，因地制宜提出城市建设发展的思路，不提脱离实际的目标，不干超越承受力的事情，不搞违背群众意愿的工程，力求花小钱办大事、办群众急需解决的事。这是我们一年来城市建设和管理取得成效的一条重要经验。

启示四：科学统筹是关键。为完成艰巨复杂的城市建设任务，我们坚持“党委统筹、行政引导、市场推动、社会共建”的原则，充分发挥党委的统筹作用、政府的调控作用、市场的杠杆作用、社会各方的协作作用，形成上下联动、左右配合的工作格局。把落实责任贯穿于工作的全过程，坚持实行严格的目标管理，对各项工作任务进行细化量化，逐项分解落实到领导者、各部门和责任人头上，形成了全方位覆盖的责任体系，确保了每项工作真正落到实处。

启示五：团结协作是保证。城市建设是综合仗、总体仗，要求各个方面必须牢固树立“一盘棋”的大局意识，坚决摒除狭隘的部门利益羁绊，形成思想的大统一和力量的大整合，开创了争先创优、团结协作、无私奉献、齐心协力推进城市建设的良好局面。

虽然我市通过多方努力，初步探索出经济欠发达地区旧城改造之路，取得了初步成效。但与各兄弟市州相比，城市亮点还仅限于局部打造，还有很大差距，城市建设与管理工作中仍存在诸多亟待解决的问题。问题的原因是多方面的，既有历史问题的长期积累；也有目前经济社会迅猛变化、法规法制不健全、规划体制方法落后等原因。旧城问题可以说是一个城市经济、社会、环境问题的综合反映。改造中还存在不少问题。与此同时，城市改造过程也存在不少难点，具体体现在以下七个方面：（1）城市改造任务完成难；（2）拆迁安置难；（3）资金筹集难；（4）按规划实施难；（5）效益发挥难；（6）改出精品特色难；（7）文物古迹保护难。

编后语

《中国市长文集》系列丛书收录了近10年来市长研究班收集的课题研究报告、国外考察报告、经验交流材料和案例作业。在编辑过程中，我们力求尊重原文，谨对个别文字及标点符号作了修正，市长学员的职务均以当时情况为准。由于编者能力有限，在材料取舍和编辑方面可能存在不妥和欠缺之处，敬请诸位市长谅解；对于本书中可能出现的其他纰漏，也恳请读者给予批评指正，以便今后在工作中不断加以改进。

全书由王忠平、张庆风、宋言平同志主持编审，苏会泽、张海荣、王明珠、胡林林、刘悦、王江波同志参与全书的编辑工作和联系出版工作。中国城市出版社为本书的出版做了大量工作。在此，谨对所有给予本书帮助支持的单位和同志表示衷心感谢。

《中国市长文集》编委会

2012年5月